春風永化雨

當代教育心理學巨擘

Educational Psychology

張春興

CHANG CHUN-HSING

國家圖書館出版品預行編目資料

春風永化雨·張春興：當代教育心理學巨擘 / 劉蘭辰主
　編 . -- 1 版 . -- 臺北市：臺灣東華書局股份有限公司，
　2021.11

　344 面；17x23 公分 .

　ISBN 978-986-5522-76-6（平裝）

　1. 張春興 2. 教育心理學 3. 臺灣傳記 4. 文集

783.3886　　　　　　　　　　　　　　110015752

春風永化雨· 張春興：當代教育心理學巨擘

主　　編	劉蘭辰
責任編輯	張修然
美術編輯	劉信宏
封面設計	許馨文
發 行 人	陳錦煌
出 版 者	臺灣東華書局股份有限公司
地　　址	臺北市重慶南路一段一四七號三樓
電　　話	(02) 2311-4027
傳　　眞	(02) 2311-6615
劃撥帳號	00064813
網　　址	www.tunghua.com.tw
讀者服務	service@tunghua.com.tw
門　　市	臺北市重慶南路一段一四七號一樓
電　　話	(02) 2371-9320

2025 24 23 22 21　JF　5 4 3 2 1

ISBN　　　978-986-5522-76-6

1949 年，青年時期的張春興，當時約 22 歲。

1946 至 1962 年間，張春興早年照片部分集錦。

1959 年，張春興於師範大學教育研究所碩士班畢業。

春風
化雨

1958 年，張春興夫婦結婚照，攝於臺北。

1959 年，張春興與新婚妻子周慧強合影於師範大學校園。

1959 年，張春興夫婦抱著第一個孩子，流露初為人父母的喜悅。

1950 年代，國防醫學院好友單國楨（右）來訪，與張春興合影於師範大學校園。

禮堂

1954 年，師範學院教育學系 43 級畢業紀念照，最後排右十二為張春興。

1961 年，張春興（左一）為考取公費留學學生之一，準備登機赴美國夏威夷大學攻讀教育碩士。

1958 年，張春興擔任師範大學教育學系講師。

1960 年代，張春興於美國哥倫比亞大學研究時期。

1972 年，張春興於美國奧勒岡大學取得哲學博士學位。　1976 年，張春興於美國普渡大學擔任客座教授。

1970 年代，張春興一家人週末休閒，攝於臺灣大學校園傅鐘，左起：張春興、夫人周慧強、次女怡然、長子介然、長女修然和小狗 Pony。

1970 年代，張春興往返美國研讀博士期間，夫人周慧強送機，攝於臺北航空站前
（現臺北松山機場）。

春風化雨

1970 年代，張春興擔任系主任時期，參加迎新會與學生同樂（左二為宗亮東教授）。

1970 年代，張春興擔任臺灣師範大學教育心理學系系主任時期。

1990 年代，張春興攝於臺灣師範大學行政大樓長廊。

1973 年，張春興（右三）和林清山教授（右一）與學生們郊遊合影。

1990 年代，張春興全家福照。

1987 年，《中國論壇》編輯群與作者們赴「南園」開會合影，最後排左五為張春興。

1982 年，張春興於《中國論壇》開會時發言身影。

1980 年代，《中國論壇》編輯群教授們合影，第三排右一為張春興。

1990 年代，張春興受《華視新聞》邀約，錄製訪談節目討論教育主題，參與者為上海復旦大學教授。

1990 年代，張春興攝於家中書房，身後書架上是《張氏心理學辭典》以字母排序的詞條部分手稿，乖巧小狗皮皮是每日讀書寫作的良伴。

春風化雨

1991 年，《現代心理學》獲頒金鼎獎，張春興登臺領獎，攝於頒獎典禮。

1993 年，張春興赴臺南師範學院講學，講題為青少年犯罪與輔導問題。

1990 年代，冬日休閒時刻，張春興夫婦於家中陽臺曬太陽，並和小狗及天竺鼠開心玩耍。

1970 年代，晚輩到家中拜訪張春興夫婦。

1995 年，張春興參與教育部長吳英璋的政見發表會致辭。

2000 年代，大陸學者到臺北拜訪東華書局，左五是東華書局負責人卓鑫淼先生，左六為張春興。

1990 年代，張春興在兩岸開放後，多次赴大陸講學，現場總是座無虛席。

1999 年，張春興於香港學術研討會發表論文。

2000 年，美國奧勒岡大學名譽教授 Arthur Mittman 來臺，張春興為其首席弟子，特別安排在福華飯店餐敘。左起為：張春興、Mittman 女公子 Nancy Celeste Phillips、Mittman 夫人 Marguerite Mittman、Arthur Mittman 教授、夫人周慧強，以及 Mittman 的關門弟子臺師大心輔系林世華教授。

2002 年，張春興夫婦受邀參與北京師範大學百年校慶，與張厚粲教授（右四）及其他教授們合影。

2000 年，張春興與好友北京師範大學孟慶茂教授，攝於北師大校門口。

1993 年，張春興受邀至臺南師範學院（現臺南大學）演講，會後簽書並與學生們合影留念。

2003 年，張春興受邀至高雄師範大學演講，右為主持人陳密桃教授。

2000 年，張春興夫婦抱著外孫女劉蘭辰，參與觀賞幼兒園表演活動。

1990 年代，張春興與夫人周慧強休閒時間攝於住家附近公園。

1990 年代，張春興於家中書房閱讀一景。

2011 年教師節，教育部長吳清基拜訪恩師張春興，代表總統致贈教師節慰問禮金，表達國家元首對心理學界巨擘之敬意與感謝。

1990 年代，專注於思考談話中的張春興。

1990 年代，張春興伉儷同遊新竹六福村動物園，開心地合影留念。

春風永化雨　興學育英才

吳清基／臺灣教育大學系統總校長、前教育部長、國策顧問

> 春風化雨育英才，興學立說六十載；
>
> 恩澤兩岸為教改，師道弘揚受青睞；
>
> 教心論述甚精彩，育化學子富情愛；
>
> 之後傳續有人在，光耀杏壇令永懷。

　　張春興教授是當代心理學大師，學識淵博，著作等身，名聞兩岸，享譽國際，春風化雨，作育英才，深受學界所推崇，尤為其受業門生所敬重。不僅終身為心理學著書立說不斷，也貢獻心理學之應用在學校、家庭及社會，用生命在著作傳揚，恩澤廣被世間，甚受好評。

　　張春興教授是我大學心理學啟蒙恩師，1969 年 10 月，我進入臺灣師範大學教育學系就讀，大一心理學課程就是由張春興教授親自教導。當時，張春興教授剛剛獲得美國奧勒岡大學哲學博士返國，回到臺師大母校任教，後升教授擔任教育心理學系主任。

　　當年張教授才 42 歲，雄姿英發，精神奕奕，氣勢昂揚，講課滔滔不絕，幽默風趣，深受學生所歡迎。張教授因深諳心理學的原理，了解學生學習動機的引發，上他的課，不會覺得疲累，總是有那麼多的有趣心理學實驗個案和研究發現結果。有了心理學課程的成功啟蒙，讓我在人際關係互動方面，一生中很少有困惑會發生；加上後來教育心理學的學習，更使我對教育生涯上，師生關係總能保有絕佳的心理互動狀態，而對今生的教育工作付出，才可以永遠無怨無悔。張春興教授確是一位好老師，所學所用在他身上發揮得淋漓盡致、完美無暇，令人感佩不已。

　　張春興教授學術生涯發展，充滿艱辛挑戰與堅毅令人感動。張教授生於 1927 年，是山東省昌樂縣的農家子弟，高中畢業後進入齊魯大學

（今山東大學）醫學系，因病休學一年，乃兼高中母校代課老師。再赴北京考大學，因戰爭經援阻斷，生活遇困，改考國防醫學院錄取，正逢局勢混亂，得人協助方能赴上海報到入學。後因戰局擴大隨學校遷移臺灣。但遷臺時百業待興，國防醫學院經年一直未能復校上課，乃辦理退學，改考師範學院教育學系錄取，1954年畢業，並留校擔任教育學系助教，同時通過教育行政及經濟行政高等考試。

師大教育學系畢業後，留任助教，生活乃暫告安定，於此時再完成師大教育碩士後升講師。張教授憑其堅定不移之信心與毅力，又公費留美，取得夏威夷大學教育碩士，再升等副教授。任教一段時間，又赴美國哥倫比亞大學研究；後赴美國奧勒岡大學獲哲學博士，升等教授。從張教授之學術生涯投入可知，他是一位積極上進，求知欲甚強，努力不斷有潛力的學人。也因為他在臺灣、夏威夷、紐約、奧勒岡各地名校之進修研究，練就了他一生學術研究功力，對心理學與教育學的投入和貢獻，能出類拔萃，成就過人，實令人感佩！

張春興教授獻身教育，一方面在臺師大教育學系和教育心理與輔導學系所任教，他作育英才，教人不倦，功在杏壇，各界口碑良好，深受讚賞與肯定；一方面投入心理學的研究和著作，成就更是斐然，國內恐少有人可出其右。張教授一生嚴謹治學，勤於著作，數十冊鉅著，彙集他一生一世智慧心血結晶，分享世人，有心理學、教育心理學、心理學辭典、高等教育問題之論述、大學生與校園文化、青年感情婚姻家庭、青年自我探索與成長等各相關領域，在海峽兩岸，均廣受好評與傳閱。張教授的著作，曾多次獲金鼎獎、木鐸獎及嘉新學術獎。其大作有學術嚴謹的心理學辭典及大學心理學用書，引導大學心理學及教育心理學之教學研究發展取向；也有入世的心理學應用探討一般人的感情、婚姻、家庭，對年輕人的感情世界、成長中自我的探索、希望的追尋與挫折、心聲愛意傳親情等，也多所著墨。可見他的學養不限於關在象牙塔裡的學術，也深入社會人心之關懷與探究，希望年輕人健康成長，希望社會

家庭更溫馨幸福美滿。尤其對青少年偏差行為的形成，他更指出是：「病因植根於家庭，病象顯現於學校，病情惡化於社會」，乃一針見血的至理名言，至今，仍廣為世人所傳誦，不得不讓人驚嘆於他學識涵養之豐厚，和斷事立判之功力。

　　張春興教授有前瞻的世界觀，他一向主張「立足臺灣，胸懷大陸，放眼世界」。他在臺灣著書立說在心理學和教育學領域，是深受肯定和敬重的知名學者；在過去臺灣教育改革過程中，他貢獻出心力不曾缺席。他受教育部邀請，擔任教育部學術審議委員會、大學學術發展委員會、教師申訴委員會之委員，出席各種教育改革的決策會議，他對於高等教育、師範教育、國民教育及青少年教育問題，提出了很多寶貴建言，為政府相關部門所接納。

　　1987 年政府宣布政治解嚴之後，開放兩岸探親，大陸也逐漸改革開放，開啟兩岸學術交流。張春興教授也開始獲邀到大陸各大學講學，先後到北京師範大學、山東師範大學、吉林大學擔任客座教授；並結合兩岸心理學者共同執筆，由他主編《世紀心理學叢書》，其《張氏心理學辭典》也由上海辭書出版社發行簡字版，《心理學思想的流變》則由上海教育出版社出版。由於張教授的心理學和教育學之學術造詣甚深，在大陸各地甚受敬重，直接或間接影響大陸當局教育改革決策發展。或許這正是一種「臺灣經驗」提供對大陸發展正向影響的見證之一。張春興教授因對兩岸教育學術發展投入用心有成，也曾獲頒「兩岸學術交流貢獻大獎」及列名「世界社會科學名人錄」。不僅是他個人之榮耀，也是臺灣學術界的一種成就，被海峽雙方及世人所共同肯定。

　　張春興教授因一心懸念兩岸教育學術交流及兩岸心理學的現代化，日夜匪懈，積勞成疾，體能漸衰，於 2006 年最後一次抱病去大陸。雖病中仍力圖重改寫《現代心理學》，可惜因體力不濟而未竟全功。晚年因深受糖尿病及帕金森氏症困擾，幸有家人溫馨陪伴照顧。在 2011 年九二八教師節前夕，本人時任教育部長，曾奉馬英九總統指示到張師府

上代表致贈「總統教師節敬師慰問禮金」，以表達國家元首對心理學界巨擘之敬意和感謝。

「哲人雖已遠，典範在夙昔」，張春興教授雖在 2014 年 11 月 24 日往生，離開了我們；但是，春風永化雨，教澤惠學子，張教授的門生弟子們、心理學界教授及大陸心理學界友人，今特發起編寫《春風永化雨・張春興：當代教育心理學巨擘》一書以緬懷恩師，及舉辦學術研討會與影片發表會，並成立張春興教授獎學金，以表彰張春興教授一生奉獻於教育界，為心理學著書立說之偉大貢獻。張教授作育英才無數，深耕臺灣教育文化一甲子；投入兩岸教育學術交流，促進兩岸和平之永續發展，澤惠杏壇，功在社稷，永遠受人懷念和感佩。

編輯前言

　　在臺灣教育界以及心理學界，張春興是 20 世紀中後期，影響力甚大而名聲遠播的一位學者。

　　他最大的貢獻，是將臺灣教育心理學發展出具體落實的脈絡，提供學校教育和社會教育內在安定的力量。張春興除了在大學教書、社會上演講、發表文章、著書立說、做研究，更在解嚴後的臺灣，對教育的理想改革，和九年國民教育學生輔導體系建立，做出傾全力的投入。

　　他是理想主義者，但對於存在現實的調適，也有一番圓融瀟灑的通達和謹守分際的堅持。這種寬容和具有穿透力的教育愛，是源自於以人為本的整體幸福的關懷，也可說是一種正義和包容的氣度。

　　直到現在他的著作，在海峽兩岸以華文為主的教育心理學術圈中，仍然是最暢銷屹立於市場的書籍；然而，在這個已然全面網路化的世界上，即使他的著作暢行於校園及各種備考試場中，21 世紀的年輕學子卻已漸漸不知張春興其人，而只流傳在各種私人或公家教學場域或大學生交流板上，戲稱：「張春興的書一定要讀！那就是備考『聖經』！」

　　由於網路的出現，反而產生某些未擠入網路的斷層；我們眼見積極呈現於網路的，未必是人類真情至性的精粹。而張春興的精彩時代，剛好就在 20 世紀中後期，臺灣已衝到現代化而尚未全面網路化的前期，所有犀利交鋒智慧言論激盪就悄悄軼失了；也就是在目前臺灣被刻意留下的政治軌跡中，對於當時一些知識分子力圖思考的文化與學術的深刻耕耘，就在與網路時代擦肩而過的遺憾中漸漸淡去。

　　然而奇妙的是，我們現在視為理所當然的一些教育觀念、輔導理論、情感婚姻家庭觀念，以及生命與生涯追尋的分析引導，卻是肇始於張春興時代他們筆路藍縷的創見與大聲疾呼。

春風化雨

這就是本書《春風永化雨・張春興：當代教育心理學巨擘》編撰的目的，我們要記錄下這位學者的行跡和貢獻，補足臺灣解嚴後教育和學術轉型的珍貴歷程，以及兩岸學術交流那段匯集激盪的過往。

　　本書共分為三部：

◎第一部〈緬懷春風〉：為二十六位學者好友，以文章及採訪形式道出對張春興教授的深刻記憶和互動點滴。

◎第二部〈雨化教澤〉：是摘自張春興教授五篇文章，在文章中他記錄了他的教育理念、編寫辭典十九年的使命感、對兩岸學術茁壯成林的願景、對華人本土心理學的期許，以及對民粹式教改的痛心。

◎第三部〈回首來時〉：是張春興 21 歲時私人日記，以往從未公開。透過一個戰火中求學的青年單純的心志，從他的眼，看大時代的動亂，對照日後成為一位學者巨擘的歷程，體會他如何詮釋生命的情懷。

◎附錄，包括：年表、文章表列、座談表列、親筆手稿以及歷年著作書影、榮譽得獎等。

　　感謝總召集人吳清基總校長和教授們的參與，我們呈現的是張春興其人鮮明個性、意志力和使命感巨大的剪影，他給我們帶來春風化雨般的溫暖和勵志，不僅豐富了教育界，也對當時臺灣社會充滿生命力躁動的年代，給予無私的承先啟後的付出。

目錄

CONTENT

吳清基／總召集人序 ——————————————————————43

編輯前言 ————————————————————————————47

第一部｜緬懷春風

伍振鷟專訪／與張春興教授七十年同窗同事情誼 ——————55

劉焜輝專訪／憶談「臺師大心輔系所」
及「學輔中心」開創的歲月 ————————————————58

黃光國／張春興教授的歷史貢獻 ————————————————63

郭生玉／春風化雨下的道德勇氣和孤單 ————————————71

吳武典／學高為師 身正為範 先生之風山高水長 ——————81

宋曜廷／三十年師生緣 ————————————————————86

何榮桂／懷念一位心理學文化思想的播種者 ——————————91

金樹人／望之儼然 春風典範 ————————————————96

陳李綢／生命中的貴人 ————————————————————105

汪榮才／永遠懷念的張春興教授 ————————————————111

毛國楠／張老師的堅毅與學術熱情傳承 ————————————116

廖鳳池／風中抓住那雙溫暖的手 ————————————————121

林崇德／良師益友 學術楷模 ————————————————128

賴明伸／悼念恩師 ——————————————————————135

陳淑絹／難忘師恩浩瀚 ————————————————————140

江南發／緬懷 ————————————————————————146

曹中瑋／懷念我最敬愛的張春興老師 ——————————————153

鄔佩麗／緬懷恩師 ——————————————————————156

唐淑華／人生的楷模 ————————————————————159

劉威德／口不絕吟於六藝之文 手不停披於百家之編 ——————164

陳復／隔世尚能有知音 —————————— 168

陳正蕙／我親愛的張老師是超級馴獸師！ ——— 173

馮聞／記一段師生緣 —————————— 180

董麗真、俞一芩／特別的機緣 —————— 184

任正儀／有關他倆的革命感情 —————— 186

第二部｜雨化教澤

心理學辭典路上一人獨行十九年 ————— 193

教育心理學思想隨相關科學之發展而改變 —— 198

願為兩岸心理科學發展盡點心力 ————— 202

教育的理想與現實 —————————— 207

論心理學發展的困境與出路 —————— 222

第三部｜回首來時

旅行手記

一、戰火離家 初見故都 ——————— 243

二、北平求生 考試與戰事 —————— 252

三、劇變遇驚險 轉赴上海 —————— 259

四、堅定求學 醫學院遷校命運 ———— 268

五、戰爭久纏滄桑 人生前途茫茫 ——— 274

六、艱辛混亂渡汪洋 初春 臺灣印象 —— 279

七、擠看胡適旋風 期盼和平的夢 ——— 287

八、新店再度入伍 哥倫比亞迷思 ——— 292

編後記 ————————————————— 298

附錄 —————————————————— 305

壹

緬懷春風

二十六位學者及好友的回憶，
談張春興處事為人、教育貢獻、治學理想、文章使命⋯⋯
如春風一般興盛人心。

與張春興教授七十年同窗同事情誼
——伍振鷟教授專訪

採訪整理：劉蘭辰／永・藝策動工作室編輯小組

伍振鷟教授為臺灣師範大學教育學系名譽教授，研究專長為：中國教育史、教育哲學、英國教育。編輯小組與伍教授約在他的研究室進行專訪，伍教授已九十高齡，神采奕奕，思路敏銳，談起七十年前往事，娓娓道來，彷如昨日……。

編輯（簡稱編）：請伍教授談談和張春興教授大學同學的往事。

伍振鷟教授（簡稱伍）：我們是臺灣省立師範學院（現臺灣師範大學）的同學，是 43 級畢業。那時我 19 歲，大一入學，張春興因為先念了國防醫學院，後來重考至師範學院，比我們稍長 1、2 歲。我是江西人，因為在家鄉是一個地主家庭，國共內戰家人要我逃出去避一避，本來是想去廣西念大學，但是廣西也戰亂不息，於是就來了臺灣。

編：您到臺灣是跟著學校來的嗎？

伍：我是單身一人，一位長輩給了我一套軍服穿上，又幫我登上了一艘軍隊的「差船」到了臺灣，那時只能讀有公費管吃住的學校，我考上了海軍官校和師範學院，我決定念師範學院教育學系，同班同學裡面還有張春興、施金池、盧增緒、劉鴻香……而張春興、盧增緒和我畢業後被留下來當助教。這都是六、七十年的情誼，老朋友一個一個地離開，想想也不勝唏噓。

編：所以對於臺灣這七十年來，教育的發展演變和目前狀況，您也看得很清楚了。

伍：現在，自從教改被李遠哲帶進嚴重的錯誤方向之後，這一切的錯誤很難挽回了。廣設大學是一件錯誤政策，把臺灣引以為傲的基層技術人才如高職、五專全部改掉，升格成大學，使我們大學密集程度超過需要。並不是有諾貝爾光環的人什麼都懂。社會金字塔職種由下而上分布應該是：體力勞動者（manual workers）、半熟練工人（semi-skilled workers）、技術工人（skilled workers）、技術人員（technicians）、工程師（engineers）、科技人員（technologies）。

　　錯誤的教改使金字塔上層多而下層少，浪費了教育資源，也錯用了人才，學術品質也下降，這是李登輝當初嚴重的錯誤。因此世人諷刺：「天上有個媽祖婆，地下有個李遠哲。」教育是百年大計，為政黨之利，沒有為後代秉公思考，從一開始就是諾貝爾光環的迷思。

編：請問當時張春興教授最先投入教育改革的呼籲，因為不認同李遠哲的理念而淡出，您也很清楚吧？

伍：我的確很清楚地了解整個過程。中華民國近些年教育的發展很令人惋惜，有些錯誤很難回頭，我們這些學教育的人看得很清楚，教育必須

2020 年伍振鷟教授於臺師大教育學系研究室受訪。

師大教育研究所第 2 屆碩士畢業，前排由左至右為：林本教授、林仲達教授、黃建中教授、田培林主任、孫亢曾教授、孫邦正教授。後排站立者由左至右為：伍振鷟、鄭世興、施金池、張春興、黃振球。

務實不能靠口號，必須有遠見，有理想。教育如果能擺脫被政治掌握，才真正有理想性可言。

編：張春興教授的努力也一直如此，包括學術獨立、學政學黨不兩棲、校園民主等的主張，在當時雖然也引起批評，但是現在情況不一樣了，所以您看這個歷程很不容易吧？

伍：一切的改革要堅持理想真的很不容易，我的研究專長是教育哲學和教育史方面，我看臺灣這七十年來的教育史，雖然走向現代化，但臺灣以前太盲目崇拜讀書得來的知識，現在不一樣了，觀念還是要改。臺灣教育普及是很成功，但是錯誤的教改方向會耽誤人才培養的優勢。

編：請您談一談從當年到現在，臺師大教育學系前後的變化。

伍：當時我們幾個同學中，盧增緒教授過世的很早很可惜，施金池教授後來擔任教育部次長，教育學系的校友好幾位都擔任過教育部長。教育學系後來分出去了教育心理與輔導學系和社會教育學系，隨著臺灣社會進步分化成更多科系培養不同方面的師資和專門人才。一晃眼七十年，張春興教授，是老同學也是老同事，實在有很多感慨和懷念。

編：很感謝伍教授今天接受採訪，讓我們了解很多當時的情況。

春風永化雨

憶談「臺師大心輔系所」及「學輔中心」開創的歲月——劉焜輝教授專訪

採訪整理：劉蘭辰／永・藝策動工作室編輯小組

> 劉焜輝為國內諮商與輔導前輩，對臺灣心理諮商輔導領域
> 的開拓，具有極大貢獻與深遠影響力。

編輯（簡稱編）：請您談談從 1970 年日本讀完博士回臺，和張春興教授的互動經過？

劉焜輝教授（簡稱劉）：張春興教授是我師範大學教育學系學長，我在日本讀博士時，黃堅厚主任經日本和我見面，我是當時師大旅日校友會會長，黃主任當面邀請我學成歸國之後，回母校師大教育心理學系服務；但我表示剛好之前政治大學教育研究所劉真所長也到日本，當面先邀請了我去政大服務，我已答應劉所長在先。黃主任一口承諾沒問題，由他負責跟政大劉所長（也是師大前任校長）拜託，並且一定要我回師大教書。

當我回臺灣時，黃堅厚主任卻叫我自己去跟劉真所長說我想要到臺師大來，這樣我真的很難開口，但臺師大已經替我開了課，我如果不教，就會開天窗因為沒有其他老師可以教了！我既接了政大聘書，而臺師大又替我留了課，我只好除了教授政大的課，又義務替臺師大把課教完，就這樣義務在臺師大教了一年。

到 1972 年張春興教授接系主任，他和郭生玉教授連袂到我家裡，很誠意地拜託我一定要回到臺師大幫忙教授輔導課程，張主任並且親自去懇求劉真所長放人，劉所長雖然答應了，但政大學校方面卻不放人，我只好又在政大教了一年。

到了 1973 年，張春興主任又再度專程到我家裡來，他誠懇地堅持

請我一定要到臺師大來，他表示臺師大迫切需要一位心理輔導的專家。就在那一年劉真所長剛好卸任了，我便辭了政大回到臺師大服務。我很佩服張春興主任對世界學術趨勢的敏銳，感謝如此誠意十足器重我，令我感動不已，實在是一番知遇之恩，他主動替我排除萬難讓我可回到母校貢獻施展所長，以致於成為之後能創建臺師大學生心理輔導系統的遠見與成就。

籌備學生輔導中心是篳路藍縷創業維艱，依據計劃由各系日夜間部分別出預算，黃昆輝教授主持的單位會定時補助；學輔中心除安排輪值輔導教師外，還特別聘請臺灣大學醫學院附設醫院的精神科主任醫師來當顧問。

回到母校教心系，我感受到雖然張主任非常積極認真地領導系務，他的學術研究或指導學生都深獲好評，但系上每次開系務會議，有時候教授們間相互堅持針鋒相對讓我印象很深。我對於系上紛擾不多涉入，我觀察張主任熱心直爽，是非分明，公正無私，能處處為大局、總是為他人著想，從不考慮一己之私利，由衷佩服，同仁也都很敬佩他。

劉焜輝教授是張春興教授師大教育學系的學弟，也是臺灣諮商輔導界的重要前輩學者。

1972 年與 1973 年，張春興教授接連兩年堅持來到劉焜輝教授家中，坐在這個位置，兩度懇請劉教授回臺師大任教。

系所合一及創立學輔中心

編：請您談談成立教育心理與輔導研究所過程，和系所合一的貢獻。

劉：教心系始終未能成立研究所，記得當時蔣經國時代召開國是會議，行政院邀請國內外專家學者齊聚建言，張教授和我都受邀參加建議國內應設輔導研究所。

我們在國是會議上討論到：在國外輔導人員一定是研究所培養的，臺灣卻連輔導研究所都沒成立。當時國是會議建議：臺灣必須盡快成立輔導研究所，以培養輔導專業人才。這個任務行政院就直接指派臺師大教心系執行。

於是才成立了教育心理與輔導研究所碩士班，日後又設置博士班。因應九年國教剛開始，學生問題很多，急需輔導專長的老師，就由臺師大教育心理與輔導學系及研究所領軍，把國中、國小學校中的輔導工作建立起來，這在臺灣教育史上是不可磨滅的重要事蹟。

編：請談一談您在學輔中心的工作。

劉：當時臺師大成立學輔中心，是國內最遲的，因為臺師大有健康中心。我和金樹人教授從綜合大樓一樓空曠的辦公室裡，一點一滴努力建制出來，包括單面鏡、諮商空間、蒐集豐富的輔導刊物、留學資料等可以借閱，還有前後門，保障受諮詢輔導者出入之隱私。每週並且邀請臺大醫院精神科主任醫師宋維村先生，到學輔中心協助輔導特殊個案，首創全國最完整的學輔中心。

師範教育法理想與改革的風波

編：學輔中心在 1983 年進行的「師大學生生活態度問卷調查研究」研究結果提供教育當局，因而開放了閉鎖式「師範教育法」，雖然後來修正

版「專業師資法」因複雜因素未過，而致使理想未達成，但是您在學輔中心發揮了相當大的影響力，是否請您敘述一下？

劉：當時我在學輔中心也得到了一些消息，尤其是物理系和數學系的學生，對「師範教育法」第 17 條規定：「大學四年結業之後實習一年後必須連續服務四年不准中途進修。」多所反彈，學生們的自治社團呈上「請願書」表達抗爭行動。而當時學輔中心努力協助學生以問卷表達，將調查的結果在全校導師會議上公布，剛好紓解學生的不滿情緒和作為行政當局之間溝通的橋梁。

編：事情已過去快四十年了，臺灣如今社會發展迅速，證明了閉鎖式「師範教育法」是不符合時代潮流的，師資必須專業多元。感謝您當時在學輔中心做此調查報告可以參考佐證，使得張教授解除所謂危害師範教育及偽造文書的冤屈。

張春興教授 1983 年寫了一篇：〈從師大學生的求學心態檢討師教法「加強師範生專業精神」構想的成效〉研究論文，但與當時校長提出的「師範教育法」期望不符。結果被查調干預，而遭遇許多莫須有罪名打壓之困境，張春興教授深切了解提升專業師資是教改的真正核心價值；而單純學術研究違反當時保守派的權益，使他自身蒙受許多壓力，幸而劉教授您以當時公正超然立場的調查報告化解了此事。這篇論文後來收錄在東華書局出版之《成長中自我的探索》一書中。

劉：當時「青年心理學」是世界心理學界一個新興學門，學輔中心正在研究中發現臺師大學生因提早定向，而產生的困擾與反彈，剛好反應了師範生就業意願低落的實況。

當時我是完全不知道張教授遭受上級搜查原始問卷之事，只是盡到學輔中心職責；後來我看到了張教授的那篇專題研究論文，認為是非常

嚴謹的學術研究，更佩服張教授當時的正直不屈和前瞻眼光，我想所有學術界的人士都會支持張教授嚴謹的研究態度，而他蒙受的一切遭遇，如今回想起來也為他惋惜抱屈。

張春興教授治學嚴謹，提攜後輩不遺餘力，尤其著作對於臺灣大專院校學生之影響之深有目共睹。而當時所提及的專題研究，時過境遷，正足以證明其研究之前瞻性，相信將永遠被學術界所肯定。

編：劉教授感謝您，您 1983 年在學輔中心的研究結果已給予了解困。當時張教授對於遭遇的屈辱的確是隱忍下來，只是事後還有餘波。綜觀張春興教授一生遭遇不少挫折打擊，但他從不悲觀，總是堅持正道找出坎險的轉折，誠之所至而因禍得福。他的人生從不花時間在人際權謀上周旋纏鬥，凡事勇敢承擔，盡力而為，海闊天空。

他的餘生貢獻給學術、辭典和叢書，辭典與叢書的撰寫，也是為了後輩心理學者能更精確使用傳達而努力，這就是張春興教授的個性。

非常感謝您當年對學術研究的馳援！也知道您開創了臺灣早期心理輔導的學術領域，可謂是臺灣心理輔導諮商專業的先行者地位，謹致上最高敬意！相信有非常多後輩學子受惠於您努力，謝謝您接受訪問！

張春興教授的歷史貢獻

黃 光 國 / 臺灣大學心理學系名譽教授

　　2020 年 8 月 5 日，我在陳復教授的安排下，參加在臺北
國家圖書館舉辦的「韋政通教授手稿捐贈儀式」。在儀式會場
上，再次遇見張春興教授的女公子，談起她當年隨父親參加
《中國論壇》編委會的旅遊活動尚在少年時期，時光飛逝，心
中真是感慨萬千！

中國論壇編委會

　　1970 年代初期，中華民國跟美國斷交，臺灣退出聯合國，蔣經國
主政，致力於推動十大建設，黨外運動風起雲湧。在《聯合報》支持下
《中國論壇》的任務是接續以推動「革新保臺」為宗旨的《大學雜誌》，
來從事黨內、黨外溝通，使臺灣從原先「一黨獨大」的「威權時期」，
過渡到西方式的「民主政治」。

　　1976 年，我從夏威夷大學獲得博士學位之後，回國任教於臺灣大學
心理學系。在業師楊國樞教授邀請下，參加《中國論壇》編委會，因而

1982 年 5 月，張春興教授（左）與張忠棟教授
（右）攝於《中國論壇》第 460 期座談會現場。

1999 年，張春興教授和黃光國教授（右一、三）
參與海峽兩岸弘揚中華民族文化學術研討會。

結識張春興、韋政通二位教授。

那個時候，《聯合報》由社長兼報社總主筆楊選堂先生（筆名楊子）出面委由楊國樞、胡佛、張忠棟、李鴻禧四人（號稱「四大寇」）為首，邀請臺灣學術界中經常在報章雜誌上發表文章的「自由派」學者，組成《中國論壇》編輯委員會，每個月定期開會，擬訂月刊主題，邀請專人撰稿。

當時的《聯合報》財力雄厚，老闆王惕吾是國民黨中常委，所聚集的《中國論壇》編委又是臺灣輿論界的一時之選，因此在臺灣社會中，發揮了很大的影響力。

除了共同的社會關懷之外，《中國論壇》也經常舉辦郊遊、度假等性質的聯誼活動，邀請編委們攜眷參加。所以編委們也依自己的興趣和性格取向，彼此之間各自建立了不同的情誼。我便是在這樣的情況下，認識了張春興教授及其家人。

張教授的家世背景

張春興教授是山東人，出身濰坊昌樂縣農家子弟。在齊魯大學念過一年醫學院，後因家鄉動亂，輾轉赴上海入國防醫學院。及至戰局擴大，只好隨校遷移到臺灣，在基隆上岸，住在新店。

國民政府遷臺之初，一切混亂百業待興，國防醫學院連校舍都來不及興建，內地大部分教授也未隨校來臺，師資一時缺乏，以致經年一直未能復校上課，學生也只能在操場踢正步或整天在新店溪旁草地聊天混時間。張春興求知若渴的心也不願意再等待，乃毅然辦理退學，改考臺灣省立師範學院教育學系，於 1952 年錄取。四年後畢業，在母校留任助教，並攻讀碩士學位。

在這段期間，他與同系 42 級的周慧強女士結婚了，由劉真校長證婚、田培林院長主婚。獲得師大教育學系碩士後，升講師。之後長女、

長子相繼出生。

　　當時臺灣因接受美國援助，提供公費留學名額。張教授先考取公費留學，赴夏威夷大學，獲教育學碩士後，回國升副教授。再赴美國哥倫比亞大學研究，升教授後，接受三民書局邀請，與楊國樞教授合寫《心理學》。然後三度赴美留學，最後獲得美國奧勒岡大學哲學博士，回國後擔任教育心理與輔導學系主任，受東華書局卓鑫淼先生邀請寫《心理學》。

張氏心理學辭典

　　心理學是一門外來的學問，其中許多外來的詞彙，即使翻譯成中文，一詞多譯或多詞同譯之混亂，很難為學習者通達了解。張教授因撰寫《心理學原理》和《教育心理學》等多本著作的經驗，使他深刻感受到未來編寫一本完整的心理學辭典的重要性。因此，申請並獲得國科會資助，赴美國普渡大學，客座一年，蒐集資料，於此時準備編辭典。

　　編撰辭典是件非常辛苦的工作，它需要投入大量的時間和精力，當時又沒有電腦，必須製作一張張的卡片。為了專心從事這項工作，張教授返臺後，即請辭心輔系主任，只擔任系所之專任教授，開始編寫《張氏心理學辭典》。

　　從 1977 至 1987 年，張教授投入十年時間，獨力完成《張氏心理學辭典》，其後又用了一年時

《中國論壇》集結學者的文章精選，出版十週年叢書。

1979 年《中國論壇》半月刊書影，該期短評執筆人，包括張春興教授與黃光國教授。

間，排版校對修正。1989 年，《張氏心理學辭典》初版正式付印發行，五年之後張教授仍不甚滿意，後又全部重寫。

從 1975 年起，張教授開始參加《中國論壇》編委會。在那個時代，黨外運動風起雲湧，《中國論壇》的編委們開會時經常高談闊論，討論政治時事至午夜猶未罷休。但張教授卻很少參與這種漫無邊際的討論。

不僅如此，他所寫的文章也嚴守專業的分際，聚焦在跟教育心理學相關的議題之上，而且每累積至一定篇章，即分門別類，編成將近十本的專書，交由東華、桂冠等書局出版。這麼專注而有系統的寫作累積在當時《中國論壇》編委群中，其實並不多見。

正是因為張教授治學嚴謹，《心理學》、《張氏心理學辭典》和《現代心理學》出版後，先後獲得金鼎獎、木鐸獎和嘉新學術獎等獎項，而且很快地在大陸上以簡體字出版，在改革開放之初，深受到大陸學術界的廣泛歡迎。《中國論壇》編委群中，在這方面可與張教授並茂齊輝者，唯韋政通教授一人而已。

中國哲學辭典

韋教授是江蘇南通人，家道殷實。高中畢業後因為不願意遵從父命經商，而離家逃至臺灣。當過一陣子的記者後，嚴肅思考生命的意義，而決心投入新儒家牟宗三門下。後來又因為不滿牟老師干預他的戀愛，而背離師門，參與「自由派」團體，擔任過《中國論壇》召集人。

然而，韋教授很快就感受到「自由派」學者們浮談無根之病。他遂集中精力，以二十五年的時間，撰成一部六百萬字的《中國思想史》。

在這段期間，他又深深感受到中國哲學裡的核心概念在不同脈絡下所呈現出的多義性，因此投入許多心血，撰成一部《中國哲學辭典》，在中共改革開放後大陸學術界求知若渴的時代，和《張氏心理學辭典》一樣在大陸出版，成為有心治學的知識分子必不可少的工具書。

從 1990 年代開始，張教授和韋教授一樣，開始因為其學術成就而獲邀到大陸各大學講學。當時楊國樞教授因為熱衷於推廣「心理學本土化運動」，也開始在北京中國社會科學研究院的協助之下，到大陸各地開設「本土心理學研討班」，每兩年一次，利用暑假期間，邀請臺灣的學者到大陸講學，前後六次。我忝為楊教授的學生，在兩岸學術交流上自然是當仁不讓，參與了許多次的講學，非常了解：當時大陸物質條件非常困窘，外匯短缺，甚至來回機票都要自己籌措，「到大陸講學」的意義跟現代完全不同，沒有極大的學術熱忱是無法支撐下去的。

生命關鍵的取捨

1994 年是臺灣歷史發展關鍵性的一年。就在這一年，李登輝開始掌握國民黨內的實權，他利用李遠哲的「諾貝爾獎」光環，開始組織中研院和臺大的「自由派」學者。

當時的「自由派」認為：師範體系就是支撐國民黨「黨國體制」的主要力量，並將之列為「改革」對象。張教授曾經在 1986 年主編《臺灣教育批判》，由《中國論壇》的編委共同執筆，雖然他本人任教於臺師大但也反對師資的獨占方式。他在師範體系內做的研究調查與建言改革，受到高層查搜，蒙受極大排擠。

1994 那一年，他決定把精力投諸學術，重寫《張氏心理學辭典》，經兩年準備，於 1996 年動筆重寫，至 2000 年完稿。以後又經過兩年的排版校對，直到 2002 年《張氏心理學辭典》重訂版完成付印發行，歷時九年，從初版到重訂版前後期程共費時十九年。

當臺灣教改如火如荼進行時，張春興教授作為《中國論壇》編委中唯一的教育學者，卻沒有像其他學者陷入教改時潮中，而正集中心力編纂他的《張氏心理學辭典》重訂版。

在我的印象裡，他幾乎沒有在那一個「民粹式教改」的階段捲入社

會中漫天批評或護航浪潮中，自然也不必爲「教改」的後遺症承擔任何責任。「知之爲知之，不知爲不知，是知也。」這是張教授在做出人生重大抉擇時的明智之處，非常值得欽佩！

自我殖民的困境

1990 年，李登輝任命郝柏村擔任行政院長。《中國論壇》的編委們決定發起「反軍人干政運動」，跟《聯合報》的立場不合，《中國論壇》因而決定解散，另組「澄社」。後來從歷史的發展證明：張春興教授在這個關鍵時刻所作的抉擇是正確的。

「澄社」原先是以英國的「費邊社」作爲學者客觀論政的楷模，立社的宗旨是「論政而不參政」。澄社中兩位「憲法大師」，胡佛和李鴻禧，原先都主張中華民國的憲法應採取「內閣制」，但澄社成立後不久後，李鴻禧即改變立場，主張「總統制」，雙方僵持不下，許多人因此隨著胡佛而退出。

留下的成員再邀請新的年輕學者加入，他們不再堅持原先「論政而不參政」的立場，澄社也迅速異化，成爲民進黨的「政務官養成班」。許多人在扁政府時代都應邀入閣當政務官，李鴻禧本人更成爲陳水扁的「國師」，澄社此時也被人譏諷爲「濁社」。

年輕一代的學者並沒有原先「中國論壇社」那種「心憂天下，手援天下」的情懷，他們卻把國民黨跟「黨國威權體制」硬劃上等號，認爲「反國民黨」就是代表「民主自由」，盲目崇拜美式民主，並在教育上逐步採取「去中國化」的路線。

結果陳水扁雖然因爲貪腐罪證確鑿而入獄服刑，臺灣卻因爲思想界嚴重的「自我殖民」，陷入「民粹主義」的困境，處於深淵而難以自拔。

承先啓後的貢獻

張教授彷彿有先見之明，他沒有去淌「澄社」渾水，而聯結東華書局與浙江教育出版社的合作力量，主編了整套《世紀心理學叢書》，由兩岸二十二位心理學者教授共同執筆，他自己則撰寫了《教育心理學》、《心理學原理》兩冊，又另外出版一本綜合心理學文化與史觀之著述《心理學思想的流變》。

在他晚年，他所主編的《世紀心理學叢書》陸續出版，他也因此而獲得「兩岸學術交流貢獻獎」，並獲邀進入「世界心理學名人錄」，這可以說是張教授畢生最大的榮耀。

在這方面，韋政通教授也有類似的貢獻。在此之前，兩岸開始交往之初，臺灣某些出版業者往往透過管道，以低廉的代價，委由大陸學者翻譯世界哲學名著，大陸學者再將翻譯工作發包給研究生。研究生為了賺取微薄的酬勞，只好生吞活剝地「照字典」翻譯，譯出來的「作品」自然是令人「不忍卒讀」。

韋政通教授有鑑於此，便特地與當時任教於美國天普大學的傅偉勳教授合作，在三民書局的支持之下，邀請了將近數十位對中外哲學家有精湛研究的兩岸學者，撰成了將近百冊的《世界哲學家叢書》，介紹每一位哲學家的生平和重要思想，直到今日，仍然是兩岸年輕學者重要的入門書籍，起到了承先啓後的重要作用，韋教授和張教授不約而同地在不同領域都做出了貢獻。

張教授晚年，體能漸衰。病中力圖修訂《現代心理學》，終因體力不濟而無法完成心願。後來又深受糖尿病和帕金森氏症困擾，在仁愛醫院醫師團隊悉心照顧下，於家中安養。2014 年，張教授在夫人周慧強女士及家人悉心侍奉之下，和學生關懷問安中，一代學者安詳辭世結束貢獻於時代的豐富一生。

春風化雨

打破「雙重邊緣化」的困境

　　1991 年在夏威夷舉辦的「文化反思研討會」上，余英時教授曾經以〈中國知識分子的邊緣化〉爲題，做過一次演講。他說：18 世紀歐洲的「啓蒙」運動是一種「內明」，從上承文藝復興對於古典的推陳出新，和宗教改革對於基督教的改造，再加上 16、17 世紀的科學革命。中國「五四」後期以來所歌頌的「啓蒙」，則是向西方去「借光」。

　　結果大多數中國知識分子是「一方面自動撤退到中國文化的邊緣，而另一方面又始終徘徊在西方文化的邊緣」，結果像是「大海上迷失的一葉孤舟，兩邊都靠不上岸。」

　　1949 年跟隨國民政府撤退到臺灣來的知識分子並沒有例外。在臺灣成長的第二代知識菁英，如所謂的「中國論壇派」，亦復如是。

　　只有少數具有前瞻智慧，其中自覺或不自覺地努力想打破這種狀態者，唯有張春興教授和韋政通教授兩人而已。

　　從這個角度觀察，我們很容易看出：張教授早年撰寫多系列親子、青年與教育心理著作，之後又獨立編撰《張氏心理學辭典》，在晚年主編《世紀心理學叢書》；這跟韋教授獨立撰寫《中國思想史》，以及潛心編撰《中國哲學辭典》，他晚年又和傅偉勳教授共同編撰《世界哲學家叢書》，兩人在其專業工作上的畢生努力何其相似？

　　他們難道不是努力想打破中國知識分子「雙重邊緣化」的「借光」困境嗎？

　　張教授逝世之後，於 2015 年，其家屬繼續完成《張氏心理學辭典》重訂版簡字版，並和浙江教育出版社簽訂合約在大陸發行，繁體字翻成簡體字繁瑣編校就歷時五年，終於 2019 年《張氏心理學辭典》重訂版簡體字版完成編輯並出版。綜觀學者一生，我們已經可以感受到：張春興教授畢生努力的確是功不唐捐，相信未來在歷史的定位上也必然有尊崇之攸歸。

春風化雨下的道德勇氣和孤單

郭生玉 / 臺灣師範大學教育心理與輔導學系退休教授

我以身為張春興教授首位指導研究生為榮！

恩師情懷 永銘心中

我和恩師張春興教授的師生情緣，始於 1965 年，亦即大三那年。

當時臺灣師範大學教育心理與輔導學系尚未成立，我就讀於教育學系心理組，選修一門「教育心理學名著選讀」課，授課老師正是張春興教授。

他上課有一套完整的教學計劃，規定很明確詳細，授課內容很有深度、廣度和啟發性，同學都覺得獲益良多。上課時，他非常尊重同學的意見，所以大家都敢踴躍表達自己的想法，其開明的民主上課氣氛，頗為同學喜愛和欣賞。

因為是大班上課，和老師單獨互動交流機會不多，直到 1969 年我進入臺師大教育研究所就讀，並蒙教育心理與輔導學系黃堅厚主任的提拔擔任助教，才開啟了我進入學術界的工作生涯，從此有更多機會和系的教授們密切交往和請益，尤其是和張春興教授。

當我念到碩二要開始寫論文時，張教授是我的指導教授，我因此成為他在學術生涯中首位指導的碩士生，這是一件何等榮幸的事！和教授深厚的師生情誼因此逐漸產生。

因為我是助教兼研究生，依規定必須念三年，在撰寫論文兩年期間，時常和張教授討論論文，師生關係益加密切。每當遇到困難時，他都會適時指點迷津，讓我走出困境，因此，更加深了我對恩師治學嚴謹和學識淵博的印象。

春風永化雨

我的碩士論文僅剩下結論一章，即將完成之時，恩師須赴美國奧勒岡大學（University of Oregon）參加他的博士論文口試，結論這一章就商請林清山教授代為指導。

張教授榮獲博士學位返國後不久，就安排我的論文口試。論文口試委員除賈馥茗所長外，另聘請臺灣大學心理學系楊國樞和劉英茂兩位非常頂尖的學者。要面對這場可能驚濤駭浪的口試，我心情難免忐忑不安，只好安慰自己說：「張教授對我的論文水準，大概很有信心吧！」兩小時口試完後，如釋重負，果然獲得高分通過，並得到賈所長高度的評價和欣賞。

就在這個暑假我們師生倆同時分別獲得博士與碩士學位，真是一個難以忘懷的雙喜臨門時刻！

研究所畢業後，我立刻獲教育心理與輔導學系改聘為講師，三年後，在張教授擔任系主任期間我又升等為副教授，同時也申請到國科會留職帶薪的兩年博士出國計劃。這一路走來如此順遂，要特別感謝恩師的支持與提攜。

雪夜長談 鼓舞勵志

1976 年我遠赴美國肯德基大學（University of Kentucky）進修博士學位，進修的第一年，由於課業的壓力和思家心切，日子過得很艱苦，對兩年必須要拿到博士學位返國，壓力甚大，感到前景茫然。

在困難重重心情跌落谷底時，忽然聞知恩師將到美國普渡大學（Purdue University）擔任客座教授，精神為之一振，立刻計劃前去拜訪。

記得在那個寒風凜冽刺骨、白雪紛飛的夜晚，我和恩師相約在大學附近的一間咖啡館會面深談，他鄉遇恩師，倍感溫馨。當我告訴恩師壓力太大想放棄博士學位時，他對我說：「一個人離鄉背井，隻身在外求學，所承受的壓力和痛苦，我感同身受，但只要有決心和毅力，總是會苦盡甘來。」

離開前他還特別提醒我說：「在大學教書沒有博士學位，不但不會受到學生的尊重，將來發展的空間會受限，不可放棄，一定要堅持下去！」此次的夜談，如同久旱逢甘霖，在追求博士學位的路途中，注入一股再生的力量和勇氣。我經過深思熟慮，反躬自省後，深知已放棄臺灣博士學位的學籍，再也沒有退路，只能決心背水一戰。兩年後終於順利完成學位返國。之所以有內心強大的能量獲此學位，我永遠記得與恩師促膝夜談的這一席話。

1993 年美國教育研究協會（American Education Association, AERA）的年會，在舊金山舉行。教育部敦請張春興教授率團參加，承蒙恩師推薦，我是五位團員之一，其他與會教授包括：黃正鵠教授、陳光輝教授和潘慧玲教授。

AERA 年會是一個聲譽卓著的國際性學術會議，其規模盛大，有上萬名人員與會，發表論文超過數千篇，場次高達近兩千場，分散在不同飯店的會議廳進行。會議的方式豐富多元，目的在分享最新研究心得、提升研究品質，以改善教育品質。除了參加幾天的會議外，我們也順便參觀世界一流名校史丹佛大學（Stanford University）。

1993 年，張春興教授率團參加美國 AERA 年會，同時參訪了史丹佛大學。圖為團員合影於大學圖書館，左起：郭生玉教授、舊金山北美事務文化組長李振清教授、張春興教授、陳光輝教授、教育部隨行官員、潘慧玲教授、黃正鵠教授。

張春興教授（左三）與郭生玉教授（左二），攝於 AERA 會場出版商展示區前。

春風化雨

1993 年，張春興教授與郭生玉教授
美國之行，攝於史丹佛大學。

一週的美國之旅，團員相處融洽，輕鬆自在，大家對張教授嚴肅威重的樣子完全改觀，一致認為他平易近人，很有親和力和民主風範。

專心著書立說的學術人生

除了平日授課外，張教授幾乎心無旁鶩，終日埋首桌前，全心投入寫書和研究的工作，「著書立說的學術人生」可說是他一生的最好寫照。

每次去看他時，總是看到他從書房捧著一大堆的資料走出來，有時正拿著筆在客廳勾勒他所思考的東西。他曾經告訴我說：「每天一定要求自己至少要寫到預定字數，如果沒有達成，第二天一定要彌補，長久以來，我都是這樣惕勵自己。」

有一次張教授帶我參觀他自己所設計的書房，臉上不時流露出得意滿足的表情。書房的配置簡樸幽雅，自然舒適，置身其間不易分心，可以全神貫注思考和寫作。張教授為何有著作等身的成就，看過他心愛的書房環境也就了然於心了。

張教授研究著作性質跨越「教育」和「心理學」兩大領域。在教育方面而言，研究著作側重在教育心理學、教育政策興革問題和青少年心理輔導等領域。我在大學部授課時所採用的《教育心理學》教科書就是他的著作之一，學生對此書有很高的評價，認為內容完整新穎，深入淺出，並富有啟發性，文字表達流暢，淺顯易懂。

由於這些特點，上課時我能補充的內容十分

有限，只好提出一些相關問題讓同學討論批判。上課後同學一致表示，讀完這樣好的教科書，加上課堂的充分討論，的確獲益良多。

關於青少年心理輔導的研究著作，多達十幾本之多，如《青年的煩惱與出路》、《青年的認同與迷失》、《成長中自我的探索》和《希望的追尋與挫折》等書。這些書的內容，精彩動人，篇篇扣人心弦，引人入勝，讓人反覆閱讀愛不釋手。看過這些書的人，不得不佩服張教授思想豐富和寫書的功力。對於從事青少年輔導工作的人員或父母，如果沒有機會看過這些書，實屬可惜和遺憾。

張教授研究著作的數量驚人，學術界鮮少人可及，其品質深受學術界的推崇。據我了解，他的研究著作過程極為認真用心，從構思、組織到撰寫過程的每一個環節，均經過深思熟慮、精心規劃，從不草率輕易動筆。

在撰寫前，他都會設定一些撰寫的目標和原則，作為自我要求的標準。撰寫時除了考慮段落與句子的邏輯性和系統性外，更力求用字遣詞，精確易懂。

他作學問的態度，有如蜜蜂釀蜜所花費的功夫，這和一般學者用螞蟻搬糖的功夫所得的作品，是截然不同的。心理學是一門大家都感興趣的學科，其理論學說不容易弄懂，但經過張教授用心撰寫成書，就能變為易讀易懂的知識。

心理學知識如今能夠在臺灣這樣普遍推展和廣泛應用，張春興教授其功不可沒。

最令學術界十分敬佩的事，莫過於張教授花了十九年的功夫，獨立完成一部涵蓋一萬兩千餘條心理學名詞的《張氏心理學辭典》。

像這種辭典的編寫，通常須由一群不同領域的學者組成，發揮集體的智慧和力量始能完成，因為名詞所涉及的學科達二十幾種之多。從這部辭典的完成，充分顯示張教授不但是一位博覽群書、學識淵博的學者，更是一位具有超人毅力的學者。

此部辭典曾獲得行政院最佳圖書、最佳著作兩項金鼎獎。同樣得到金鼎獎的書，尚有《心理學》和《現代心理學》。由此可見，他的著作品質是獲得國家所肯定的。

爲了提倡臺灣與中國的學術交流，張教授受東華書局的委託，主編《世紀心理學叢書》共二十二冊，總共號召了二十二位心理學者執筆撰寫。張教授能夠專心著書立說而有這麼大的成就，師母周慧強教授是背後的無名英雄，她不但全力支持，更投入幫忙文稿修飾與校閱的工作。

受到恩師著書立說的影響，我也窮畢生之力寫了兩本大學用書：《教育測驗與評量》和《心理與教育研究法》。品質雖不及恩師，但也頗受學術界肯定，採用爲教科書。

在恩師主編《世紀心理學叢書》時，曾數度邀我撰寫教育研究法方面的書，當時因怕能力不夠，始終未能答應。如今我已努力完成這本恩師所期望的書，其體系完整，內容新穎，自己頗爲滿意，但可惜未能在恩師辭世之前出版讓他知曉，這是我終身的憾事。

崇尚大學自主精神

張教授在擁有國內臺師大教育研究所碩士外，又數度到美國進修，獲得夏威夷大學（University of Hawaii）碩士和奧勒岡大學博士；並到哥倫比亞大學（Columbia University）研究，以及在普渡大學擔任客座教授。其強烈求知欲，不斷接受挑戰追求進步的精神，值得後生敬佩與學習。

在他寫書立說的過程中，也經常在報章雜誌撰文針砭教育時政，其中對青少年問題、高教問題與教改等問題，都有其獨到精闢的見解，頗獲解嚴後的教育部長賞識和器重，聘請他擔任教育部學術審議委員會和大學學術發展委員會委員，並參與解嚴後的「大學法」修訂工作。

因爲他曾到美國研究進修多次，深刻觀察體認到美國大學運作的自主性。因此，他對未來「大學法」修法的方向，懷有高度的期待與希

春風化雨下的道德勇氣和孤單

望。這段期間，他時常談論大學自主、學術自由、校園民主的內涵，以及它們對大學發揮特色，追求卓越的重要性。他認為舊的「大學法」過於保守封閉，對大學的限制太多，不但扼殺了大學自主發展的空間，更影響國家未來的發展進步。

恩師所崇尚的大學自主理念，深深打動了我的心。時任臺師大教育系的陳舜芬教授，找我共同發起「臺師大校長應由本校民主程序遴選」的連署時，因符合我認同的民主理念，我立即答應，並邀請恩師加入發起人行列，全部獲得三百六十四人的連署。

臺師大校長於 1993 年首次在校務會議經由民主程序遴選產生，打破以往的官派校長。校務會議推選德高望重的張春興教授擔任投票主席，選出呂溪木教授出任校長。這是新「大學法」尚未公布前，臺師大能夠繼臺大之後，成為第二所實施校長遴選的大學，當時可說是創領導風氣之先。

高風亮節情操的典範

張教授是一位正派的教授，這是我長期和他交往互動觀察所得的深刻印象。他待人處事剛強正直，大公無私。

在他擔任系主任時，系上需要一位專精諮商心理與輔導人才，當時國內這方面的人才，以劉焜輝教授最知名，但他是政治大學教育研究所劉真所長特別從日本敦聘返國的；張教授深恐對劉所長不敬，囑咐我先到劉焜輝教授的家徵詢其意願後，才敢親自禮聘。為系選才唯才是用，他毫無私心，由此可見。

心輔系本來每年級只招生一班，在增加為兩班招生的過程中，恩師張主任發現學生畢業後無適當科目任教，為學生著想，乃明快決定減為一班，這是不少首長不願做的事，因為會削弱自己的用人權力。一些好擁權力者，常藉此聘用自己人，搞小圈圈，培養自己的勢力和影響力，但張春興主任不謀此圖，其「權利無私」的情操，令人尊敬。

兼辦系務的我和同仁，也很懷念這段他擔任系主任的愉快時光。他人性化領導的風格，完全信任同仁，抓大放小，沒有謹小慎微的作為，大家都感到工作得很有尊嚴。

　　一生淡泊名利，專心研究著述，是張教授另一面的道德情操。臺灣的教育雖不斷在改革，但仍然存在不少問題，對這些問題他十分關心，經常寫書撰文闡述他的理念和建言。

　　由於他的論述深入有理、見解精闢，博得當時教育部長的關注，偶爾會邀請他參與會議；在會議中，他直言不諱、無所顧忌，因為他心中無所求。沒想到教育部長非常賞識他，有意派他擔任南部某國立大學校長，而在徵詢他的意見時，他毫不思索立即婉謝。主要理由是違背他所崇尚的校長遴選大學自主理念，而且也會影響他矢志著書立說的學術人生。由此可見，張教授不忮不求、淡泊權位的高尚情操。

　　在民主自由的國家，學術自由受到憲法保障，研究自由是學術自由的重要一環。更明確的說，研究自由包含題目的選擇、方法的設計、資料的蒐集和結論的提出，皆憑研究者的學術良知，不受任何外力的干預與威脅。

　　張教授一生的研究，幾乎都受到研究自由的保障，唯獨有一次他為師資培育爭取權益的調查研究發表後，當權者對其結果相當不悅，採取一些違反學術研究自由的干擾行動，張教授為之感受到屈辱，乃憤而表達抗議，當時在報端媒體因而掀起一場引人注目的筆戰。

　　為維護學術研究自由的保障，張教授挺身而出，奮不顧身，雖然承受很大的壓力，但仍無所畏懼，積極爭取研究者的權益。他這種為正義而戰的道德勇氣，堪稱學術界的典範。長期耳濡目染張教授這些高風亮節的作風，培養出我的「正義感和道德勇氣」，它成為我的核心價值信仰，影響了我一生的所作所為。

獨行在道德小徑上的人生價值

張教授正派的學者言行，對我一生的影響最深，也令我感慨最多，我必須將他所奉行並在身上內化為價值信仰的經驗寫出來，以喚醒更多年輕學子，為正在淪喪的學術道德做出努力，以此文紀念恩師逝世七週年會更有意義。

大學學術主管開始遴選時，亂象百出。臺師大心輔系選出系（所）主任後，不少臺師大教授問我說：「你們系的師資陣容堅強，幾乎都具有博士學位，學士學位者寥寥無幾，為何會選出一位僅具學士學位，且沒有特殊研究者？」我雖知情，但默然以對。

基於學術正義，我必須將真相揭露，讓年輕學子，引以為戒。主要原因是一位派系大老強力為她運作，運作的理由不是為了系，竟然是因為擔任系（所）主任，學校可加重分配宿舍積分，如此可順利取得廉價配售的宿舍。此種見利忘義，以私害公的作為，不但嚴重違背我的價值信仰，也重挫系的堅強師資陣容在臺師大的崇高聲望。

因選舉過程有些問題，我不計個人毀譽，在系務會議提出遴選爭議提案，此案即使送到院級，但因掌權者畏懼派系勢力，缺乏道德勇氣，無疾而終。對此我頗有孤立無援之感慨。

當我擔任系（所）主任時，為了維護學生受教權益，對於上課敷衍了事、反應不佳者，我會依據學生不滿的反應程度，適度調整課程。未料此舉引發當事人在系所會議上挾怨報復，公然說謊，指稱我選系主任時向她關說，甚至請律師寫存證信函要控告我，學術界有此種品德的教授，實屬不幸。

另外，根據系（所）教師教學與研究的表現，每年系（所）主任要對人事室送來的晉級加薪簽註意見。長久以來，各系（所）主管都沿襲慣例，沒有簽「不同意」的現象，只有我是例外。考核公文送到院校，院長與校長都來電表示關切，但我堅持不更改，有事情一切都由我自己

承受。呂校長溪木可能受到我不因循苟且的膽識感動，曾在學校的一次會議上，未指名但公開讚揚此事。這是我發揮道德勇氣首次獲得的肯定。

即使臺師大退休後轉到考選部擔任政務次長，或擔任私立大學管理學校校長，我仍然秉持「正義感和道德勇氣」的價值信仰做事，始終如一，奉行不悖。但一路走過來，所得到的共同體認是：在各個不同場域中，明哲保身者居多，有正義感和道德勇氣者鮮矣，頗有勢單力薄的孤立感，甚至感到心灰意冷。

為了不願放棄從恩師身教所得來的價值信仰，常以孔子對弟子所說的「德不孤，必有鄰」這句話自勉，堅持繼續往前走。走在這條道德獨行之路上，雖然遇到不少險阻、挫折和孤單，但總覺得問心無愧，心安理得，更享有人生最有意義的尊嚴。冀望閱讀到此紀念文的年輕世代，能受到感動同行，共同走出一條學術道德的康莊大道。

張春興教授春風化雨五十載，我以身為他首位指導的研究生為榮，在學術和道德上常以老師為價值標竿，如今哲人已遠，緬懷張春興教授和我長達半世紀的師生情緣，生涯有幸得遇恩師教誨提攜之！無限感恩及懷念常在我心！

學高為師 身正為範
先生之風山高水長──永懷張春興老師

吳武典 / 臺灣師範大學特殊教育學系名譽教授

　　我是張春興老師早期的學生，1963 年大二時在臺灣師範大學教育學系心理組就修了張老師「學習心理學」的課。

師生緣起六○年代 青春煥發學術歲月

　　那時我們都年輕──老師 36 歲，我 23 歲（我是師範生，當了三年小學老師才保送到臺師大）。依稀記得老師身材魁梧、形相威武、個性耿直，但卻平易近人，關愛學生毫不保留；上課時喜歡做「蘇格拉底式的討論」，激發同學的思考發言，而從不照本宣科。他若對某個主題有所評論時，往往是直指要點一針見血，因此課堂上絕無冷場，大家都覺得收穫良多。

　　第二次的深入接觸是在 1968 至 1971 年我就讀臺師大教育研究所，當時我兼任 1968 年新成立的教育心理學系助教，那時候張老師和一些心理學專長的師長，也一起從教育學系轉入了教育心理學系任教，而張老師便由我學習的對象，轉換成我服務的對象了。

學術嚴謹深入淺出 著書立說精益求精

　　1969 年張老師出版他第一本心理學專著 《心理學》（和楊國樞教授合著，三民書局出版）。這本書應該算是張老師的成名著作，那時中文心理學的教科書不多，心理學界幾乎都以「臺灣心理學拓荒者」蘇薌雨教授（臺灣大學心理學系創系主任）所著之《心理學原理》（1954）作為基本讀物。

　　但當張老師這本《心理學》教科書一出版問世便立刻風靡全國，一

時洛陽紙貴，不斷再刷，心理學界幾乎人手一冊。何故？這本書實在寫得好，不但是學術材料新穎，而且理念清晰、文筆暢達、沒有贅詞、沒有譯味，最難得的是全書能融會貫通、深入淺出。我和幾位當時就讀研究所的同學如郭生玉、蘇清守都有此感受，由此更能深刻體會張老師為學的嚴謹態度。

因為我們都是他的學生，他便要我們一起協助幫助校正這本書，不只是要挑剔排版有沒有不妥，還要「找碴」——從讀者的立場看文字通不通順？說理清不清楚？註釋明不明白？甚至標點符號正不正確？要求我們要一絲不苟、毫不留情嚴格地提出批評，使他再三修正。

之後張老師陸續出版新書，著作等身，一直都秉持這樣的態度。他既學富五車，又能謙虛為懷，嚴謹為學。難怪論及心理學領域的最佳教科書著作，大家公認張老師是兩岸第一人。

他的《現代心理學》、《教育心理學》等教科書都是經典之作；他的《心理學思想的流變》是整體心理學文化的概觀；《張氏心理學辭典》是學術研究重要工具；《青年的認同與迷失》及《青年的煩惱與出路》更是青年輔導工作者的隨身指引；此外，由他所主編的《世紀心理學叢書》（共二十二冊）兩岸同步發行，更是曠世偉作，影響深遠。

有人說心理學家是「專門把大家都懂的道理，用大家都不懂的話說出來」，此言雖有調侃性質，卻並非完全沒有道理，但是好壞關鍵在做學問的功夫深淺：上焉者能夠「深入淺出」，中焉者「深入深出」或者「淺入淺出」，而下焉者「淺入深出」，當然使人不懂。

我覺得張老師寫教科書的功力毫無疑問是第一流的「深入淺出」，因此廣受歡迎，普遍受用。張老師的言論亦復如此，例如他談到青少年問題：「病因植根於家庭，病象顯現於學校，病情惡化於社會」，能一語道破了青少年問題的癥結，淺顯易懂，難怪被廣泛引用。

師生致力兩岸學術交流 共同協助大陸心理學發展

　　我和張老師的第三次深度接觸，與兩岸心理與測驗學術交流有關。張老師在八〇年代末期即與大陸心理學界交流。那時，大陸的心理學剛從文化大革命的「偽科學」誣衊和摧殘中獲得平反，甦醒過來，但元氣未復，百廢待舉。張老師完全自費的大陸行腳，為他們帶來了心理科學新知，也提供了臺灣心理學發展的寶貴經驗；再加上兩岸血濃於水的同胞情懷，如一股暖流，注入大陸心理學界的心坎，又如及時雨一般，適時灌溉滋潤，終於開花結果。

　　1992 年，中國測驗學會慶祝創立六十週年以及在臺復會四十週年，正好我擔任學會理事長，張老師和我另一位恩師路君約教授，特別叮嚀我要辦個活動，讓兩岸心理與測驗學術界的朋友們有機會相聚在一起。我銜命主持籌備工作。於是，1993 年 10 月第 1 屆「華文社會心理與教育測驗學術研討會」就此上場了，又隆重迎來了多位大陸、香港、新加坡和美國的華人學者前來共襄盛舉。

　　這場知識饗宴是四十多年來難得的兩岸破冰之舉。大家都非常珍惜這次相聚的情緣，相約後會有期。果然，此後兩岸每兩年輪流舉辦此項研討會。這期間只有因非典疫情和新冠疫情各推遲了一年，兩岸「華文

1993 年，第 1 屆華文社會心理與教育測驗學術研討會於臺北舉行開幕式，張春興教授出席致辭。

1998 年，張春興教授赴山東講學及參訪，登嶗山，途中稍憩，弟子吳武典教授及其夫人同為老師把扇、撐傘。

春風永化雨

1998年7月，張春興教授赴山東演講及參訪，抽空在孟慶茂教授（右）與吳武典教授（左）陪伴下同登嶗山，攝於太清宮前。

社會心理與教育測驗學術研討會」從創會至今將近三十年的時光，未曾間斷，誠屬不易。

張春興老師和路君約老師，可說是兩岸研討會在臺灣這方面的主要催生者。而大陸方面：北京師範大學心理學部的張厚粲教授，是中國大陸心理測量學界的泰斗；北京師範大學孟慶茂教授則是實驗心理學專家，兩位在大陸心理學界都廣受推崇。兩岸「華文社會心理與教育測驗學術研討會」就是由張厚粲教授帶領策劃命名。這個研討會在大陸能舉辦並持續與臺灣交流進展，張厚粲教授和孟慶茂教授所投入的貢獻非常大。

張老師多次應邀到大陸講學和參訪，大多由孟慶茂教授安排行程及陪伴。孟教授是孟子後裔，和張老師是山東同鄉，情誼甚篤，但他2004年突然腦部中風，不克繼續參與。「兩岸心理與教育測驗學術研討會」仍克服困難不斷地舉行，由張厚粲教授持續率弟子們擘劃主持。

孟教授學養俱佳、為人熱忱又謙和。他和我年齡相仿，而對張老師以弟子自居，執禮甚恭，可見孟教授學人風範，也足見張老師在大陸名氣之大，所到之處，無不敬仰。

同遊神州聆聽教誨 歷歷往事緬懷回憶

張老師年屆七旬以後體力漸衰，往後再赴大陸交流，常邀弟子同行。我有幸於1998年暑期應張老師及孟教授之邀同赴北京及青島，

在中小學教師研習會一同擔任講座。沿途再度親炙老師風采，再次聆聽到教誨、讜論，且與孟教授結成莫逆之交，至今難忘。

　　猶記得青島研習會後，由孟教授安排我們一同遊覽道教聖地嶗山，我們捨轎一路健行，曾合影於太清宮前，時值溽暑，登山途中稍休憩時，我和內人分別為張老師把扇、撐傘，師生同遊，其樂融融。

　　2004 年孟教授突然病倒以後，張老師很是傷心，加上自己年事已高，此後就不再前往大陸講學。2012 年孟教授往生，張老師更是深為痛惜。對我而言他們二人一師一友，師為良師，友為益友，於個人何其有幸，在生命過程中曾與他們同在！

　　今日有機會撰此短文，一以追思，一以感恩。我是師範出身，終身信守師範精神，我覺得張老師為師範作出了「學高為師，身正為範」的最好詮釋，我還要說：「先生之風，山高水長」。

　　張老師，我們會永遠懷念您！

春風化雨

三十年師生緣
——我從張春興老師身上學到的事

宋曜廷 / 臺灣師範大學副校長、教育心理與輔導學系教授

　　我 1984 年進入臺灣師範大學教育心理與輔導學系就讀，有趣的是，我早在 1982 年就對張春興老師印象深刻，且十分景仰。

緣起

　　主要是因為，1982 至 1983 年間我在念高中時，就常常到臺灣大學法商學院的圖書室看雜誌，當時臺灣有一本重要的期刊，由聯合報系出版，刊名《中國論壇》。許多有名的人物和學者都在那裡發表文章。因此《中國論壇》在當時也是一個非常有影響力的刊物。

　　身為高中生的我，時常關注張老師在《中國論壇》上所發表的許多關於教育和社會議題的文章。年少的我，除了對於張老師照片臉上一塊老人斑特別印象深刻外，更感到佩服的是，作為一個學者，張老師對於教育議題、青年發展、社會現象等精闢的見解，以及對臺灣社會發展的關心，這些都讓我心嚮往之。或許這就是種下我念教育心理與輔導學系的一種因緣吧？

青年的認同與迷失

　　進入臺師大心輔系之後，張老師是我大一的導師。我印象最深刻的是：張老師一方面期望他的學生能夠透過英文，多吸收西方的心理學知識，但又擔心學生的背景知識和英文能力不夠，造成學習困難。

　　所以張老師使用兩種教科書，除了他自己所撰述的《心理學》（東華書局，1976）之外，也同時特別搭配另外一些英文的教科書，如至今

已出了十六版的《Introduction to Psychology》（E. Hilgard, R. C. Atkinson, & R. L. Atkinson, 1979）。這樣我們可以透過中文的教科書，先對某些心理學有一些概念，接著再看英文書，就不會感到那麼困難了。

這是我對張老師當初循循善誘的觀點特別感到獲益之處。對比現在，追求國際化，有許多老師以英文或西文書作為教學的重點，卻常常忽略學生的背景知識能否支撐相關的學習。

在大一時，因為張老師是我們的導師，每學期都會約學生們聚餐，討論他們對未來發展的期待。張老師對青年在此時期的引導，對包括我在內的許多青年學子，都有很重要的引導作用。

根據老師自己對青年期發展任務的看法（主要是來自 Erik H. Erikson 心理社會發展論），我們正身處於自我統合（self identity）以及統合危機（identity crisis）的階段，因此對於許多價值正在探索中，對於人生的意義迷惘懵懂，需要更多楷模來加以引導。

張老師適時扮演了這樣的一個角色，讓我們在大學階段，勇於探索自己、發現自己的長處和發現自己需要改進的地方。而這也是他在所著《青年的認同與迷失》這本對青年關懷的著作中他所一直強調，且努力協助青年人克服的問題。

除了「普通心理學」之外，張老師也是我學習「心理學」和「認知心理學」的授課教師。無論是哪一門課，在上課之後張老師都鼓勵我們在課餘時間多讀書，特別是透過讀書會的方式來讀更多的書，然後他也參與我們讀書會的討論。

印象中，學期間和暑假，相關的讀書會我參加過的有六個以上吧？我想張老師以身作則，一方面讓我了解心理學許多重要的經典要義，另一方面讓我建立了自主自立的學習習慣；因此後來我成為研究生時，也常常到臺灣大學心理學系上課，多了解不同領域和老師的學術風範。這對我往後的學術生涯，有莫大的影響。

春風化雨

1998年，張春興教授與師母（前排）和學生們聚餐，後排博士生左起宋曜廷、劉威德、劉子鍵、王明傑。

能者不為 不能者不能為

張老師一生以著書立說，推展和傳承心理學知識作為最大的志業，並努力去實踐這個目標。在我研究生階段，有幸了解到張老師在過程中強大的毅力，為實現這個願景而展現出的投入與堅持，這對我以後成為一個學者，有很大的啟發。

其中張老師執行的一個工作是主編的一套兩岸出版心理學叢書，特別是能夠及時彌補大陸當時所欠缺的心理學，和相關內容與知識的教科書。所以他邀集兩岸重要的心理學家，如張厚粲、林崇德、董奇、車文博、申繼亮等心理學界的知名學者們，在東華書局出版了華人世界第一套《世紀心理學叢書》系列，此套叢書不僅聯繫兩岸心理學家對於心理學的熱誠和共同情感，也彌補了華人世界中在有系統推展心理學上缺乏工具的缺失。

另一個讓我們學生輩感動的工作是，張老師為了要協助心理學知識能更廣為社會大眾所了解，因此投入了《張氏心理學辭典》的編撰。張老師很客氣地說，他之所以投入心理學辭典編撰這種吃力不討好工作的原因是由於「能者不為，不能者不能為」。既然願意做的人非常有限，而此種工作又十分重要，他因此選擇義不容辭地投入這項艱鉅的任務。

心理學辭典的編撰千頭萬緒，單是詞條就有數十萬條，揀選的工作就需要花費很多的功夫，因此張老師收羅了海內外所有重要的心理學教

科書，並且以心理學的領域和文字排列分門別類，開始對每一個詞條撰寫與說明。

　　有幾次到張老師家裡，可以看到除了心理學的書籍堆滿整個書房，為了要撰寫詞條所裁出的 A4 紙條，更依序掛滿好幾個房間，可見到這個工作的艱鉅。

　　歷經十餘年，張老師終於以無比毅力和耐心將《張氏心理學辭典》這本鉅著完成。

言其所信 行其所言

　　作為一個學者，我一直記得張老師對我們的勉勵，其中最為重要的一句話就是：「言其所信，行其所言。」

　　鼓勵我們要勇敢講出我們認為對的事情，而且，要能夠實踐我們所承諾過認為應該要做的事情。這樣的一個引導，除了彰顯在張老師對於著書立說的執著之外，也彰顯在他對社會關懷上面。例如，張老師早期在《中國論壇》期刊上所發表的對於許多教育制度的關心和教育改革的提倡，以及對於社會問題的憂心和希望能夠有所改善的期望。

　　我另外也特別記得張老師對於分析青少年問題的一句話是：「病因植根於家庭，病象顯現於學校，病情惡化於社會。」這句話提醒政府和身為老師的我們要注重家庭教育的重要，讓父母們都能夠負責自己小孩的行為問題；同樣地，當老師也要能夠見微知著，協助將學生行為問題及早矯正。這些都是展現了一個教育家的風範，無時不刻都關心教育的發展以及教育的功效。

風簷展書讀 古道照顏色

　　張老師仙逝已經七年了，但他的精神和學術成果，一直影響我們並持續影響新世代的學生。在我的書房中，陳列許多張老師所著的心理學

春風化雨

書籍，例如《教育心理學》、《現代心理學》、《心理學思想的流變》等，這些都是我們在上課或研究時常常翻閱的。

張老師謙稱的幾本心理學「小書」，例如《青年的認同與迷失》是我常鼓勵學生在「大學入門」課堂上一定要唸的書；而《感情·婚姻·家庭》，則是鼓勵學生在親職教育方面要多參閱的書籍。

張老師在學術上的執著，及作為一位學者的風骨，都在在感召包括我個人在內的許多學者，持續為心理學的實踐和理論研發而努力，並且為發掘學術的真理而堅持。

讀聖賢書所為何事，張老師為我輩立下值得永遠景仰的典範。

懷念一位心理學文化思想的播種者
——張春興老師

何榮桂 / 臺灣師範大學退休教授

　　2020 年九月下旬某日傍晚，我的手機響起，接到張春興老師家人邀請寫一篇關於張老師的紀念文。

響起想起

　　身為受教於張老師的學生，便毫無猶疑一口答應。讓我有機會整理三、四十年間的記憶，也藉此把書架上幾本張老師的重要著作翻一遍，企圖在字裡行間搜尋那些隱藏著的記憶，喚起那些我對張老師的追憶。

初仰風範

　　1972 年我進入臺灣師範大學教育心理學系時，張老師時任系主任。大一必修課「普通心理學」就是張老師開授，上課是用張老師與楊國樞教授合著的《心理學》（三民書局，1969）及另一本英文書。

　　印象中，張老師上課從不照本宣科，他鼓勵同學提問題，然後大家一起討論。

　　大一新生一開始對心理學一知半解，不知也不太敢提問題，所以當氣氛有點冷場時，就變成由張老師提問題。老師的問題通常不直接與教科書內容有關，當時雖可以感覺到大部分同學可能不太適應，但我倒蠻喜歡此種方式。

　　我覺得此種方式比照著書中章節逐一講述好，張老師的方式也比較合乎大學的教學。可能是我高中時課外雜書看了不少，所以比較能了解張老師提的問題。我的想法似乎也較合乎張老師所指出的「自然科學求精，心理學尚博」的道理。

在《心理學》整本書共十四個章節裡，第一章對「科學的心理學」討論最多，圍繞在「心理學是否是科學？」的問題，我發現張老師直到晚年仍不斷宣導的心理學文化的中心思想，脈絡與其四十多年前的立論頗為一致。

大二時「教育心理學」的上課方式，和大一的心理學很類似，但此課程較實務而少理論，例如討論問題解決，張老師會採新舊理論對照，此也符合張老師主張心理學知識是以「迴旋累進式」地演進想法，意即新知識的產生並不會汰換掉舊知識的原則。

除了上課，我與張老師的接觸其實很少，記憶中只有一次在系上的迎新活動，還有一次是大一新生與系上部分老師到觀音山登山郊遊。直到 1978 年我回臺師大電算中心服務，才有機會再繼續向老師請益。

明理與寬容

2007 年初，聽聞張老師的身體近況欠佳，我即約毛國楠教授一起赴張府探望，這是我首次到張老師家。那天老師看起來精神還不錯，我們向老師及師母請安後，並沒有多說話。倒是張老師告訴我們，他去中國大陸講學及其著作以簡體字出版的情形。

談話一個多小時之後，我們正準備告辭前，張老師忽然對我說：「你很有『guts』！」我當時不了解老師這句話的意思，頓時語塞，只能面帶笑容回應。後來老師提到三十多年前我幫他處理論文的調查資料，他要再度謝謝我，這一提才使我猛然想起這件事。

事情是這樣的：

張老師 1983 年研究大學生的迷失與定向，有一部分涉及師大學生提早定向的困惑。某日助教說張老師找我，我隨即到張老師的研究室，張老師交給我一整包問卷資料，要我幫他統計分析。我隨即請工讀生把一千多份的問卷資料逐一建檔，不久我就寫程式分析出結果。

過了幾日，張老師根據我分析的結果，發表〈從師大學生的求學心

態檢討師教法「加強師範生專業精神」構想的成效〉論文，在一場演講發表出來，次日被媒體披露。其中提到師大各年級學生有頗高的比例（隨年級遞增）想重考、轉學，或畢業後賠償公費。此結果公布出來，當然會影響到師大未來招生。臺師大校長也對此表示關切。

為此，校長的機要秘書來找我，表示校長想要看看問卷內容。

我表示：基於工作倫理，未經問卷所有人同意，我不能任意對外披露。校長了解我遵守工作倫理，並沒有為難我。而這件事迄今我沒有告訴任何人，包括張老師。

事後，我猜想當時校長秘書室應該曾跟張老師接觸過，否則張老師不會知道我當時未給問卷這件事。此調查研究後來收錄於張老師所著之《成長中自我的探索》（東華書局，1983)，張老師並親自署名致贈我此書，讓我非常驚喜！

張老師恐怕不知道，當時的校長郭為藩教授就是我碩士學位的指導教授，而跟我接觸的機要秘書就是四十多年後，此紀念文集的總召集人吳清基教授。人生非常奇妙！

這個小插曲，讓我了解明理與寬容的道理——對事明理，待人寬容，才能成就大事業，張、郭、吳等三位教授的關係極為明證。

《成長中自我的探索》封面和張春興教授簽字致贈給何榮桂教授的題字，筆跡清雅有力。

1995 年，「兩岸測驗學術交流研討會」在臺師大教育學院舉辦，左起：吳武典教授、黃堅厚教授、張厚粲教授（北京師範大學心理學部），以及張春興教授、陳淑美教授、何榮桂教授。

心理學文化一大家

看了張老師的生平大事紀要，我方才知張老師早歲入山東齊魯大學習醫，後又到上海入國防醫學院。可是遇上戰亂，隨校遷臺，他等不及國防醫學院復校，而改考臺灣省立師範學院教育學系。此系始終是全臺頂尖的學系，要考上不容易。當時教育學系的課程比較偏重教育學理論及哲史，後來才設置心理實驗室。

其實張老師專研教育心理學而未走教育學的脈絡是有跡可尋的。醫學與心理學的研究對象是個體，也就是對人個體的研究，應該是張老師的主要興趣。要從張老師的著作中把他歸類為哪一學門的心理學家也不容易，其實這也是他的特色。事實上，張老師具有非常寬闊的視野，以及引領心理學文化思潮的雄心！

2008 年初夏，我又約陳李綢教授去探望張老師。從外表看，張老師的身體狀況已大不如前，但談到心理學，張老師的精神又為之一振！

張老師著作等身，但一般人未必知道張老師部分著作的簡體字版在中國大陸非常受歡迎。我認為《現代心理學》、《教育心理學》、《心理學思想的流變》以及《張氏心理學辭典》重訂版，以上四本著作應該是老師最重要的傳世著作，其內容分別代表老師在心理學理論、教學實務、文化思想，以及研究工具之作。這些著作在廣大的華人文化世界流傳，其影響既廣且深，恐非同一領域之其他人可比。

而對於自然科學與心理學之別，張老師提出了他的幾個觀點，真是真知灼見，摘述如下。

（一）兩者研究對象與求知取向不同。自然科學研究物性；心理學研究人性。而後者遠較前者複雜，除了不可分割研究之外，人性中又有因人而異的自主意識與自由意志，不合於自然科學決定論。

（二）兩者的學科知識演進歷程不同。自然科學知識以直線躍進式演進，亦即汰舊換新；工程技術亦然，以電腦軟體為例，有了新版本出

現，就不會再回頭用舊版。心理學知識則以迴旋累進式演進，新知識產生未必汰換舊知識，例如，較新的智力多元論出現之後，並未汰換掉早期的智力雙因論。

（三）自然科學研究求精；心理學研究尚博。

（四）自然科學研究「客觀而客觀」；心理學研究「主觀而客觀」、「客觀而主觀」兼顧。

（五）張老師也鼓勵研究者以理性、客觀的方法研究心理學。

張老師的著作，論述多於實證研究，其中以前述四本最為重要，影響也最大。現代心理學自西方流傳至中國，在過去幾十年中，雖也有若干研究有成的心理學者，但唯一視野開闊而意志堅定，能堅持數十年如一日，且有系統推展心理學文化思想者，我認為張老師應是第一人；而對現代以至後世影響之至深至遠者，也非張老師莫屬。

典型在夙昔

綜觀張老師其一生，投身教育，作育英才，深耕學術，努力不懈，其堅毅不拔的精神令人崇敬。張老師家屬能慨然允諾將其珍貴的著作及學思歷程手稿，捐贈國家圖書館典藏，這些無價的文化財將永留後世，其家屬也令人感佩！

對我而言，這輩子有機會遇到張老師，真的是三生有幸；張老師的奮力勤學，講述著書，追求理想，推展心理學文化思想，且終身不渝，堪為後輩學子的典範！

望之儼然 春風典範

金樹人 / 臺灣師範大學教育心理與輔導學系名譽教授

> 選了一條較少人走的路，這讓一切變得如此不同。
>
> ──Robert Lee Frost (1874-1963)

求學與治學的教誨

路漫漫兮，上下求索，這似乎正是張老師一生學術生涯的寫照。受邀為《春風永化雨・張春興：當代教育心理學巨擘》撰稿，我毫不猶豫地就答應了。在構思期間，往昔認知的拼圖不斷地浮現與老師互動的紋形，影映互現；隱約折射的龐然意象，是老師望之儼然的學術典範。

我在 1971 年進入臺灣師範大學教育心理學系。大一的新鮮感與興奮感，在開學後霎時雲消霧散，我們碰到了兩門會被英文逼死的必修課程：普通生理學與普通心理學。生理學不用說了，我們是社會組的考生，生理名詞個個都是生詞；心理學是主科，授課的先生就是學長口中鼎鼎有名的張老師，他也要求我們閱讀原文的 Atkinson 與 Hilgard 所著的《普通心理學導論》。

龍泉街附近臺師大男舍熄燈後還燈火通明，應該都是我們系的這幾位寶貝大一新生。

開始時同學們都不知如何下手，人心惶惶，英文教科書中夾雜寫著密密麻麻的中文註記，查單字都來不及了，遑論還要去理解翻譯過來的知識。張老師看穿了我們的焦慮，他特地撥了一段時間指導我們如何閱讀英文書。

老師提醒我們一定要保持英文文本段落清楚，不能將英文的行間填滿了錯落的中文，必須將英文生字依序標出阿拉伯數字，查到中文譯名後寫在書頁的兩邊空白處。這樣可以不必每次都依賴中譯，待不解英文

1976 年，張春興教授準備赴美國普渡大學客座前到訪臺中，由金樹人教授（最前
排右一）召集教心系中部同學、系友與老師餐敘。

文意時才偷瞄一下中文。經過一段時間適應之後，沒想到這種方法眞的
可以讓英文閱讀能力突飛猛進。

在那個時代，心理學的中文教科書鳳毛麟角，我們所閱讀的書籍幾
乎都是原文書，用這種方法不僅解決了普通心理學這門課的英文閱讀，
也幫助了後來其他課程原文書的學習，例如青少年心理學、變態心理
學、心理學名著選讀、人格心理學等。這個讀英文書的習慣一直跟著我
到現在。

我們大二的時候，臺灣的社會環境因政經快速發展而起了急劇的變
化。家庭結構改變，青少年的問題日趨嚴重，當時救國團成立了臺北
張老師中心，設置「張老師專線」電話。高年級的學長有些人開始參加
「張老師」機構的培訓。

教心系原來的專業發展就是培養輔導活動課程的授課教師，也因為
校園青少年正面臨學業、就業、家庭等諸多適應上的問題，所以輔導教
師就必須加強輔導知能。

當時由張老師接任系主任，並同時教授我們學習心理學的課程。爲
了因應社會變遷需求，張主任開始增開有關輔導知能的課程，除了聘請
了臺灣第一位留日的輔導博士劉焜輝老師來系授課，他也在有限的教學

資源中，邀請市立療養院的葉英堃院長等名師來系演講，以加強我們對心理疾病的認識，一時之間引起轟動。

我對學生輔導的興趣在大學階段一直是懵懵懂懂，記得張老師在我們大三階段就要求必須要去學校進行諮商實習，他幫我們安排的學校是臺師大附近的國中。我還記得我生平接的第一個個案是位個頭比我還高的國三男生，訓導主任安排給我們的諮商地點在導師室靠窗邊的兩張座椅，辦公室裡所有導師都看得到我們，我手心上的冷汗比學生額頭上滴下的汗水還多。

立業與成家的提攜

我先讀畢臺師大教育研究所，1980 年退伍到臺師大學生輔導中心擔任助理研究員，這是職員的職缺。我前期的學長已經可以擔任大學講師了，另一位比我晚的助教借調同仁還在念碩士班。我雖是碩士但占助理研究員的薪資卻比助教還低，學輔中心主任劉焜輝老師很看重我的能力，覺得委屈了，還打算用他的主任特支費彌補我的薪資。

但我覺得職業生涯剛剛起步，薪資待遇都是其次，教育事業是我的天命，只要能夠在臺師大發揮所長就很滿足了，當然，我最終的願景還是希望能從職員轉向教職。

有一次，我在路上偶遇張老師，他方才結束美國普渡大學一年客座返國。他不知哪裡聽到，我除了白天上班晚上還去兼家教，以當時薪資還不致阮囊羞澀，家教的收入也不無小補。他很關心我的近況，聽說我完成了婚姻大事，還一直以為我是以講師起聘。

細談之後，他若有所思。沒多久，他跟我說，文化大學特殊教育課程有一個兼任講師的職缺，他已經接洽好了，也與我的主管劉焜輝老師打了招呼，請我立刻去面見文大兒童福利研究所的周震歐所長，新學期就可以上陽明山文大報到上課。這真是雪中送炭！此恩此情無比溫暖，至今回想，仍然點滴在心頭。

有關《張氏心理學辭典》的編寫，是張老師耗時十餘年的心血結晶，這是他念茲在茲的一件大事業。我在大四時就被時任助教的陳淑美老師找去開會，說是張老師要編寫心理學辭典，可是開了幾次籌備編務會議之後，不知為何無疾而終。我隱約地知道這是一個極浩大的工程，一個人寫一本書都很困難了，更何況要協調眾人之力，完成編辭典這麼大的工程。

或許基於這一次挫敗的經驗，張老師從美國普渡大學回來之後，決定傾一人之力，進行心理學辭典的編撰。

無論如何，還是需要人手。他試著邀請了幾位碩士層級的學生加入初級的編纂行列。於是老師的書房成了我們經常開會討論的地方，慈祥的師母都會在適當的時間出現，添加茶水或遞上茶點水果。

我在這裡要岔開話題談一下老師的書房。這真是我夢想中的工作環境：一張大大的書桌，背後的書架環牆而立，書架上的藏書直到貼近天花板，在其間閱讀、沉思、書寫，這是何其幸福地坐擁書城！

鼓勵進入著述領域

心理學專有名詞的撰寫可不等同於寫論文，每個名詞都必須相當精準。有時出處不同，解釋便會有誤差；有時又會遇到「一詞數解」等的困難（詳見辭典序文）。

老師的要求非常嚴格，每次我們在交稿時都提心吊膽。以當時的學術力與文字功夫，一條詞語被修改到體無完膚更是家常便飯。老師常常語重心長地說，這是「能者不為，不能者不能為」的工作。我到現在還記得，他說這話時的神情。

或許是老師要求嚴格，中途陸續有人不支退出，在我與另一位主力先後赴美進修後是否後繼有人？就不得而知了。

這段參與編撰的過程雖僅僅為時半年多，對我而言卻是極其難得的學習經驗。能親炙老師嚴謹的治學態度，真是「望之儼然，即之也溫，

聽其言也厲」，誠然是一代學者治學的大家風範。附圖是辭典付梓之後老師在贈書上的提字，這可是我身邊僅存的老師墨寶。

我在美國的博士課程通過了美國心理學會的課程認證，必須外加一年的諮商實習（internship）。在那一年的暑假我曾回臺省親，由於美國的學期結束得早，5月中返臺，就被張老師邀請到他的碩士班上與學弟妹分享學習經驗。

由於我家眷都在臺灣，我決定在美先完成所有的必選修課程與博士論文，回臺實習。返臺實習期間獲聘為臺師大教育心理與輔導學系講師，終於與張老師成了同事，一償宿願。

返臺第二年我順利完成所有課程要求，獲得博士學位，改聘為副教授，進入了繁忙的教學與研究工作。那段期間經常和老師在教師休息室相遇，談到心理學辭典，歷經初版和重訂版，他還在使命感的道路之上踽踽獨行。

2002年《張氏心理學辭典》重訂版完成，此書從開始編撰初版付梓到全部重寫的重訂版面世，歷時孤絕的十九年。當年《張氏心理學辭典》甫一發行即深獲好評，心理與教育相關科系的學生莫不人手一「典」，也隨即獲得行政院新聞局的年度金鼎獎。

張春興教授家中的書房，有一張大書桌和整面書架環牆而立，數十年如一日勤於治學。

張春興教授贈予金樹人教授的辭典以及親筆題字的墨寶。

2000 年，廣西桂林學術研討會場，張春興教授及師母（前排右四、五）、金樹人教授（前排中）及孟慶茂教授（左二）。

左起：北京師範大學孟慶茂教授、張春興教授、金樹人教授、師母周慧強教授，於 2000 年合影於灘江畔。

　　這個獎項向來頒授給優良的圖書著作，出版界嘖嘖稱奇，這一年竟頒給了一本辭典，可謂空前之舉。我卻不覺意外，唐代韓愈所說的：「剚肝以爲紙，瀝血以書辭。」差可比擬。評審委員們看到了完成一部辭書的艱辛與壯舉，其貢獻遠遠超過了「年度優良圖書」，對於學術界的影響力極其深遠。

兩岸學術交流獲幸參與

　　我在 1998 至 2001 年擔任心輔系的系主任。2000 年秋天突然接到老師的電話，因爲北京師範大學邀請張老師夫婦前往桂林參加一個學術研討會，他問我便否同行。

　　那陣子臺灣已經開放兩岸探親，大陸的改革開放如火如荼，兩岸的學術交流也都在試水溫，一些大陸學者已經先行來臺訪問。當時兩岸的經濟差異懸殊，臺灣的國民年平均收入已經超過了一萬多美金，大陸一個大學正教授的薪資僅有五、六千人民幣的水平，所以我方往來大陸都是自行負擔差旅費。

　　當時我忙完一個教育部九二一震災北區心理復建暨輔導工作的大案子可以喘口氣，何況主辦單位北京師範大學的孟慶茂教授也來我系參訪過，就毫不猶豫地答應了。這是我生平第一次大陸行，充滿了興奮與期待。

　　飛機經由澳門轉機，我坐在靠窗的位置，高空黃昏的夕陽特別燦

爛，難以置信此時身在神州大陸的上空。班機準時抵達桂林機場，未料在入關時海關要求張老師的行李開箱，說是要查扣帶來的書。

老師據理力爭，說這些書全都是自己的著作，準備送給大陸的學者以及捐贈給大學圖書館的。海關官員請示後，全數放行。我第一次看到老師如此震怒，也為他的耿直不屈理直氣壯的氣勢佩服不已。

當天晚上下榻於桂林凱寧七星大酒店，我第一次見識到了張老師在大陸大師級的魅力。連續幾個晚上，全國各地專程前來拜訪的學者絡繹不絕。

有一位教授告訴我，大陸不是沒有人寫心理學導論，可是沒人能超越東華本的《現代心理學》。我笑問為什麼？來客答曰：別人寫的心理學是翻譯式的文體，張老師的書是融合了各家學說之後，用中文思考與領會所寫出來的心理學，特別適合華人閱讀與學習。

第二天是研討會，整個會場滿坑滿谷座無虛席。張老師和我分別做了一場主題報告。我們隨後聆聽了大會其他場次的提問與討論，學生們提問之犀利與主客精彩的回應交鋒，讓我大開眼界。

第三天參訪廣西師範大學，張老師和我臨時被要求在不同的學院各提供一場心理學專題演講。我記得整個會場也是擠滿了老師與學生，從臺下的眼神與肢體語言看來，猜想泰半是風聞對岸教授的聲名與長久分隔之後的好奇吧。

第四天是旅遊行程，我們走的是陽朔和灕江經典一日遊，由主辦人孟教授與少數師生陪同。我們都是第一次暢遊陽朔與灕江，「桂林山水甲天下，陽朔山水甲桂林；群峰倒影山浮水，無山無水不入神」，一路的興奮與讚嘆自不在話下。當晚回到酒店，我以為可以各自回房休息，沒想張老師把我叫住，說半小時後大廳見，他和師母要請我喝咖啡。

親授學問心法殷殷期許

是日晚，老師為我上了一門生命中非常重要的一課。或許是隔日就

要返臺，此行收穫滿滿，我們心情都很放鬆。

老師突然問道：「你知不知道，我寫的書為什麼在大陸這麼受到歡迎？」這幾天無論走到哪裡，聽說張春興教授來了，幾乎都是被團團圍住。我將那晚所聽到的大陸教授和學生群眾的說法和盤托出。

他點點頭，此時師母也加入了話局，我才拼湊出老師寫書艱辛歷程的全貌。

他說：「寫書必須要像蜜蜂釀蜜，採集花粉花蜜不算是功夫，要釀出有風味的蜂蜜才是真功夫。我在撰寫每一章的主題，都要大量蒐集關於這個主題的期刊論文與文章。首先請師母逐頁影印之後，剪輯下來按照細目分類。我按照撰寫的類目全部看完，充分消化之後，才開始面對稿紙思索要如何撰寫。」

「有時落筆會遇到瓶頸，包括臨時發現資料不全卻又搜尋不得，或有時雜事纏身，連續一段時間都無法專心。即使我當天寫不出來，我也要坐在書桌前翻翻資料，用手碰碰這些手稿。寧可慢，不可斷，即使運動散步時也不斷思考醞釀。」

老師與師母每天有晚飯後穿越辛亥路到臺大校園散步的習慣，他有時和師母聊著聊著就會有撰寫的靈感，回來隨即動筆到深夜。

我們學生輩都知道老師與師母傍晚散步習慣，有同學笑稱這有點像德國哲學家康德，每天下午固定出門散步，連教堂的鐘聲也隨著他邁步出門而響起，會不會臺大的傅鐘也是如此。

那晚深談，老師話鋒一轉，看著我說：「自從你參加心理學辭典的編纂，我觀察就知道你能寫。現在有經驗的學者都不寫書了，一方面翻譯比較快，再則寫書是很寂寞的，你要把寫書當做是一種學術志業。」

「要把寫書當成是一種學術志業！」這句話像是五雷轟頂，足以震聾發聵，卻讓我啞口無言。我很能體會老師說的「寫書的寂寞」。

在大學裡，教授必須靠期刊論文才能升等，才能為大學爭國際排名，使得願意投入心血寫書的老師成了極少數的「異類」；雖是制度使

春風永化雨

然，卻連帶地也造成學生缺乏優質的中文教科書可讀。寫書本身已然寂寥，四顧無人心茫然，則是更深一層的清冷。

二十年了，「荏苒冬春謝，寒暑忽流易」，老師那一晚的深切叮嚀言猶在耳，老師的殷殷期許讓我汗顏。

一路走來，我深切的體會到這的確是一條寂寞的漫漫長路，可又必須堅持。這讓我想起美國詩人 Robert Frost〈未竟之路〉那首詩，最後幾句難以言說的勇氣與孤寂：

Two roads diverged in a wood, and I—

I took the one less traveled by,

And that has made all the difference.

尾聲

聽老師的家人說，老師在晚年病中，雖飽受病痛折磨，心心念念仍力圖重寫《現代心理學》。這不禁使我聯想到宋代詩人王令的〈送春〉：

三月殘花落更開，小簷日日燕飛來。

子規夜半猶啼血，不信東風喚不回。

《中庸》有云：「誠者，非自成己而已也，所以成物也。」風簷展書讀，摩挲老師的文字，老師這一輩子選了一條人跡罕至的路，恁是古道照顏色。張春興老師的執著與追求，一逕「顧此耿耿在，仰視浮白雲」；而他嘔心瀝血為學術的貢獻，讓後來的一切一切，無論是成己或成物，一切都變得如此不同！

生命中的貴人
——張春興老師

陳李綢 / 臺灣師範大學教育心理與輔導學系兼任教授

> 我一生中總覺得「讀書」是一件很幸福的事，所以不論家境或者是社會觀念如何（小時候我只要聽到：「女孩子長大就嫁人吧，用不著讀太多書。」我總會掉淚），我就是喜歡讀書。

恩師提攜栽培 臺師大教心系五十載

從小學開始，我就學會自己獨立上學去讀書。我的父親當警察長期在外地工作，母親雖然很能幹但只有小學畢業，他們都很愛我，很少責備我，也都尊重我想學習的態度，但在課業上他們始終幫不上忙。所以從小學開始，老師就一直是唯一幫助我求知學習的人。

上小學以後開始有了考初中的壓力，很多同學買參考書或去補習，但是我從小學到大學都沒有任何買參考書和補習的機會，我不想讓父母操心煩惱，所以從初中開始我就學會打工賺錢繳學費。過程坎坷但老天卻對我很好，小學老師給我的諄諄教誨，讓我立下信念：「等我長大了就要當老師！」

初中時代，施校長讓我去福利社賣汽水打工賺學費，到高中寒暑假我到救國團打工，每學期到了註冊日，維新書局的老闆總給我工作機會去搬、發書，貼補學費和家用，並送我每學期的教科書。

直到我高中畢業考大學時，我的第一志願就是臺灣師範大學。大一入學時我看到教育心理學系的系館，就深深地喜愛上了這個系。雖然現在整棟建築都已重建成更高的教育學院樓宇，但當我閉上雙眼，所有時空景象都一幕幕清晰重現，美好歲月青春感恩的大學生活就像昨天，教心系館是當時臺師大最有特色的地方！是給人溫暖快樂幸福的學習園地！

1975年，張春興教授（中立者）與陳李綢教授（右二）及同事合影於教室。

陳李綢教授感謝張春興老師特別重視學生的回饋（feedback），啟發深刻。

大二時，我剛開始接觸到教育心理學領域課程，但一直到研修了「教育心理學」課程，才正式與張春興老師結緣。當時張老師剛從國外回國，國內心理學相關教材翻譯書籍不多，所以課程多用原文書。

他兩手插在胸前，面帶微笑，和藹可親地和同學互動，同學有時根本沒有看完原文書內容，不知如何應答，老師就會親自解釋和說明。在他上課時讓同學感受到自由民主的風範，因此師生之間沒有距離，我們還會討價還價減少作業要求。

我開始希望有機會和張老師多學習，剛好是學期結束時，老師徵求幾位同學當助理幫忙整理心理學名詞彙編，我爭取承擔這項任務，之後便和班上高桂足等人拿到一些心理學名詞，開始做起英文翻譯工作。因為這份工作加深了我對心理學及教育心理學的認知，也更增進了我的英文閱讀能力，並且從許多的互動與討論中更佩服老師的學養豐富。

我除了協助老師整理英文詞彙，大三那年，臺師大教育心理學系接受教育部委託，進行全省中小學生的學習輔導及個案研討會，當時由老師領導主持，他派我去參加個案研討會，要我提出實際個案做報告。透過那次會議也讓老師認識到我有輔導的經驗和理念。

分發實習我被派到石碇國中教學，當我準備去報到時，張老師一通電話把我叫回了臺師大，他問我是否願意留下當助教，我當時受寵若驚，

因為我壓根沒有想過會留校做助教，何況我並非前幾名最優秀的學生。但老師說選助教不一定要成績最優秀，他希望找到一個能認真努力有潛力的人來接任這項工作。

在我當助教時，張老師嚴格規定我要有謹慎的工作態度，期許我要有上進心，學習做研究、寫文章。有一次我把老師研究的一個統計資料弄錯了，老師發現我的粗心，做事不夠嚴謹，於是就把我叫去辦公室，教誨了一上午，我這才真正感受到老師愛才、恨鐵不成鋼的心情，從此改變了我做任何事的態度，變得更加小心謹慎，也養成我隨時自我反省檢討的習慣。

和老師的互動中，我體會到他所強調的：「回饋（feedback）」真的很重要！認知結果不是最重要的，學習的過程才是最重要的。我這四十多年來的教學都謹記著：教導學生如何學習，重視認知過程而非只看學習結果。這也是我後來研究後設認知的興趣所在。

老師與師母鼓舞 陪我勇敢接受命運的挑戰

我原本以為只要我誠心努力，老天就會眷顧我，也一直以為自己在臺師大教書後，就能一帆風順，可是人生卻有些世事難預料。1979 年在一場意外車禍中，外子腿部重傷住院，在醫院將近三個多月的日子中，每一時每一刻都令人擔心命運之神會奪走他的生命。

從他受傷當天起，他的病情就一直變化萬千，從左大腿腿骨折斷，大動脈破裂，以致大量內出血，血壓驟然降低、休克等，身體狀況極不穩定，起起伏伏，完全無法控制。

醫生們不眠不休、竭盡心力地為他輸血，做手術縫合，然而因為大量內出血，引起腎臟急性衰竭，又洗腎治療三、四次，最後還是迫使醫生不得不為他做截肢手術。這是一個既痛苦又艱難的決定，令我當下絲毫沒辦法接受，更難想像外子將如何面對這個殘酷的事實。

他是一個體育工作者，少了一條腿，等於限制了他的運動力和維生

專業，外子又將如何度過往後的日子？猶記得截肢手術當天，我既惶恐又無助，但又必須安慰著外子，只希望手術後，他的腎臟能逐漸恢復，換回生命。至於腎臟能恢復多少功能？連醫生都不敢保證。

因為截肢手術後，外子一直在發燒，截肢後的傷口時好時壞，雖然天天在洗腎，他的病情卻一直很不穩定。忍受著兩個多月的病魔煎熬，所幸他仍然堅強地挺過來，最後腎功能完全恢復了，這是生命的奇蹟！這一切歸功於醫生悉心治療和老師、學生、父母給予我們的精神力量，使他有一股強而巨大的求生意志，堅強地活下去。

那段日子張老師剛從國外回來，一聽說外子受傷消息，急忙和師母趕去醫院看我。我當時在醫院加護病房外等候醫師的吩咐，極度焦慮，滿臉憔悴，滿頭散髮。

師母見狀立馬上前給了我一個深深的擁抱，她叮嚀著我：一定要先照顧自己，才能好好照顧外子。說著說著拿出一把梳子幫我梳頭整理我滿頭亂髮和哭泣的面容，剎那間我的眼淚潰堤直流。我真的很感謝除了我的爸媽，還有人能讓我有如此被溫馨呵護的感受。我遇到許多委屈，直到師母的擁抱才讓我突然得到力量，拋掉委屈，堅強振作，只希望外子平安復原。

如果沒有臺師大及亞東工專學生們慷慨輸血，沒有老師、父母長輩及朋友們精神安慰，也許我們就不能夠像現在這麼堅強勇敢地撐下去。想當初外子失血過多需要大量輸血時，因血庫缺血，我和外子的學生們義不容辭地趕到醫院來捐血。外子身上的血有一萬多毫升是由學生們所捐輸的，他在加護病房急救時，學生們擔心我會承受不了打擊，許多人自動趕來醫院輪流陪伴我。

這些學生前來陪我時，會不發一語陪我守在加護病房外的長椅上，他們了解當時我最需要的不是言語，而是精神力量的支持。我的師長們也天天前來安慰我，要我勇敢地面對事實。我的父母長輩、同事及學生更是從不間斷地前往探望外子。

術後，主治醫師也常以朋友的身分鼓勵外子堅強站起來。為了答謝這無數人為我們所編織的這股愛的力量，外子萌生了強烈求生的信心，克服了一切困難，使他積極地想學習站立起來。

外子病癒出院後，他所服務的學校完全不因他失去一條腿而考慮辭掉他的工作，反而全校師生都伸雙手熱烈歡迎他回校任教，使外子更積極、勇敢地學習用義肢走路。

雖然剛開始學習用義肢走路，他曾對義肢的不能適應，感到沮喪、懊惱，但他仍然抱持著堅強的信心度過無數痛苦和困難。

某次系上晚會活動，張老師特意安排，邀請外子去參加，現場系上學弟妹們熱烈歡迎我們，而張老師那晚的一席話則成為我們永不放棄的座右銘，他說：「天無絕人之路，當你面對困難，周遭人給予你支持，你有沒有感受到社會上人心還是溫暖的？這種愛的溫暖就是人要活下去最大的動力！」

我十分感念老師的關懷，也提醒外子「殘而不廢」的精神，要他對人生仍抱著樂觀進取的態度。外子出車禍那一段刻苦銘心的遭遇，讓我學習到堅強意志力的重要，張老師也點醒我要體會到人間的溫暖，今日的我沒有昔日的歷練，我怎能樂觀積極地面對人生！讓我真正體悟到「塞翁失馬，焉知非福」。

感謝老師諒解信任 解十年來愧疚心結

二十多年前，因為系務理念爭執問題，有人誤傳讓張老師認為我對老師做了一些莫須有事件，為此張老師或許也認為我不尊師重道，我卻承擔著這個誤會而無從辯解。

因此 1994 年我遠離系館接任學生輔導中心主任，一做就是十年，當時老師正在社會上積極推展他對教育各項改革的理念，也正忙著編寫《教育心理學》、《張氏心理學辭典》及各種教育系列著作。我想協助，但我卻不敢接近老師，更無從幫老師的忙。

春風化雨

我在學輔中心整整十年企望張老師關注的眼神，或給我一些建議或教誨，即便走在路上看到老師都想熱切打招呼，但卻又深怕老師因為有誤解，而或許會產生不悅之感……。

之所以接任學生輔導中心行政工作那麼久，真正的原因是很想逃避當時教育心理與輔導學系這個是非地，我因開會支持不同理念而被同事言語羞辱和一些不平對待，讓我對系上失望，所以一心想離開。

其實當時我並不在乎他人的汙衊，而心中最在意的，只是能否獲得張老師的理解。直到在學輔中心服務最後一年，某天張老師和師母突然到學輔中心來看我，我欣喜若狂和老師敘舊，老師當下並沒有說什麼，這才讓我放下十年來煎熬的擔憂與壓力。

2007 年我回到心輔系接任行政工作，本著為系上師生服務的態度，我希望帶動心輔系傳承系所師生和諧溫馨的倫理。首要任務就與何榮桂院長親自登門拜訪老師，感恩老師的栽培，並請益老師行政工作經驗及如何讓心輔系發展更順暢。

哲人遠去 師恩永銘我心

老師當時已屆 80 高齡，雖早已退休卻依舊神采奕奕，還念念不忘教育改革及大學教育要提升以趕上時代轉軸，能創新以及國際化。之後張老師的《現代心理學》及《教育心理學》著作需要做投影片，我都能幫上忙，心裡覺得好踏實與感激老師的再度信任。

十年前，我又回頭去接學輔中心的行政工作，再去探望張老師時，老師已逐漸行動不便且輕微失智，但他還認得出我是誰。從此只要得空我便常常會和師母陪著老師推輪椅去公園散步。

之後幾年去看老師時，起初老師可能還認不出我，但是每當我要離開時，他會忽然叫出我的名字，那一刹那令我十分感動，感恩老師！您又慢慢憶起了我這個學生！老師是我生命中的貴人，如今哲人遠去，相信受教於老師春風化雨的學生，都永遠懷念銘記於內心。

永遠懷念的張春興教授

汪榮才 / 臺南大學教育學院退休教授

　　最初認識張老師是在 1969 年，可能和許多莘莘學子一樣，是透過他那本《心理學》大學教科書，才熟悉他的。

引導進入學術殿堂和研究方向

　　那一年我辭卸學校行政兼職，打算專心準備報考臺灣師範大學教育研究所碩士班。當時全國只有臺師大和政治大學設有教育研究所，錄取名額都是個位數，難度極高，所以我準備用一年的時間全力準備。

　　臺師大教育研究所的入學考試科目共有四科：英文作文、教育史、教育哲學和心理學。我把坊間可能買到的大學用書全都買齊了，每科都買了四、五種不同的版本。其中就包括了張老師和楊國樞老師合著的《心理學》（三民書局，1969）。

　　我初步瀏覽心理學各版本後覺得張老師的《心理學》內容最完整，而且文字深入淺出，最容易了解。所以就決定以此書為主，其他為輔，進行深入了解與重點記憶。

　　準備考試的這一年之間，我每天利用課餘時間約六、七小時閱讀，可說是心無旁騖，全力以赴。閱讀過程中我感覺教育哲學太高深莫測，教育史太繁雜瑣碎，只有閱讀心理學是最有趣，也是最愉快的事，於是張春興老師成了我敬仰崇拜的偶像。最後考試結果我因為心理學這一科獲得了高分，而僥倖被錄取。

　　張老師不只讓我踏進學術研究的殿堂，也引導了我今後學術研究的方向。1972 年我升碩二，所裡為我們安排論文指導教授，我雖與張老師還未正式認識，但直覺上毫不猶疑地選擇請教育心理與輔導學系張春興老師作為我的指導教授。後來經由心輔所助教幫忙安排和聯絡，我終於

見到了張老師。

記得那天我到心輔系辦公室初次和張春興老師見面時，一眼看到他高大的身影，帶著一份山東人的英氣豪邁。談話中，我感到他在親切中散發著灑脫和幽默，令人印象非常深刻。

獲恩師指導論文

不久，研究所裡要求我們先確定論文題目。當時所裡好像申請到有關「資優學生」的專案研究計劃，於是分派給我們分項進行研究。有人負責研究「資優生的家庭背景」，有人研究「資優生的自我觀念與情緒穩定性」，也有人被分派研究「資優生的學習興趣」，而我則被分派到研究「資優生的學習歷程」。

當時臺師大與臺灣大學圖書館已經有《Psychological Abstracts》和《ERIC》等論文摘要書籍，不過都是紙本，沒有電子檔，檢索較不方便。除了不易檢索，從這些論文摘要中總是找不到以「learning process」為關鍵字的論文。正思考到底什麼是「學習歷程」？如何研究「學習歷程」？我找不到任何一篇參考資料。

眼看時間一點一滴地過去，我非常焦慮著不知如何著手進行研究，只好自己胡亂看一些研究報告，摸不著頭緒的狀況下，整個人彷彿困在迷陣中打轉，真是心急如焚。

直到最後，我去請教了張老師。張老師說，所有的心理學理論都在企圖說明學習的歷程，行為主義主張的學習是「刺激─反應連結」的歷程，認知論則認為學習是「頓悟」、「假設考驗論」的歷程。不過這些理論，早期是透過動物實驗來檢驗，如果現在能用資優學生作為受試者進行研究，是會很有價值的。

雖然張老師沒有很明確地告訴我到底如何進行，但他卻像點亮了一盞明燈，指引了我一條探索的方向。於是我開始讀有關「認知」和「思考」的研究報告，又發現幾篇有關「概念學習」（concept learning）的論

文，都在檢驗學習是「刺激─反應連結」的歷程？或「假設考驗論」的歷程？而這不就是我所要探討的方向嗎？

隨著時間越加的緊迫，不容許我再猶豫，我便決定把研究題目定爲「資優學生的概念學習歷程」，且設計四種不同實驗情境，以資優學生爲受試者，進行反轉概念（reversal-concept）與非反轉概念（nonreversal-concept）學習的實驗。我這篇論文用以考驗資優學生的學習到底是透過「刺激─反應連結」的歷程？還是透過「假設考驗論」的歷程？

當論文初稿完成時，張老師正巧赴美接受奧勒岡大學的博士學位口試。我火速將論文初稿寄給他，老師一面忙著準備自己的博士口試，一面還在自己要口試那麼緊張的情形下，抽出寶貴的時間，先幫我把論文改好寄還給我，令我感動萬分。

在我碩士論文口試前夕，張老師特別趕回臺灣幫我主持論文口試。他推薦兩位校外口試委員，一位是劉英茂教授，另一位是楊國樞教授，兩位都是國內當時心理學的泰斗。

口試過程中，兩位校外教授對我的論文都給予很大肯定。張老師說我的論文是從認知心理學的觀點來探討，很有深度而且論文結構嚴謹，文字精簡，是一篇很不錯的研究論文。口試委員們對我的肯定與鼓勵，讓我十分感動，也成爲我日後學術研究的推動力。

師生合作譯書 開啓我博士論文獲獎殊榮

研究所畢業後，我在花蓮師範專科學校任教，張老師在國科會申請到了一個專案，要翻譯 M. Ray Loree 的《Psychology of Education》（1970）。他說他已翻譯好了前幾個篇章，但有其他任務在身無法兼顧，希望我接下去翻譯其他章節。

師命難違，我只好接下這個艱鉅的任務。此後經過一年多的時間，我就利用教課之餘的時間逐章翻譯，每譯完一章，就將譯文送去臺北給張老師審閱，他看完後總讚賞有加，讓我有很大的信心繼續翻譯下去。

春風化雨

1993 年，張春興教授親至臺南師院（今臺南大學）演講，會後學生們簇擁著汪榮才教授（中排左一）與張春興教授（左五），留下一張三代同堂的合照。

1995 年，張春興教授與北京師大林崇德教授至臺南師院拜訪，於南師院誠正大樓前庭合影留念。左起為：時任初等教育學系系主任顏火龍教授、張春興教授、汪榮才教授與林崇德教授。

此項翻譯工作，在張老師的指導下，讓我獲益良多。

我覺得這本書內容非常豐富，涵蓋教育心理學所有的論題與觀點，論說與評析十分客觀中肯。另外每章結束後都有習題，讓讀者可以很快熟練靈活運用其中的知識，書名為《洛氏教育心理學》（大聖出版社，1976），版權屬國科會，是一本很好的教育心理學大學教科書。

1987 年我獲省府公費赴美國北科羅拉多大學進修，後於 1989 年，我以〈資優學生在數學問題解決中之後設認知歷程〉獲教育博士學位。此論文被評為該校年度傑出博士論文，獲頒研究院院長傑出學術成就獎（Deans' Citation for Excellence），這是該校至高之榮譽。能獲此殊榮，最應感謝的是早期張老師的殷切引導與鼓勵。

1993 年時，我擔任臺灣省立臺南師範學院初等教育學系主任，邀請張老師蒞校演講，還記得他的講題是「心理學未來的研究取向」。當時張老師精神奕奕，學生們開心圍繞稱張老師為「師公」，三代同堂演講會上其樂融融。如今看到照片，睹物思人，憑添無限哀傷。

參與兩岸學術交流 盛況空前

1995 年，張老師帶了一位北京來的貴賓蒞臨臺南師院，他就是北京師範大學心理學部的林崇德教授。那時候，我正擔任臺南師院國民教育研究所所長，安排林教授對所內師生做了一場專題演講，並且計劃籌辦

二年後的兩岸學術研討會，邀請北師大教授團參加。

1998 年，林教授受邀率團蒞臨臺南師院，參加學術研討會，發表精彩論文，國內各大學學者也都踴躍參加。兩岸學者共聚一堂，交換學術經驗，盛況空前。這些都是張老師一手促成之功，可見張老師對於促進兩岸學術交流不遺餘力。

三年後，中國創造力學會邀請我赴廈門，演講「創造力的教學」，那時大陸各省大學及行政人員都有代表參加。當我和他們提起我的恩師張春興老師時，可說是無人不知，無人不曉。他們說多年來大陸各大學都讀張老師的書，所以張老師可說是全中國大學生的老師。由此可見，張老師在大陸學術界和教育界影響力之大。

哲人遠去 感懷我心

自 2005 年開始，陸續傳出張老師生病的消息，我曾數次去探望。第一次去探望張老師時，看到他坐在搖椅上還談笑風生；第二次看到他由外籍看護推輪椅到公園散步回來，他看起來精神有些不濟；第三次，張老師已住進醫院，到家裡沒看到老師。

2014 年的某一天，上課時無意間聽到班上學生在談論張老師逝世之噩耗，猶如晴天霹靂，我立刻打電話向師母詢問後，更是哀戚悵然不已。

張老師一生，潛心學術研究，他治學嚴謹，著書立說，春風化雨，澤被莘莘學子，尤其他召集兩岸心理學者，出版《世紀心理學叢書》，大力推動兩岸學術交流，功不可沒。如今哲人已遠，留給後人無限哀思與深深的懷念。

春風化雨

張老師的堅毅與學術熱情傳承

毛國楠 / 臺灣師範大學教育心理與輔導學系兼任教授

  幾年前何榮桂教授約我一起去看張老師，當時何教授即將
接任教育學院院長，所以張老師也特別勉勵他要注意提升學術
研究風氣，並強化學術研究成果的推廣。

毅力

  那次談話張老師提到他受邀到中國大陸多所大學講學，受到熱烈歡
迎，他特別談及他 2002 年在《心理科學》發表的〈論心理學發展的困境
與出路〉一文，引起熱烈迴響。

  我當時注意到張老師手上帶著白手套，後來，張老師說因為長期受
糖尿病之苦，年紀大了手指容易敏感刺痛，戴上手套減少直接碰觸造成
疼痛。儘管手部不舒服，老師仍勤於讀書撰述。這讓我聯想起幾年前，
我傍晚騎腳踏車回家時，常看到老師穿運動服在臺北教育大學附設實驗
國民小學的周圍跑步，雖然有時候跑得上氣不接下氣，但老師還是盡力
持之以恆地堅持下去，以維護健康，張老師的毅力真令人佩服！

  張老師的毅力不僅表現在保健身體，更在學術論述上表現無遺。

  那次去看張老師，也蒙張老師贈送《張氏心理學辭典》重訂版，真
是如獲至寶。這本辭典費十九年的功夫才完成，期間不僅需要驚人的毅
力，更需要對學術的熱愛與熱情，才能持續下去。

  我的臺灣師範大學教育心理與輔導學系研究所同窗劉惠琴教授，在
社會心理學〈熱情傳承〉那篇文章中，對張老師的學術熱情有很貼切的
描述。她說：「我最喜歡張老師的熱情，那股關心人及社會的熱情，他
關心知識分子使命的熱情，甚至是他那時常關心學生可以如何幫助其成
材的熱情。」「我從他身上看到一個學術人對人、對社會及對知識的整

2007 年春天，臺師大心輔系系主任毛國楠教授（右一）與何榮桂教授（左一）到家中探望張春興教授及師母。

體熱情，而這熱情不只在做研究上，更是在教學上、與學生的互動上，以及他自己的生活時間上。」

熱情

張老師外表嚴肅，那是從哪裡顯出學術熱情呢？

在編輯心理學辭典這件事上，張老師曾有三次失敗的經驗，之後，受心理學前輩陳雪屏教授的鼓勵，認為可以參考美國心理學家英格利希（H. B. English）獨立完成心理學辭典的例子，嘗試獨力完成心理學辭典撰寫。

因著這句帶有鼓勵與期許的話，讓張老師接下陳教授託付的重擔，獨自撰寫辭典，歷經艱辛而知難不退，終於完成這部鉅著。張老師提到他編辭典的心得，所遇到的真正困難是：如何將個別語詞真正的意涵，清楚明確地用文字表達出來，而達到傳播心理科學知識的目的。

這的確是一件艱鉅的工作！有些語詞定義沒有共識，要做適當的界定並不容易。張老師曾舉一個例子，例如「need」、「drive」、「motivation」這三個詞，中文翻成「需求」、「驅力」和「動機」，雖然我也讀過一些動機方面的文章，但是要寫出每一個詞精確的定義，的確

不容易。張老師投入了所有時間精力，隨時隨地不斷思索與撰寫，這本包含 12187 條詞目的心理學辭典才得以問世。

　　張老師對學術傳承的熱情也表現在他對於我們教學的期待中，因為「教育心理學」是教育學程的必修科目之一，所以我們系裡定期會開會討論教育心理學教學涵蓋的內容。

　　有一次張老師自己做專題報告：談教育心理學的教學。我想張老師的用意，不是要示範教學技巧，而是想要傳遞教這門課所涵蓋的理念。特別是張老師提出「教育心理學的三化取向」，首先他強調教育心理學研究目的教育化，主張教育心理學是因著教育需要而產生的，並非是由心理學分化出來的一個旁支。同時，研究教育心理學是以了解人性以及改變人性為考量，進而實現教育目的為導向。所以教育心理學的研究是在幫助學校實現教育目的與理想。

　　因此，張老師主張要從受教者（學生）的心理需求作為觀點出發，提出「教育目的三元一體論」，要讓學生從求知中得到快樂，在學習中健康成長，並且在生活中準備生活，這些教育的目標都是具體可行的。

　　其次是教育對象全人化，這是以學生整體人格為對象的教育理念，顧及學生的興趣以及自我價值感。為了達到全人化取向，教師應該具備專業知識，以及有了解學生個別差異的教學素養。最後一項是研究方法本土化，教育心理學家在應用科學心理學原理與方法時，要合乎國情，考慮地區、學校，甚至班級的特徵。

　　起初我對教育心理學三化取向的認識並不深刻，後來老師退休後我接續張老師開設本系教育心理學課程。我當時內心很惶恐，擔心張老師所樹立的優良教學榜樣被自己搞砸，所以花了許多時間研究老師所用的教科書及教學方式。老師上課時要求學生分組，報告原文書的內容，考試就從學生報告的內容提出一些問題，然後抽幾題來考試，逼得學生不得不用心唸書和準備。

　　等到我自己教學時，我同時也採用西文參考書，而在西文教科書對

教育心理學的定義，就只是應用心理學的原理原則在教育情境上面。這時就想起老師一再強調的：教育心理學要考慮教學的目的和目標，而不只是應用心理學的原則在教學上面，還要考慮學生的特性，重視全人格發展的教學；甚至在做教育心理學研究時，也要考慮學生所處的居住環境、社經地位，以及不同族群文化可能造成的差異。

　　我後來參與提升原住民識讀能力的研究，還有新住民學生親子互動與教育期望對於他們學業表現的影響，可說是受到張老師所傳遞對教育多面向的關懷與學術熱情的感染。

本土精神

　　我對教育心理學三化取向中，「教學研究本土化」特別有感觸。

　　在張老師的教育心理學裡面，曾經比較臺北市與澎湖縣小學老師的性別以及學生在語文和數學的表現，很明顯看出城鄉的差距和性別的差異，這是由於傳統文化的影響造成的。女性仍受傳統文化遺留下來的性別角色觀念刻板印象的影響，使她們原有的才智無法充分發揮。

　　有一年我教暑期教育學分班，剛好介紹這些非智力因素造成的個別差異。有一位來進修的老師便提到，他教的班級中有一位女生說話聲音非常大，在做家庭訪問時，才知道這位女生家裡是捕魚的，她放學之後還要幫忙家務，由於海邊海風很大，家人跟她講話的時候都要放大嗓門才聽得見，以致於她講話的聲音特別大。

　　這同時反映出家庭對男孩和女孩的教育期望不同，女生回家要幫忙家務，而男生就去補習，造成他們課業學習上的差異。即使事隔多年，在我最近跟研究生提到性別刻板印象的問題，還有女生提到祖母對她來念研究所，仍抱持女孩子不用讀那麼多書的看法，傳統文化的影響仍是根深蒂固的。

　　那天與何榮桂教授拜訪完張老師，在臨告辭前，張老師又拿出幾本〈論心理學發展的困境與出路〉抽印本，囑咐我帶研究生讀這篇文章。

要理解這篇文章的精義並不容易，因為這篇文章是張老師累積多年來對心理學思潮及各流派觀點的掌握，先點出心理學以往發展的困境，再解釋至今心理學爲何仍不能稱之爲合乎典範的科學，是因爲各家觀點仍不能達成共識；同時他指出今後國內心理學發展不能再走全盤西化，而要在本土文化基礎上選取西方心理學的精義，並且針對國人心理特質研究發展屬於自己的理論與應用心理學。

　　這在在反映了張老師對知識的熱愛與傳承，希望他的研究成果能夠啓發後學，繼續發揚光大，盼望未來開花結果。

風中抓住那雙溫暖的手
——憶恩師張春興老師

廖鳳池 / 微笑永康心理諮商所所諮商心理師兼所長

> 2014 年 12 月初晚上，突然接到在臺灣師範大學就讀的大
> 女兒來電，焦急的詢問：「張春興老師是不是你的指導老師？
> 而且一向對你非常好？」

驚聞離世 瀟灑揮別

我正在感到驚訝女兒爲何突然來電詢問此事？女兒接著難過的說：「張老師過世了，網路上有人在感念他！」我趕緊上網查看，只見師母在報紙刊登了一個簡短的啓事，說明張老師一週前離世及已完成樹葬的消息！一時悲傷莫名！

張老師一向是一個不喜歡麻煩別人的人，他退休時堅持婉拒系上的送別茶會，當時系主任郭生玉教授（也是張老師門生）有些無措，囑我聯絡張老師指導的十位學生，想以入室弟子身分邀張老師餐敘，同樣也遭到張老師婉拒。張老師不願叨擾人的個性，即使在人生的最後一程，也不驚擾親友學生，只讓人留下深深的緬懷哀思！

讀書立志的啓發

我受教張老師始於大學部，大一時上張老師普通心理學的課程，爲了學習最新的心理學知識，他指定了厚重的原文教科書。一開始學生很害怕讀原文書，爲了帶領學生閱讀原文書，他每次上課將一整章教材區分爲五段要大家回去唸書，下週上課時先回答學生提問，最後半小時抽籤決定段落，要大家在短時間內摘述出該段內容。

由於每段長達數頁，若未先行讀透，很難在短時間內摘述出內容，

為了應對老師的要求，同學們除了努力查字典啃書外，也自動分組進行讀書討論。

猶記當時有同學是師專保送生，英文基礎較差，一頁原文書可以查單字兩百多個，連介系詞都要查字典，艱苦狀況可見一斑。但在張老師鼓勵下，又經過長期的努力與不斷小組討論，大家逐漸克服了對原文書的恐懼，小組討論也越發地熱烈！除了養成共學的習慣，也奠定了後來進修碩博士班大量閱讀原文資料的基礎。

張老師很鼓勵學生讀書，他常告訴我不要當官，官位許多人爭奪，一旦卸任什麼都沒有了！但是讀書不一樣，圖書館裡面有許多好書沒有什麼人讀，只要潛心閱讀獲得了新知，加上自己的心得發表，文章掛上自己的名字，任誰也搶不走。

我受了張老師鼓勵，經常到圖書館讀書、借書，逐漸發展出讀書的樂趣。過去圖書館的書都貼有書後卡，借閱者會在卡片上簽名。我多次在圖書館看到張老師在看書、借書，後來更發現我感興趣的書籍，翻開書後卡總能看到張老師已借閱過的簽名。不只臺師大圖書館的書如此，臺灣大學心理學系系圖的書也都看得到張老師的簽名。

我以能簽名在張老師後面為榮，更受張老師的身教深深地影響。

提倡自學風氣 了解青年給予鼓勵

我大四時，有一天，在舊系館的教師休息室見到張老師，他送給我一本書（書名是《Models of Teaching》），說那是一本很好的書，鼓勵我深入細讀。

我後來邀集了班上十位積極學習的同學來一起讀這本書，大家越讀越有意思，覺得該書所介紹的各種由心理學理論所衍生出的教學模式，可以用來作為國民中學班級輔導活動課的教學法，後來，大家竟發心要加以翻譯改寫成班級輔導活動的教學法書籍。

於是在大四結業後分發出去教書前那個暑假，我們借到內湖山區的

一間房子，十個同學群居在一起，每天讀書、寫作、討論。張老師知道我們讀書讀出滋味來了，很開心說要來山上看我們。

他帶了兩包牛肉乾，一位同學騎機車到山下載他（當時山上尚無公車），一路搖晃上山，雖有些驚心動魄，但他滿臉笑容，關心我們在山上的起居作息，鼓勵我們繼續進修。

張老師的關心給了我們很大的激勵作用。張老師顯然也對我們主動學習的精神很欣慰，後來他在對臺大學生的演講中特別提及此事，講稿登載在《中國論壇》期刊中，篇名是〈青年文化的涉歷與超越──要領導青年，先了解他們〉。

其後李煥先生擔任教育部長，特邀請張老師前去教育部週會對官員演講，張老師未應允前往，部長仍不放棄，週會當天請教育部高教司長朗讀那篇文章替代張老師的出席，要教育部官員認真體會學習！這種對學者敬重破天荒的做法，隔日便在報端瘋傳，成為一時美談！

在張老師的鼓勵下 我返回臺師大讀碩士班

我碩士論文獲得張老師應允指導。張老師一生著作等身，對於論文寫作有其獨到的心得。我做的主題是團體諮商方案的實驗，他指導我將自變項改為二因子，為增加論文的豐富性，要求我正式實驗研究前必須就實驗方案進行試探性研究，並寫信請新竹師範專科學校校長協助安排，使我的預試研究工作得以順利進行。

對於文章的撰寫，他一方面以他編撰的《張氏心理學辭典》為例，說明他如何設計 L 型雙層書桌，以方便攤開眾多的參考資料。訂製依英文字母區分成二十六格的書架，為了存放寫好的稿件。又特別設計印製專用橫式稿紙，用鉛筆寫稿方便修改。若修改處過多為免語氣不連貫，他會將原稿揉成紙團丟棄，整個重寫。他又展示書桌下的垃圾桶，許多紙團是他不滿意棄置不用的原稿。

他又以他在東華書局所出版《教育心理學》為例，告訴我他的書之

春風化雨

所以受多人採用為教科書，絕非偶然！

除了內容紮實新穎之外，書的編排無論章節區分、段落長短規劃、及分項重點都非常講究！幾度修改就是要使輕重勻稱，標題字數相當，文辭對仗！即便已經排版，他還會調整字數使每頁四個角落不出現標點符號，讓版面美觀典雅！張老師對於著作的用心，令人嘆服！

就像他在《張氏心理學辭典》的作者序的標題：「能者不為，不能者不能為！」數十年埋頭案前書寫的用心與講究，造就了他的學術著作上登峰造極的宏偉成就！他對我傾囊相授，示範了學者的風範，奠定了我碩士論文受到肯定及走向學術生涯的志向。

挫折打壓不斷 堅持理念不懼

張老師前半生顛沛流離，從大陸來臺，其後靠著個人努力獲得卓著的學術成果，這期間也不是事事順心！在一次陪同老師和師母前往墾丁國家公園旅遊期間，張老師曾透露年輕時獲得帶職帶薪前往美國留學，半途遭嫉取消他帶職薪資，使他當時幾乎無以為繼，只得咬牙苦撐完成博士學位返國！

在我擔任系學生學會理事長時，曾經邀請張老師帶我們進行書報討論，向課外活動組申請經費時，竟遭學校表明不得辦書報討論團體，尤其不可請張老師指導！經力爭後課外組要我請張老師列出要讀的書籍他們要審查！我將學校要求轉告張老師，張老師回應說：「你就告訴他我要帶你們進圖書館去讀書，請課外活動組先去檢查圖書館的書，告訴我們哪一本書不能讀，我們就不讀那一本！」言簡意賅！正氣凜人！

師範教育法引發風波

到我大三時，臺師大校長推動完成了「師範教育法」，規定所有想當老師的人必須由師範院校培育。校長自認這是他對師範教育的重大貢

獻，但學生卻發現法條中規定師範生畢業後的服務年限內不得展緩服務，斷了師大學生進修之路。一時學生不滿之聲四起，學生活動中心不時暗地召集校外各系學會理事長開會，準備抗爭！

理學院學生甚至率先發動罷考強烈抗議。此時張老師正進行臺師大學生擔任中學教師意願調查，結果顯示多數學生並無擔任教師之意願，引發社會譁然！

臺師大校長不相信臺師大學生不願意當老師，又加上系上有人從中進讒言，表示不知道張老師有做該項調查。於是，校長要吳姓秘書要求張老師繳交問卷原卷及電子檔，如若不交出或內容和所發表調查結果有差異，將以學術倫理問題可能解聘張老師！同時校長在國民黨中常會指控張老師是臺師大的毒草，一時間思想審查風聲鶴唳，張老師的教授職位岌岌可危。

所幸有正義之士告知張老師情況，警示他要防範，臺視記者盛竹如也主動探訪張老師願意為其發聲！張老師並未聲張，依照校長要求交出問卷及電子檔，在系上當場逐一清點證實研究確有進行，結果完全真實，絕非虛造！

為免問卷原案及電子檔被銷毀或竄改，即要求校長室吳姓秘書留下字據，並由系辦的助教一同簽字作證。此種威權干預學術研究之行為，張老師事後應許多記者的請求，將點收問卷及電子檔的過程及字據發表於《中國論壇》，而引發輿論譁然，也導致該校長接任教育部長的風聲引發惡評，畢竟威權干涉學術自由的人怎能擔任全國教育最高主管？

其後臺師大學生輔導中心以官方身分進行全校學生畢業後擔任中等學校教師意願調查，結果沒意願當老師的人數比例比張老師的調查結果還高，校方從此不敢再懷疑張老師的學術誠信！「師範教育法」不僅引發師大學生不滿，更受其他大學批評，後來在立法院推動通過「師資培育法」，開放師資培育的多元管道，而當初威權反動的「師範教育法」終於被凍結。

廖鳳池教授（左一）與江南發教授（右一）與張春興教授及師母攝於屏東霧臺鄉。

起草「大學法」校園走入民主

在毛高文擔任教育部長期間，特別倚重張老師在教育方面的專業，委其召集草擬訂立「大學法」，配合政治解嚴社會民主化的時地精神，強調大學自由學風，倡導教授治校，廢除威權管理學生的訓導處，改設輔導服務處（後經立法院修正爲學生事務處）。於是奠定了當今的大學學術獨立、學生思想自由的基礎。

張老師對教育部專業學術定位發展的貢獻卓著，在官派校長時代，毛部長曾有意指派張老師任某師範大學的校長，但該校卻急著根據草擬中的「大學法」辦理假投票，自行推選校內教授爲校長人選報部。

雖然部長極力肯定決意公布張老師出任該校校長，該校也有教授爲該校學術發展著想，到張老師家下跪，懇求張老師應允接任校長職務。張老師以一介學者風範，最後仍然婉拒部長及該校教授的敦促，讓該校成爲「大學法」公布前率先由校內教授選出校長的大學。

風雨難免 恩師精神傳承

我在臺師大教育心理與輔導學系求學十年，從大學到博士班，受到

張老師薰陶指導，對於張老師的專注治學與著作嚴謹的精神極為感佩。我走上學術之路，一路受張老師啓發、鼓勵，甚至論文經費上的資助，深深感受到張老師對讀書著述與栽培學生的熱情！

張老師嚴謹的著書立說及耿直正義的處世態度，是我這一生追求的標竿。我經常在課堂中，向學生述說張老師的名言與其治學態度，希望張老師的精神能夠獲得傳承。

「人生無奈！但是你可以選擇！」這是張老師頗富存在主義哲理的名言！即使人生路上風雨難免！在風中，我將緊握住張老師那雙溫暖的雙手，永遠跟隨張老師的指引前進！

春風永化雨

良師益友 學術楷模
——紀念張春興教授

林崇德 / 北京師範大學心理學部教授

　　1991 年 5 月，我剛從前蘇聯交流講學回國，就接到我校心理學部張必隱教授的電話，言及經我校心理學部章志光教授介紹，臺灣師範大學張春興教授不久前來過北京說要拜訪我。

海峽訪賢 世紀心理學叢書緣起

　　對我而言，張春興教授的大名如雷貫耳，他是章教授在臺灣師範學院（現臺灣師範大學）讀書時的學弟，也是心理學界的前輩，「拜訪」二字言重了。

　　我在電話裡對張必隱教授說：「我十分尊敬張春興教授，先後拜讀過他的大作《教育心理學》、《張氏心理學辭典》和《現代心理學》，不愧是大家、名家。」接著我向他詢問：「張教授找我不知有何貴幹？」

　　張必隱教授說：「張教授準備要主編一套《世紀心理學叢書》，臺灣東華書局負責人卓鑫淼老先生出重資支持出版。這次要見你目的有兩個：第一是想請你參與撰寫叢書中的《發展心理學》；第二是想請你找一家大陸出版社出簡體字版，與東華書局一起推出這套大型叢書。」

　　對前者而言，當時我擔任北京師範大學發展心理研究所所長，完成張教授這麼信任下的任務還是沒有問題的；但要落實第二件事還需得到出版社的首肯不好貿然允諾。於是我對張必隱教授回覆：「請向張先生轉呈我的感激之情，出版社一事，我盡力一試！」

　　掛下電話後，我考慮起出版社一事，首先想到了浙江教育出版社。

　　我和德高望重的東華書局負責人卓鑫淼老前輩一樣，同樣是在上海長大的寧波人。因為熱愛家鄉，我在浙江教育出版社出版了一些書。恰巧一個多月前，即 1991 年 4 月，浙江教育出版出版我主編四卷本的

1992 年，張春興教授（右）於北京師大九十週年校慶學術研討會中演講，研討會由林崇德教授（左）主持。

《中國少年兒童百科全書》。時任浙江教育出版社的社長曹成章先生年齡與我相仿，是位頗有遠見卓識的出版人，若能與卓老前輩那樣欣然同意並全力支持的話，豈不是了卻我所尊重的張春興教授一件心事嗎！

後來，經多次聯繫，並由杭州大學（現回歸浙江大學）朱祖祥教授（同時是叢書《工業心理學》作者）從中斡旋，曹社長表示願意合作，以促進中國心理科學發展和加強兩岸學術交流。1992 年春天，徵得了北京師範大學校方和浙江教育出版社的同意，於是我向張春興教授及其夫人周慧強教授發出了再次來京的邀請信。

恢弘儒雅高尚 親炙學者風範

1992 年 8 月 23 日，我和張必隱教授隨學校派遣的車輛，去首都機場迎接經香港飛北京的張春興教授夫婦。

這是我首次見到張教授，他給我的第一印象是儒雅高尚，意趣不俗，十分慈善。在回學校的路上，張教授與我談得十分融洽。當我得知張教授長我 14 歲時，張教授應是我的師長，可張教授卻十分謙遜地說「咱們是朋友」，這使我十分不安。

出自於高度的信任，張教授禮賢下輩，當天就以總主編名義，代表

春風化雨

東華書局正式請我簽下《世紀心理學叢書》中《發展心理學》的合約。從此開始張教授與我建立了深厚的忘年交情，開始了今後長達二十多年「良師益友」的交往。

張教授此次在京進行了三天的學術交流，時任北師大副校長許嘉璐教授在張教授爲北師大做學術報告那天，向他頒發了客座教授的聘書。張教授是山東昌樂人，在他們來中國大陸的第四天，我陪他們到濟南，張教授分別在山東師範大學和曲阜師範大學各做了學術報告，並見到了來自濰坊市昌樂縣的鄉親。

後來，我陪張教授夫婦再一起奔赴杭州，與浙江教育出版社曹成章社長等社領導，以及朱祖祥教授見面，由於事先已談妥出版事宜，因此簽約也十分順利。

曹社長在簽約儀式的致辭中鄭重提到：「爲了感激張春興先生爲《世紀心理學叢書》所付出的心血與艱辛，我們一定做好這套大型叢書簡體字版的出版工作，讓這套心理學書系的出版，能寫入我們浙江教育出版社的史冊。」按當時經濟條件，浙江教育出版社能尊重並全力支持張教授主編這套大型叢書，確實說明了曹社長超前的出版觀念。

所以，張教授致答辭時表達了深切感謝之意：「浙江教育出版社和東華書局，代表著出版界的先進，表現重視文化事業而不計投資報酬的出版家風範，令人敬佩之至。」儀式上我也應邀表示：「我們在場的人不會貿然地對自己參與寫作或參與出版的《世紀心理學叢書》作評價。但我敢說，在中國心理學界，至少20世紀之內，甚至三十年之內，再要出版這樣規格和質量的一套心理學大型叢書並不是太容易的事情。」

兩岸學術交流盛事

之後臺灣大學心理學系向大陸三十多位心理學家發出邀請函，邀請參加 1995 年 4 月 29 日至 5 月 2 日，在臺大舉辦的首屆「華人心理學家學術研討會」，我也有幸成爲其中一員。

此次大會的受邀對象涵蓋海峽兩岸暨香港，以及少數在國外工作的心理學家，儘管大家彼此間都較熟悉，交流也較頻繁，但聚在一起舉行學術研討會畢竟是第一次，由於與會者都非常重視此次交流機會，因此首屆「華人心理學家學術研討會」舉辦相當成功。

大會設有主旨演講、特邀論壇、專題論壇、推廣宣傳以及工作坊等形式，還邀請大家參觀了臺大和臺師大兩校的心理學系。尤其是研討會開幕式那天，最受大陸心理學家們歡迎的是臺師大的張春興教授和臺大楊國樞教授，這主要來自他們的學術思想、學術聲望和學術影響力。

我在臺北逗留期間，還有一項任務是向張春興教授請教如何更完善自己的書稿，作為多次獲得臺灣出版界金鼎獎的張教授，給予我親切而嚴謹的指導，使我能於 1995 年底順利向東華書局交上了成熟的書稿。

研討會結束之後，還發生了一件讓我深受感動，張教授對我體現了「咱們是朋友」的事情。

去臺北前，我就和張教授表示因為想去臺南，代表老母親看望闊別五十年的舅舅，所以研討會後不會立即返程。沒想到抵達臺北的當天，張教授已經為我買了去臺南的火車票並要陪我同行，還在臺南師範學院賓館為我倆訂妥了住處，並安排好了我在臺南的學術交流日程。我立刻表達了對此行安排的感謝，並一再表示可以單獨前往，實不忍讓張教授

（從左到右）汪榮才教授、林崇德教授及林教授令母舅陳秀章先生、張春興教授、張師母以及林正文教授，攝於臺南火車站。

1995 年，北京師大林崇德教授（左）來臺參加首屆華人心理學家學術研討會，會後蒞臨臺南師院（今臺南大學）。

春風永化雨

131

舟車勞頓。但 5 月 3 日上午，張教授依然陪伴我登上火車。

尊師重道 感佩臺灣學風

到達臺南師院時，吳鐵雄校長一行人就已在大門口迎接，吳校長向張教授深深地鞠躬並請安。事後我獲悉，吳校長的年齡比我略小幾歲，他畢業於臺師大，但不是學心理學的，張教授僅僅是按師範教育的規定教過他類似大陸師範院校公共課程的心理學。

在與吳校長半天相處中，我看到他始終對張教授執弟子禮，這不僅使我欽佩張教授的學術威望，也為臺灣地區尊師的風尚深表贊佩。

在臺南師院完成學術報告後，我終於見到了舅舅。在 5 月 5 日下午，張教授和我離開臺南回到臺北，5 月 6 日張教授夫婦又送我到機場，我懷著十分感激和深切的真情同他們告別。

那次闊別後，1998 年 4 月，我又帶領了十五位大陸的專家赴臺南，出席由臺南師範學院校長吳鐵雄教授主持的「海峽兩岸中小學課程教材教法學術研討會」。這個會議的創意人是張春興教授，因為張教授鑒於我在大陸主持著 26 省（自治區、直轄市）三千多個實驗點的「中小學生智能發展與培養」的研究課題，了解到我們以語文和數學兩科為重點的教學或課程改革實驗非常成功。

張教授在我 1995 年來訪臺南師院時，就建議吳鐵雄校長召開一次海峽兩岸教學或課程改革的研討會。吳校長遵師命，並克服當時臺灣對大陸赴臺人員的審核阻力，經過兩年多的籌備，於 1997 年底通過我向大陸專家發出邀請而組團成行。

出席這次研討會的大陸專家，主要是課題組的骨幹成員，還有中國教育學會物理教學研究會會長閻金鐸教授，以及中國教育學會化學教學研究會會長劉知新教授；而臺灣方面的專家，是來自臺師大和臺灣地區各師範學院的心理學和教育學專家，還有近兩百位臺南的中小學教師。開幕式由吳鐵雄校長主持，為海峽兩岸教育界同仁提供了熱烈而蓬勃的

學術氛圍。

張教授在開幕式的致辭十分地中肯，高屋建瓴。首先，他闡述這次研討會的意義；接著，他不僅講到教育心理學與課程之間的關係、課程與教學的關係，而且著重強調了「學以致用」原則，亦即我們大陸學者稱其為「理論聯繫實際」原理。

最後，他說道：這次會議總共才三天，時間十分寶貴，希望與會者不必去爭議學術界有分歧的教育理論問題，而是互相切磋探討怎樣提高教學水準，這才是舉辦這種交流會的理念。

那次會議內容豐富多彩，形式生動活潑。有學術報告，有教學經驗介紹，有課程改革展示，有參觀中小學，有多種觀摩課，並專門安排了大陸教師為臺南學生講課，還分別請海峽兩岸專家做了點評。

那時，張教授早已年過古稀，可是他活動從不缺席。最後的閉幕式上還是請張教授做總結，張教授提到：「海峽兩岸都是中國人，是同根源、同文化彼此應更親近。這次研討會就是海峽兩岸研究交流的良好開端，希望今後能走得更密切更廣泛。」

的確，在這次研討會上，我們大陸來的團隊，此行不但收穫滿滿，還交了不少臺灣新朋友。會議結束後第二天，我與張春興教授和吳鐵雄校長告辭致謝。在臺南師範學院安排下，參觀完忠信職業高級學校後，便踏上了返程之路。

百年校慶貴賓 學術世代傳承

2002 年 9 月 8 日，北京師範大學在人民大會堂舉行百年校慶慶典，會上聚集的師生代表和各界來賓約五千人，時任國家主席江澤民先生，和在京的國家領導人都出席了慶典。

在這次校慶期間，剛成立的心理學院，邀請全球近百位心理學家，其中有十七位來自臺灣，北師大特別安排包括張春興教授夫婦在內，約有二十名中外心理學家尊列貴賓席次。

會後，張教授做學術報告，我負責全程接待；我的兩位學生：時任北京師範大學副校長董奇教授，和時任心理學院黨委書記申繼亮教授，兩位都抽出一切空隙時間去與張教授夫婦交流。這兩人都是中美所聯合培養的博士，都是北師大年輕有為的心理學家，早在 1998 年，我就向張教授推薦他倆參與《世紀心理學叢書》的寫作。

　　當時叢書設計的二十一本書中，唯獨缺少一本心理學方法的著作，而研究方法也正是這二位的專長，更重要的是張教授對我的信任，即邀請這二位「六〇後」年輕心理學家撰寫了《心理與教育研究方法》一書，使該套叢書增加至二十二本，並在成稿過程中對他們認真指導。

　　正如他們在該書的「自序」上寫的那樣：「在成書過程中，我們得到張春興教授的關心、支持和鼓勵，先生關心及提攜後學的崇高師德，終生難忘。」充分體現了他倆心存感激、終生難忘的真誠和真情。

　　現在董奇教授是北京師範大學校長，申繼亮教授是教育部司長，聽說我要寫一篇紀念張春興先生的文章，兩位教授分別表達了對張教授感恩的情感。

　　在此，讓我們師生三人一起來追思中國心理學界的一代名家張春興教授，並牢記他盡其努力用其後半生主要精力，精心設計、全力主編的《世紀心理學叢書》，為中國心理學大業作出卓越貢獻，相信這套叢書將會帶動幾代中國心理學家，承上啟下，代代相傳。

悼念恩師
——我與張春興教授的結識因緣

賴明伸 / 前臺北市立社會教育館館長

　　恩師張春興教授，是我臺灣師範大學教育心理與輔導學系以及研究所兩個學習階段的授課老師，同時也是碩士論文指導教授。

著作三度入選金鼎獎 臺灣心理學界第一人

　　1991 年 12 月 23 日，中華民國第 16 屆「金鼎獎」，於臺北市國父紀念館舉行頒獎典禮，張教授爲獲獎人之一，我獲邀隨同前往觀禮。

　　1993 至 1994 年間，張教授撰寫《教育心理學：三化取向的理論與實踐》專書時，當時我正擔任臺北市政府教育局的督學，受恩師委託於該專書出版前，參與第一至四章及第十一至十三章的文稿語意校閱。

　　2014 年 11 月 24 日驚聞張教授與世長辭，雖知人有生則必有死，但聞此訊息仍令我不勝唏噓！如今，張教授離開塵世已七年了，但他的音容笑貌、治學態度與人格魅力，卻仍歷歷在目，不曾忘懷。於今提筆緬懷之際，頓覺張教授的好，絕不是筆墨可以形容的；他的卓越成就與貢獻，也不是三言兩語可以說得盡的。

　　1991 年 12 月 23 日，是一個令人印象深刻的日子。這天，張教授於臺北市國父紀念館，接受「金鼎獎」頒獎；我慶幸自己能夠陪同張教授前往並觀禮，這使我對張教授的成就與貢獻，有了更深一層的了解。

　　中華民國「金鼎獎」，於 1976 年首創，迄至 2021 年爲止，已經舉辦了 45 屆。「金鼎獎」的設立，是爲了獎勵在出版領域上有卓越表現的出版單位、從業人員及創作者。主辦單位從中華民國前行政院新聞局，到今日之中華民國文化部，主辦的是一個國家級至高優良的文化獎項；其表彰的是如金鼎之名，象徵「金言九鼎、文化薪傳」的卓越貢獻。

張春興教授從頒獎人作家余光中手中，接獲第16屆金鼎獎圖書類圖書著作獎。

後排左：賴明伸館長夫婦、廖鳳池教授、蔡麗芳教授（廖夫人），前排：張春興教授及師母周慧強教授，及賴館長女公子於16屆金鼎獎典禮後餐敘合影。

　　張教授個人著作入選「金鼎獎」的次數達到三次。首先是1977年，張教授的著作《心理學》專書，出版單位為臺灣東華書局股份有限公司（以下簡稱東華書局），於「哲學類」獲得「圖書出版獎」。

　　第二次是1989年，張教授投入了十年之久編著完成，由東華書局出版的《張氏心理學辭典》，該書不僅僅榮獲該年度之「圖書著作獎」，且同時獲得「圖書出版獎」兩個獎項（此書張教授後來自己不滿意又花九年全部重寫成《張氏心理學辭典》重訂版）。

　　1991年，張教授的著作第三度獲獎，此本作品是由東華書局出版的《現代心理學》榮獲金鼎獎「圖書著作獎」和「圖書出版獎」兩個獎項。

　　從時間上來看，自1977年起首度入選，迄1991年間第三度獲獎，這期間僅有短短的十五年。張教授能在這麼短的時間內，完成三本新著作並且都獲得代表中華民國至高優良指標──「金鼎獎」的表揚肯定。張教授此項殊榮，誠為實至名歸，他的著作成就令人由衷敬佩與讚嘆！

　　回顧「金鼎獎」的歷史我們可以發現，在中華民國臺灣地區出版的心理學專書中，張教授的著作最先獲得此項殊榮；他亦是唯一的個人著作者，能在短短的十五年間，就有多達三次入選「金鼎獎」的學者，這三次的得獎總共奪得五座獎盃。就「金鼎獎」的歷史來看，張教授可說是臺灣心理學界的第一人，此項成就與殊榮，已然名垂杏壇青史。

本土春風興化及時雨 名師風範長存在我心

張教授的著作，何以能連續三度獲得「金鼎獎」的肯定與表揚呢？相信很多不認識張教授的人難免都會有此疑惑。但只要曾經認真閱讀過張教授著作的人，就不難自己找到答案。

1993 至 1994 年間，我有幸能夠在張教授撰寫《教育心理學：三化取向的理論與實踐》專書出版前，參與第一至四章及第十一至十三章的文稿語意校閱。這樣彌足珍貴的經驗，也讓我對張教授更加敬佩！

他不僅治學態度嚴謹，且胸懷悲天憫人，充滿對臺灣教育的熱愛與關懷。細讀張教授的著作可以發現，張教授的著作在用字遣詞上都非常簡練，內容充實又體例嚴謹、系統分明，讓人易讀易懂；他的書在出版後，雖然廣受歡迎、洛陽紙貴而不斷再刷，但他總不為此自滿，反而很快不辭辛勞地又重新進行修訂與再版。

張教授撰寫的大學教學用書：《現代心理學》、《教育心理學》等書都是如此，為什麼要這麼辛苦呢？因為，張教授認為寫書出版的目的，不是追求增加一本新書，而是懷於身為心理教育工作者，除了於課堂中盡心「傳道、授業、解惑」外，更應將自身多年的教學與研究心得經驗分享出來，與時俱新，利益讀者，也為臺灣的心理教育盡一份心力。

1968 年起九年國民義務教育的延長，帶動了臺灣教育的普及化。1974 到 1979 年間臺灣十大建設的基礎建造及產業升級，又加速了當時的經濟及社會發展。

隨著教育普及與經濟繁榮的腳步，當時，有兩類新書在臺灣暢銷，一類是探討美好生活的大眾心理學；另一類是理財致富的通俗讀物。

此一現象似乎反映出：人們一方面期望經由求知而致富，另一方面期望消除心靈的空虛與追求人生幸福和滿足。值此背景氛圍下，他思考提供系統性的心理學正確知識與觀念，他希望設想教育心理學能為教師做些什麼？都正是張教授在撰寫《現代心理學》與《教育心理學》這兩

1991年《現代心理學》獲頒嘉新文化基金會優良著作獎。

1991年，嘉新文化基金會優良著作獎頒獎典禮上，右起：賴明伸館長、周慧強師母、臺師大劉真校長以及張春興教授與學生合影留念。

門大學教學用書時，所心心念念的事。

　　教育是帶動社會文明進步的主要動力。在那「臺灣錢淹腳目」的年代，推行「書香社會」與「富而好禮」成爲社會的重要課題。

　　高等教育是教育中的火車頭，其重要性不言而喻。就當時的教育環境來看，無論是人才的培育，還是教育觀念的引導，大學都需要有適合的教學用書方能成事。然而，心理教育學門的合適用書顯然不足，且爲急迫之事。

　　因此，當張教授的《現代心理學》與《教育心理學》等新著作相繼問世，對當時的臺灣而言可說正當其時；「春風興化及時雨」，他的著作亦如其名「春興」，像寒冬之後的春風一般，在臺灣這塊土地上，適時地興化了一場及時雨，既是滿足了渴望求知的莘莘學子，同時也讓手邊苦無教學用書的教師有了指南針。

　　我就讀研究所期間，爲了論文研究方向與內容的適切與否，有較多的機會與張教授親近和言談。發現他對待學生和藹慈祥，親近他，我有如沐春風之感；他的言辭敍說，知識豐富又充滿人生智慧。

　　有一次，我問撰寫論文要把握什麼重點？「有骨有肉！」張教授以簡短的四個字提醒我，眞是讓我印象深刻。

　　我對此「有骨有肉」四字教誨的體會是：論文要實在。骨指的是架

構，肉則譬喻內容——「骨要堅實，肉要充實」。因此，研究過程的每一個步驟與過程，都要遵從學術要求與符合倫理規範。敘寫時要注意到架構嚴謹，條理分明；內容要「言之有據，言之有物」，不可空談，更不可虛偽造假。

　　我相信「有骨有肉」、實在嚴謹的治學態度，是張教授的自我價值要求與信仰。我何其有幸，能獲得如是名師的風範薰陶！

　　而今，張教授世德功行圓滿，示現無常，然師範長存，著作遺世，教德常昭！飲水思源，撫今追昔之際，受業弟子，敬謹禮讚！銘曰：

　　　　著作三度獲金鼎，功在杏壇德望崇，
　　　　春風興化及時雨，良師模範張春興！

春風永化雨

難忘師恩浩瀚

陳淑絹 / 臺中教育大學退休教授

「如果將來我要開一間幼稚園，我一定會請妳去當園長！」

青春歲月 師生緣起

　　1973 年剛進臺灣師範大學教育心理學系大一擔任班代的我，帶全班同學到碧潭郊遊，隨行的有系主任張春興教授、班導師陳淑美教授以及蘇建文教授，當時老師們正開心跟同學一起跳竹竿舞，看著活潑的我，張老師順口說出了這句話。

　　到了大二辦迎新會上，張老師也和我們手拉手圍成一個圈，一起跳原住民舞蹈，張老師和藹可親，他開心微笑時臉上秀出可愛酒窩，讓人覺得格外親切。我感覺到教育心理學系的老師們非常了解學生的心理，教過小學三年獲得保送臺灣師範大學的我，更因此深深愛上了教心系。

　　1976 年，我大四結業後正要等待分發，偶然間，得知自己竟有機會留在臺北，對我來說真是喜從天降，符合我的心願。

1972 年，張春興教授（後排左三）帶學生們去碧潭郊遊，陳淑絹教授為前排左三。

2003 年，陳淑絹教授和夫婿朱德清先生，邀請張春興教授與師母至杉林溪遊覽。

師道為尊 殷殷叮嚀

還記得那年暑假返鄉度假的前一天我回到系辦公室，想先與主任和老師們問安說一聲再見，就在那奇妙的一刻，剛好獲得一個機緣，承蒙張主任推薦到臺北金華國中輔導室，從此再度展開了我的教學生涯。

當時工作的地點距離大學母校就近在咫尺，所以我常常穿過青田街回到系館，張老師總是對我一再耳提面命：「要好好表現喔，不要辜負教心系的栽培。」

老師啊！您的期盼、您的叮嚀我哪敢忘記！

畢業第一年，我在金華國中就銜命為臺師大與政大安排來金華國中參觀的學弟妹們，由我連續示範了六次的指導（輔導）活動教學課程。在金華國中完成了四年服務之後，我調回了故鄉臺中居仁國中，更進一步以學姐林一真老師「主席排」活動構思為基礎，每週自編單元教材設計，帶動了全校一年級的指導活動課內容安排方式。

這時期連續四年，我陸續利用暑假完成臺師大母系的進修課程，但仍覺得教學領域中的知識日新月異，實有必要持續深究。幾番思考，求知之心鞭策著我，於是就在大學畢業十三年之後，我決心以40歲的高齡重返母系進修，考上正式的教育心理與輔導學系碩士班。

碩士班迎新會結束，大夥兒步入電梯時，一位學長告訴張春興老師：「聽說今年有一位年紀較大的新生哦！」張老師聽到立刻轉頭看向我，帶著開心讚賞的笑容說：「你是說陳淑絹啊，她可是人老心不老喔！」

老師啊！就是因您這句話，如同打了強心劑一般，讓我振奮不已，激勵我兩年內完成了碩士學位。老師這番話不斷鼓舞著我，發掘我所有逐夢的潛力，所以在碩士班畢業當年我又立即考上了母系的博士班。

春風化雨

博士班奮鬥困境中 那溫暖提攜的手

寫博士論文我選的主題是「閱讀策略」，當時張老師在博士班正好開設閱讀心理學，我非常希望老師能答應成為我論文指導教授。剛開始老師拒絕了，他認為博士班學生的論文都寫得很久，老師的個性不喜歡拖拖拉拉。

我向老師保證自己一定會非常努力！在我百般承諾、鍥而不捨地懇求下，老師最終答應了，他說：「但是你要願意接受我的指導喔！我要求你達到的進度與方向，你就要盡全力用功趕快往這個方面衝刺，知道嗎？」

敬愛的老師！我真的都了解，且非常願意遵照您的指示，最令人難忘的是：您願意體諒當時還在臺中教育大學擔任助教的我，處於忙碌工作與讀博士班學業壓力之間的糾結拉鋸中。我每星期拚命從臺中趕回臺北系上找資料，時間有限，您總會先替我找資料，第一時間就先幫我在臺師大圖書館找到參考資料，抄在紙條上。

當您手中拿著一張小紙條遞給我，裡面竟密密麻麻寫著相關書籍的索書號，我從您手中接過這張紙條時無限感動。您是如此了解我的心志和我工作進修兩頭燒的困境，您總在最關鍵時給我重要協助指引，讓我激動到眼眶充滿了淚水。

老師的論文指導是嚴謹的，是積極的，是緊迫盯人的。

他指定我要先閱讀中文參考書與期刊，其次是西文參考書與期刊。閱讀素材來源多元，從臺師大與臺灣大學圖書館，到政治大學社會科學資料中心，再到國家圖書館都要試著檢索。此外，他要求我每星期要交一篇報告，我也都完全配合。

大量閱讀中，我順利找到我要研究的方向。除了內容，在論文寫作品質方面老師也有相當要求，包含句讀標點符號以及用字遣詞的指導，毫不含糊，再三修改後，我終於在三年半內完成並取得博士學位。

老師啊！我從沒想過，小學成績冊上被寫著「理解力稍差」的我，能在 47 歲拿到博士學位。包含了大學四年、暑修四年、碩士班兩年、博士班三年半，總共十三年半的歲月，張老師您和臺師大教心母系對我培育之恩，沒齒難忘。

張老師啊！剛入大學就受您啟蒙，碩士後博士論文又受您指導，有始有終，我是多麼榮幸，又多麼驕傲，您真是我學術生涯中的貴人。

張老師著作等身，文筆是這麼流暢，字裡行間更有著師母的潤筆。師母是臺北教育大學語文教育學系的教授，書中常出現以中國傳統經文典故配合西方心理學的觀點，讀來令人印象深刻，讚不絕口。

我還記得當年碩士班考題，心理學中有一題目是「『烽火連三月，家書抵萬金』請你用心理學理論詮釋」。由此可看出老師出版的書絕對不是純翻譯西方理論，而是注入了中國傳統人文情感思想的連結。

張老師的《心理學》、《現代心理學》和《張氏心理學辭典》都得過金鼎獎，其中《心理學》是我在大學教授通識課程最愛使用的教科書，每次與學生們共同研讀時，字字句句中都彷彿在循循善誘，扣人心弦，令讀者深深領會如暗室中見光，融會貫通，受益匪淺。

另一本《教育心理學》出版第一版時，也是我在臺中教育大學任教初等教育學系二年級課程所使用的教科書，張老師希望我使用這本書之後，在期末能安排請學生們提出書面批判，以學生的角度儘量找出難懂艱澀或有錯誤的地方。

於是我要求學生儘量發揮當作一項期末作業，當我把學生期末作業彙整送到臺北給老師時，老師相當地高興，在他修正再版時，竟然也把這個過程與對我們師生的謝意寫在再版序言中，真讓人感佩到一個學者自我砥礪，謙而不驕的風範。

鼓勵我提筆 擁有個人著作

「身為大學老師，至少應該出版一本書。」老師時常這樣勉勵我，

但是我哪敢啊！我自覺教書經驗雖豐富，但也自認寫書能力太差。每次聽到老師這麼說我都極力反駁，說道：「老師您的書已經寫得這麼好，我能發揚光大不就好了嗎？」當然這個理由說了幾次之後，我的眼神就開始迴避老師了。

沒想到一個偶然的機會，我因為曾經在中學擔任輔導老師十五年，大學也任教心理輔導諮商課程，於是心理出版社便邀請我翻譯一本小書《諮商員，了解你自己——談諮商要素》。

翻譯工作委實不容易，更何況我初中讀的是商校，高中讀的是沒有英文課程的師範學校，英文基礎欠佳。但為了挑戰自己，也是達到老師的期許，我接下了這不可能的任務，幸好有女兒協助修改，書籍終於在2009年完成出版了。

非常感謝心理出版社，這本書中許多對話實例後來也成為我上課的實用參考資料。

當我把這本小書呈送給張老師時，他的眼睛為之一亮，微笑著說：「你終於有一本書了，翻譯得好不好是其次，我就是要你能努力不懈，活到老學到老！」

親愛的老師謝謝您！沒有您的肯定與支持，哪可能產生這本書？因為您對學生的厚愛與鼓勵，成就了我，我何等榮幸，從學生時代開始到擔任教職一直都受您的關愛，寫到這兒，我的眼淚又奪眶而出了。

高飛圓夢 人生翱翔

2012年我尚未達退休年齡，我職涯開始得很早，從國小、國中、高中到大學教師，我在教學生涯滿三十九年後，毅然決然申請從教職退休，為的是圓我兩個夢：一個夢是去美國遊學，另一個夢則是去投入當國際志工。

出發圓夢前我再度拜訪老師，在熟悉的書房裡，在老師書香寧靜、稿件如山的書桌前，我親愛的老師已身體欠安了，他看著我，點點頭，

握著我的手輕輕地說：「想做什麼就去吧！」

但是，這竟然也是我最後一次和老師見面了！

我知道只有老師最了解我，他明白我的個性活潑、喜歡接受新事物的挑戰，常常會讓平靜的生活來點不一樣的變化驚喜。在老師默許之下，我就在美國遊學了半年，之後有連續七年到過非洲馬拉威、賴索托、史瓦帝尼、納米比亞等國。這期間每年最少有兩個月，最多長達五個月，我持續在阿彌陀佛關懷中心（Amitofo Care Center, 簡稱 ACC）服務，擔任志工教中文，並指導笛子與古箏，發揚中華文化。

恩師寬容支持 無限感懷傳承

老師啊！再次感謝您對我的寬容和支持，如同您在《教育心理學》那本書上寫道：我們應該有教無類，要適性而教；而只有處於實際的職場中，在面對不同文化背景的學生中，才能令人更加深刻體會與驗證教育心理學的學理。

十分幸運！這一生能夠成為張春興老師的學生，我真的深以為榮！也期望社會上所有精讀與深究過張老師著作的年輕一代學子，能珍惜與體會張老師學術的風骨與教育的真心，能夠深深感受並效法張老師的教育典範，願所有的良師，將來也能在教育職場上春風化雨，讓教化的良心美善永遠傳承。

緬懷
——與張春興教授師生緣的追尋歷程

江南發 / 高雄師範大學教育學系退休副教授

> 在人生中欲求有成，要何去何從？我們都期望有位良師（mentor）來給予引導和鼓勵。所謂「mentor」是指能夠對我們追求人生目標中，在經驗不足時能適時幫助，給予解惑、傾聽及分享的人。

> 張春興老師是我這一生中最重要的「mentor」，也是我追尋最久，在很難得的機緣中才獲得，今逢他逝世七週年，特別撰文緬懷這份師生緣追尋的心路歷程。

家庭困境 使前程幾乎被初中教育所毀

我是家中的老大，剛滿 3 歲時就打著赤腳跟著父親學種蕃薯，父親站在土稜上挖個小坑，我就放一條蕃薯藤，父親把土填滿腳踩一兩下，再一步一步向前種。對我而言這是奠定作為農家子弟一輩子要具備的「腳踏實地」人格特質的開始。

父母目不識丁，每天忙著種田，所以我並沒有接受什麼良好的家庭教育，但在家族中我是個資質潛藏的小孩。國小到五、六年級時正逢惡性補習最嚴重時期，父親問我是要拿「小枝鉛筆」繼續念書？或是拿「大枝鉛筆」（圓鍬）跟著種田？我選擇了參加惡補以準備升學考試。

初中聯考我有幸考取高雄市立第二中學成績最好的班級，當時初中是以升高中為教育目標，因此教學都是以高中入學考試科目為重點，尤其數學、英語兩科乃重中之重。

我的導師任教數學，上課都在黑板上書寫一遍就算教了，原來他在課堂上並沒有要教會學生，而是放學後，把那些繳得起補習費的富家及權貴子弟，集中到他宿舍重教一遍及教新的進度，隔天就把補習教過的

題目寫在黑板上做平常考。

我因家窮沒有錢補習，所以三年的數學都不及格，也因為此產生了極大的「數學恐懼症」，成為往後各教育階段的最大障礙。

另外，英語科的學習也毀了我一生，初一時遇到一個花花公子型的老師，上課時我這鄉下土包子一個字也聽不懂；後來由資深的老師教，他手裡拿著藤條，上課時唸著課文，走到學生身旁發問，不會或答錯了就藤條伺候。

英語程度也讓我之後在大學時更嚐盡苦頭。除了英、數毀我心智外，在只重升學情況下，藝能科也全廢，使我好痛恨這段初中生活，前程也幾乎到此終結。

就讀屏東師範學校的得失

由於英、數兩科在初中時成績慘澹，再因家裡窮，不敢奢望讀大學，乃放棄高中只考有公費的師範學校，幸而 1963 年考取省立屏東師範。屏東師範沒有升學壓力的學習環境，其實非常適合已養成獨立、刻苦、耐勞個性的我，應該可以好好開發潛能，惟仍深覺缺乏能夠引導和啟迪開發潛能的良師。

首先，我對書法頗感興趣，然而國文老師卻不會教，校內的師長最讓我喜歡的是教務主任很漂亮的行書，曾經藉機接近請教，但他對我這沒學過書法的學生，不屑一顧且吝於指點，使我打消學習書法的念頭。

其次，我在初中時已被摧殘到體無完膚的數學，第一年竟然碰到典型的「三板教師」，仰望天花板，下瞄地板，回頭望黑板，眼神從不與學生交會，以致於有著很深數學恐懼症的我數學能力一直無法提升。

除了書法的喜好，我內心也有著想學畫畫的渴望，雖然我在國小和初中時都沒碰過美術，但還是對這個領域極有好感。可惜美術老師沒在美術教室上課，而是在宿舍走廊長桌上攤開畫紙，讓全班學生擠在一起看他示範；但對我這一竅不通的學生，他沒有從頭啟蒙，使我無法踏進

繪畫領域的堂奧。

尤其讓我跌入學習深淵谷底的是音樂老師，因我當班長，沒向同學收取音樂教材費到他家去買，到第二週一上課，老師立刻叫我站起來，開始連珠炮式的臭罵一整節課，我被嚇得魂不附體。三年的音樂課都在他不顧學生的自尊心，用疲勞轟炸式的罵聲中緊張度過。音樂課是我在屏東師範三年得了嚴重胃病的主因，也是讓我受傷最深的科目。

三年在屏東師範的生活本以為會快樂學習，但遺憾沒有能領我進入學術領域的良師，「漸修自學」摸不著頭緒，「自悟自度」更成痴夢。

保送高雄師範學院的幸與不幸

家境困窘，英、數恐懼，因此不敢夢想念大學。然而，我還是受到幸運之神眷顧，保送進入省立高雄師範學院教育學系。

入學後本覺得選對了科系，教育系的課程頗符合我的興趣，但就在1969 年父親發生車禍完全失能及精神崩潰後，家庭陷入極端困境。加上我過去在各教育階段累積的痛，進入高雄師院首先就得面對大一英文、普通心理學、發展心理學採用英文教本的苦難，更加深了我由屏東師範帶來的胃痛，幾度想打退堂鼓。

我雖有心要突破困境，卻得不到任何的鼓勵與安慰，無路可退之下只好決心自救，除了上課時間之外，活動範圍就只有侷限在圖書館內，用遠東英漢大辭典查英文教科書中的每個單字，就這樣熬過大學生活中最痛苦的一年。

1973 年升上大二，修習到了教育心理學課程時，正好張春興老師與林清山教授合著的《教育心理學》一書由文景書局出版，課程乃以它為教科書，使我脫離英文的苦惱，與春興老師在書本上結了第一次的緣；雖然我們不曾謀面，但每次攤開書本就覺得春興老師親切地在我身旁，使我不再徬徨無助。

隨著教學進度，每章的內容不斷指引著我，給予我許多重要的觀念

2003 年，張春興教授偕夫人至高雄師範大學演講，後排左起為：江南發教授、
廖鳳池教授、吳松林教授；前排左起：師母周慧強教授、張春興教授。

啓迪，我首次品嚐到讀書的樂趣，誘發潛藏在腦海中的心理學細胞迅速
成長，更產生向心理學領域邁進探索的欲求。我在上完教育心理學後，
精神上備受鼓舞，對所修的各個科目更加振奮，學業因而突飛猛進。

　　1976 年結業後，分發到高雄市立大仁國中。由於屏東師範改制爲師
專，當時陳漢強校長特別寫信要我改分發回母校擔任視聽中心助教，給
我自由創作及獨挑大樑訓練，使我後來在高師大除了教育心理、青年心
理學之外，還有任教視聽教育、教學媒體、教育科技的專長。

高師大教育研究所碩士班 開啓學術研究的狂熱

　　在屏東師專當助教度過兩年快樂工作日子後，適逢高師大教育研
究所招考首屆碩士生，我乃以大學四年艱苦奠定的深厚實力，錄取榜
首。在碩士班課程中影響我最大的是「現代心理學說與教育」，由於受
春興老師教育心理學教科書的誘發和啓迪，讓我找尋到了研究方向，
對於艾里克生（Erik H. Erikson）的「人生心理社會八大階段發展論」
（Eight Stages of Psychosocial Development）及青少年「追尋自我統合感」
（Search for Ego Identity）主題特別感到興趣。

春風化雨

當時高師大的圖書或期刊資料還很貧乏，我為了找參考文獻常專程搭車北上到臺灣大學、臺灣師範大學及政治大學的圖書館，更為了搜尋論文的研究工具，不惜成本寄信到美國購買博士論文共二十六本之多，可見當時我對學術研究已達狂熱的地步。

政大教育研究所博士班師生緣心願的達成

我從大二就盼望能與春興老師結師生緣，直到取得碩士學位後心中仍渴望得到良師（mentor），夢想能親炙大師門下求道問學，乃鼓起勇氣報考博士班；惟春興老師任教於臺師大教育心理與輔導研究所，但我在輔導方面並無鑽研，只好報考政大教研所。

所幸春興老師在政大教研所博士班還有兼課，這反而讓我有了成為入門弟子的機會。然而過程還是歷經了一點波折！

原來當時蔡保田所長卸任，春興老師也擬辭聘，但因新任所長挽留只得延後一年再辭職，這使我終於與春興老師結上了師生緣，成為他在政大博士班兼課最後一年的入門弟子，也可能是他在政大教研所兼課多年，唯一接受指導博士論文的研究生。

第一次上課時我很高興地向春興老師報告：「老師！您讓我追尋得

2003 年，張春興教授偕夫人至高師大演講後，學生招待遊覽高雄。左起：涂柏原、丁振豐、廖鳳池、張教授夫婦、陳密桃、江南發，攝於高雄愛河畔。

2003 年，張春興教授受邀至高師大演講，會後簽名和學生互動。

好苦啊！從大二讀您的《教育心理學》開始，認爲沒能成爲您的弟子，將是此生最大的遺憾，謝謝老師能留在政大這一年，讓我滿足心願。」

老師回答道：「幾年前高師大教研所請我給碩班研究生考試命題，我看了某份答案卷後，就覺得這個在南部的研究生是有認眞在唸書的，程度不比北部的差喔！」我興奮地說：「老師，我就是那個研究生啊！原來我們在那時就有了第二次書面之緣，今天我們終於正式見面了！」老師對我親切又好奇地微笑著，點點頭開心地看著我，我終於能夠成爲春興老師的弟子了！師生緣分的追尋終於成功了！

此後每星期我都會從高雄風塵僕僕趕到政大，在課堂中總感到陣陣春風吹拂著我的心靈，能夠碰到良師的指引、鼓勵和慰藉，覺得這輩子所遭遇的坎坷、折磨和辛苦都值得了，舟車勞頓那算什麼。

果然在春興老師的教學中，我內心不再有恐懼、害怕與壓力，而是充滿著溫馨、關懷與鼓勵。每次親聆老師引導與講述課本概念，心靈上就會泛起波波漣漪，讚嘆春興老師眞不愧是國內的教育心理學的大師，他好比一艘船載我抵理想的彼岸，使我因而有著禪宗六祖慧能在師父五祖親自把艣送他逃至九江驛，六祖慧能悟道：「迷時師度，悟了自度。」同樣的領悟與感受。

春興老師在〈人師難求，經師亦不易得〉一文中提到：「教師要先在學生心目中建立起知識的或學術的威信，讓學生崇敬佩服，而後再從旁幫助解決學生在學業的困難，逐漸擴展到生活層面困惑的輔導。」

這個理念從我之前受到多位「劣師」戕害之後，至此才眞正感受到春興老師是一個說到做到的良師和人師。尤其在春興老師所著《成長中自我的探索》一書，除了肯定我自己在碩士論文研究找對方向外，也讓我對青少年追尋自我統合感問題的探討更加意猶未盡，想繼續以此題做博士論文研究，乃懇求老師的指導，他一口答應使我倍感榮幸。

當然，對於春興老師的感恩，除了如沐春風般的課堂外，也會在他眞情分享所受的痛苦煎熬與遭遇中產生共鳴。從老師的年表中，我發現

老師與我一樣出身農家，所以發覺和老師接觸特別有一股「泥土味」，難怪他欣賞我的腳踏實地。

現在，我還是會想念小時腳踩泥土的滋味，以求不忘本；春興老師每次出遠門時，都交代女兒：「竹子要喝水，早晚都要啊！」我想老師以盆養竹，保持農家子弟力求節節高升的毅力與品格高風亮節的堅持，所以他一生絕不從政，但熱衷教育理想改革，然而他卻有極高的睿智，對當年假的教育改革絕不予背書。

仙故七年魂夢牽 良師緣分永恆在

我 2008 年（60 歲）因眼疾及脊椎病變只得提前退休，2013 年 8 月我腰椎連續開刀三次，現在仔細推算此時大概正是春興老師生命末期；當時我為了要靜養而斷絕了一切人際聯絡，所以老師於 2014 年壽終時我未能獲悉，雖然內心思念，深切的師生之緣卻似斷了線的風箏，僅能無限遺憾地夢牽。

去年，竟在我腰椎正接近復原，而可再提筆為文時，突然得知此本紀念文集出版計劃，而春興老師在天之靈似乎告訴家人，要我為這永遠斬不斷的亦師亦父之緣撰寫緬懷文章。我從自己生命坎坷歷程中檢視，表達能成為春興老師的弟子是我心中最富足的恩典，謹以此篇敘述出追尋良師辛苦的歷程，傾訴於文字來擁抱老師在天之靈。

懷念我最敬愛的張春興老師

曹中瑋 / 旭立文教基金會諮商心理師、臺北教育大學心理與諮商學系退休副教授

我是個非常幸運的學生，一考進臺灣師範大學教育心理與輔導學系碩士班，就遇上老師開「婚姻與家庭專題」的課。

研究感情與婚姻的學術方向

那時的我，懷抱著「理想」——認為人會出現心理困境、不適應社會，多數起因於家庭，而家庭的主軸在夫妻。若能讓每對夫妻都幸福快樂，那這世界上受苦的人必能減到最低。

因此，對老師所談「婚姻五經論」以及「青少年問題：病因植根於家庭，病象顯現於學校，病情惡化於社會」等論述如獲至寶，覺得我想寫有關婚姻的碩士論文，必然要找老師指導。然聽說老師很嚴格，尤其我還是外校的（我大學讀彰化師範大學）……當時的我，對自己很沒有信心，緊張不安地掙扎很久。

最後，我鼓起最大的勇氣提出論文構想，去找老師，沒想到老師很讚賞，答應指導我。總之，我就這樣一路跟著老師學習，不只論文和學術研究方面，老師包容、提點和指導我；在人生的道路上，老師更是亦師亦父地啟發和引領我，很感恩和老師結下深厚的師生緣分。

我的碩士論文為〈自我狀態、夫妻溝通型態與婚姻滿意度之相關研究〉，就是以老師所發展出來的「婚姻五經論」為本，編製成婚姻滿意度量表。這理論最特別的是，最高層次的「哲學面」——夫妻不只是相愛，更要相知，除了有愛情還要在精神層面契合，這是婚姻幸福長久最重要的一個因子。

春風永化雨

左起：廖鳳池教授、廖夫人蔡麗芳教授、曹中瑋教授、張春興教授以及師母周慧強教授、賴明伸館長與夫人和女公子，攝於第 16 屆金鼎獎頒獎現場。

幸運得老師指導啓發

老師在指導學生時，有幾個部分讓我很是感動和受到啓發：

其一，老師相當開放寬宏並尊重專業：例如我的碩士論文，我運用「人際溝通分析論 TA」的自我狀態、夫妻溝通型態與婚姻滿意度做相關研究，老師覺得他對人際溝通分析論不熟悉，推薦我去找當時這方面的專家吳靜吉老師；寫博士論文時，我前半部用質性研究的方法，老師也鼓勵我找進行質性研究的老師們請益。

其二，老師很尊重包容我：我是臺師大心輔系博班第 1 屆學生，老師本來希望我博士論文能和他一起研究中文的認知歷程。但我努力了一年左右，還是向老師致歉，希望能回頭研究我自己更有興趣的主題。我想老師可能失望了，卻仍答應了我。

但當我拿出初步探究情緒的研究計劃，老師劈頭就說：「你想不想畢業呀？」眞嚇壞了我！老師後來解釋，情緒研究太難，有年限的學位論文很不容易完成的。然而，老師仍願意不斷和我討論，找出最適合的研究方法，以能順利完成有關情緒的研究。最後，更同意我用當時仍不被接受的質性研究法，因應之道是再做第二部分的研究——進行團體諮商，編製問卷，量化研究團體介入策略之效能。

恩師提攜照顧與治學典範永銘我心

　　1985 年老師帶領我做研究，合寫了一篇論文〈我國推行親職教育成效之檢討與展望〉，這篇論文要在國建會上發表。當時我正懷孕不滿三個月，論文發表前三天忽然出了點狀況，我胎象不穩出血必須遵醫囑臥床。我心急如焚打電話向老師求救，老師叫我安心養胎孩子重要，他代替我這個學生去大會報告論文，回想起來還是至為溫暖，無限感動！

　　在治學上老師更是我的典範。老師常以「蠶不能一直吃桑葉，該吐絲了」激勵我，吸收知識後，必須消化組織有作品產出——寫書、寫論文。老師也告訴過我，他以超乎常人之恆心毅力規律寫作：要求自己再忙也至少每天要寫三千字，而且全年無休，連農曆年除夕亦然。

　　我知道老師「吃桑葉」也是超認真的，每天都要閱讀數小時的書，從不間斷，退休後亦然手不釋卷。

　　何其有幸，我能在生命珍貴的黃金歲月中，獲得老師這樣的引領！萬分的感謝，致上對老師無盡的懷念⋯⋯。

春風化雨

緬懷恩師
——向張春興教授致敬

鄔佩麗 / 頂溪心理諮商所所長

猶記得剛考上政治大學心理學系的那一年，程法泌主任為我們安排了一系列活動，邀請了多所學校的教授來演講，讓我們這些大學新鮮人能對所謂「心理學」有些基本概念，也讓我們對臺灣的心理學教授們有所認識。

開啓師生緣分的契機

當時我對張春興教授的印象就極為深刻，尤其他對教育的熱忱我一直謹記在心。

大三時期，我開始參與臺北張老師基金會的工作，擔任電話服務志工，進而也投入了講座推廣工作。張春興教授當時是基金會的重要成員之一，所以這份工作讓我與張教授有了接觸機會，深深感受到他對青少年身心發展等議題抱持著強烈的關懷。

當時的我因而更加仰慕張教授的深厚學養，並且以張教授作為典範而自我期許。

幸運的是，當我大學畢業後於光武工業專科學校任教時，教育部指派我擔負草創專科學校的輔導工作，同時指派了臺灣師範大學教育心理學系提供協助。

因緣際會下，我得以有機會向任職於臺師大教心系的張春興教授請益各種相關問題；之後我又進入了臺師大教心系輔導研究所攻讀碩士學位，使我正式成為張教授的學生，在課堂上與張教授有了更多的認識，也為自己開啓了另一扇專業之窗。

某天，張教授跟我說，他想幫忙將我寫的一份期末報告投稿，要我把全文做一些修改以符合大眾媒體的要求，沒想到居然成真！

1990 年，張春興教授相當重視青少年身心發展與親職議題，圖為張教授（右一）於
張老師基金會講座討論親子之愛。

提攜發表文章及參與叢書撰寫

有一天，《中國時報》的副刊就刊登了我這篇文章，內容是有關於單身女子對婚姻的觀點。我真是驚訝，也很開心！

在工作與課堂種種互動之中，我感受到張教授是一位開明的長者，他能用開放態度看待人世間種種樣貌；除此之外他更是一位具有前瞻性觀點來實踐社會關懷的學者。

因為，在那個仍強烈受傳統思維影響的時期，能夠有「以人為本」的婚姻觀，真可說是眼光前瞻、勇於突破的創舉呢！

時至今日，我那篇刊登在《中國時報》副刊文章其中的種種女性觀點與論述，早已被當今社會大眾視為當然的主流思潮。

沉思及此，不由得讓我憶想當年在課堂上聆聽張教授闡述心理學的光景，每次上課我們學生都如沐春風，下課之後都不捨得離開他左右。

幾年之後我赴美念書返臺，回到臺師大任教，非常幸運再度獲得張教授的抬愛，受命撰寫東華書局的《世紀心理學叢書》二十二冊中的《輔導與諮商心理學》一冊。

在撰寫該書當中張教授對我的耳提面命，使我益加感受深刻！

春風化雨

個人修為與社會責任

從張教授教導我寫書的過程中，我除了看到張教授義無反顧地承擔起社會責任之外，也讓我有機會檢視我對心理學、心理治療與諮商，以及教育工作應有的專業期許。

張教授不僅以身示範，更不厭其煩地一再叮嚀著我們學生輩，深怕我們一不小心走偏了，造成無謂的傷害。

師生促膝研討此情此景，不時浮現在我的眼前。在擔任教職期間，我也總是以張教授的風範作為我遵循的標的，並且時時刻刻提醒自己：「何事當為，何事不當為」。

值此，願以本篇文章追懷張春興教授教誨，作為心理學界和教育人才所作的貢獻，而此次舉辦紀念活動之際，我受邀撰寫此感念之文，實在深感榮幸！

非常期盼，能透過細述張教授對學生的眷顧，以及我對張教授的尊崇仰望，或可增添人們對張教授行誼的認識而更為讚嘆，並期待更多人遵循張教授的典範，共同為教育大計而努力。

相信張春興教授也一定會為此而開顏歡喜的！

人生的楷模
——懷念張老師二三事

唐淑華 / 臺灣師範大學教育學系教授

> 張春興老師在《張氏心理學辭典》中說道：「模倣
> （modeling）也稱觀察學習，指個體觀察並且倣照別人的行為去
> 表現，從而學習到該種行為。個體模倣的對象，稱之為楷模。」
> （張春興，1989，頁 413）

人生與學術道路遇到楷模

可見楷模的功能在於提供一種示範，讓走在後面的人有借鏡或參考的價值。而經模倣學到的行為，除了有直接模倣、綜合模倣之外，還有一種模倣稱為「抽象模倣」（abstract modeling），意指「個體對楷模觀察後所學到的並非具體的行動，而是抽象的原則或精神。」

我常常在想，自己 20 幾歲時，念研究所受業於張老師，幸運成為他門下弟子；30 幾歲時在美國拿到博士學位回到臺灣，並開始在大學教書；以及 40 幾歲時從東部搬回從小長大的臺北，巧合地住在老師家隔壁巷子的寓所，在我人生這一路上，張春興老師正巧都扮演著我的人生楷模的角色。

儘管張老師的成長年代與我們不同，他的聰慧與勤奮做學問的精神都令我們後輩望塵莫及，但是他為人處世的原則與態度，卻是我們可以努力模倣的標竿。

尤其算算年紀，我最初進臺灣師範大學教育心理與輔導學系研究所碩士班上張老師開設的「青少年心理學」時，他的年紀正巧是我現在的年齡。每當我現在看著我那些年輕卻略嫌莽撞的研究生時，不禁想著：「當年張老師眼中的我，是否也是個不知天高地厚的學生呢？」

雖然這個問題的答案已經無從得知了，不過老師剛正的形象卻不時

1999 年，張春興教授赴花蓮師範學院演講會後，與學生們親切地互動。左一為張春興教授，左二為唐淑華教授。

1999 年，張春興教授於花蓮師範學院演講後，赴東華大學拜訪唐淑華教授攝於研究室（今二校已合併）。

會浮現在我腦海。

　　尤其對於即將進入人生下半場的我而言，我非常感謝生命中有這麼一位強烈清晰的形象，彷彿時時提醒著我：作為一個真正的學者，應該如何從事學術工作，才能無愧於這份工作的社會責任！

通過老師收徒的入門試煉

　　其實張老師收我當徒弟的過程頗為戲劇化，這也是我常常樂於跟學生分享的一個小故事。那時我提出意願表給系辦公室，希望張春興老師能擔任我的碩士論文指導教授。之後某天，張老師通知我，說他某日某時在圖書館與博士班學生有約，希望我能夠到場旁聽他們的討論。

　　當時張老師是很多研究生們心中嚮往，卻不敢選填的老師（照現在的說法，應該就是那種「氣場很強的老闆」）。因此那日我帶著忐忑不安的心情準時到圖書館坐在這群「大人」身旁，聽他們討論那些我從頭到尾都不懂的話題。

　　突然間，張老師轉向我說：「妳！唐淑華，說說看妳的想法是什麼？」我被這突如其來的問題嚇了一大跳，當場故作鎮定，只好囁嚅著說：「嗯，根據我的理解……我想應該是……如此……如此……。」

　　話還沒說完，張老師打斷我並爽快地說：「好！唐淑華，我答應！可以收妳當學生了……。」

　　事後老師告訴我，其實那天只是一個個性的測試，因為如果當下我

沒有勇於當眾說出自己的想法，那麼，他是斷然不可能收我當學生的。由於那段時間他受託於教育部長毛高文先生修擬「師資培育法」內容，非常忙碌，常常需要在外面開會，所以，他希望自己指導的學生都能獨當一面，具有獨立思考能力，而非只是依賴別人給答案的人。

上述他所要求的這項能力，果然在我寫碩論時就非常關鍵，因為他不像其他同學們的指導教授，會幫他們修改標點或一些小細節，他幾乎是放手讓我必須獨立完成碩士論文。

潛沉努力 廣博學術修為

不過儘管如此，我依然見識到張老師的功力，也了解到：為什麼在社會科學的領域裡不能只是靠聰明，而是要靠努力用功與博覽群書來培養自己的知識視野。

當時我仗著年輕氣盛，就故意挑戰了一個老師口中最漂亮，但是也最困難的研究法──「所羅門實驗設計」來進行我的實驗方案。我不但很得意地完成了教學，也跑完各種花俏而複雜的統計，但卻在最後一步卡關了！

因為我不知道該如何解釋那些不一致的實驗結果！

由於當時我已經拿到美國研究所的入學許可，準備在同年夏天出國攻讀博士學位，因此急於畢業的我只好硬著頭皮向老師求救。

沒想到，從頭到尾可能都不知道我在做什麼的張春興老師，竟然在聽完我簡單的敘述後，就馬上抓出要點進入狀況，他立刻指出了我一直看不見的資料潛在貫穿的形式。當下令我非常佩服，也默默立志：未來我一定也要當一位像他那麼博學的學者！

我相信，像他這樣一針見血的功力，絕非只憑一時的機靈或聰明，而是靠著長年浸淫在知識大海裡所累積的智慧。

在後來一些事情上，我慢慢地發現要達到這種境界，絕對需要靠著非常自律和孜孜不倦做學問的態度。還記得我剛從美國回來，張老師就

1999 年，張春興教授與師母周慧強教授到訪花蓮，與唐淑華教授一家人合影於東華大學教師宿舍前。

提醒我不要躁進短視，做研究要有層次漸進的耐性。

有一次他與師母請我吃飯，用餐中我提及某篇我正在閱讀的論文，想來老師應該沒有讀過這篇文章，因此他非常熱切地聽我說話且不時提問。用完餐後，他急忙拿出紙筆記錄，想知道論文的出處。

即使這件事已經過去將近二十幾年了，他當時求知若渴的神情至今還是令我印象深刻。像他那麼重量級的學者，卻仍然對嶄新知識如此渴求。我希望自己也能夠像他一樣，一直對知識保持好奇與熱情。

一代學者晚年的燦爛與告別

再精采的戲也終將落幕，但不知幸運與否，我也部分參與了張老師最後這段人生。

在我 2009 年搬回臺北之前，曾委託房屋仲介找房子。沒想到因緣際會，他們最後竟然幫我找到了離老師家僅隔一條巷子的寓所，這讓我平時出入更有機會近身觀看到一代學者是如何告別他心愛的人生志業，並逐漸面對生命更終極的課題。

頭幾年，老師的精神非常好，每次在路上見面總能耐心聽我分享臺師大工作與生活大小事，他也不時關心我的兩個孩子搬到臺北之後的適應問題。慢慢地，我發現老師會越來越容易疲倦，也感覺我們每次的談話內容越來越重複。

有一陣子，我聽師母提及老師去住院的事，

接著似乎進出醫院的次數越來越頻繁了，再來就聽到師母說老師在醫院沒有意識了……雖然這些歷程都是我們可以預期的，畢竟人從出生就不斷走向終點，但當我一路見證了這個歷程時，仍然非常震撼。

我想任何人看到自己心中的巨人逐漸衰老與凋零，都不免會感傷吧。

如今老師過世已七年了，即使現在我騎腳踏車經過老師家門口，仍然會想到兩位年邁的老人曾經那麼緊密地互相依賴著。在我的心中除了傷感，更免不了反省：生命的意義究竟是什麼？除了學術，我應該也要及時把握生命中其他同等重要的事！

我在年輕時就懵懂地進入了學術工作領域，一路上幸運地遇到許多很棒的人生楷模，其中，張春興老師無疑是其中最重要的一位！

他教導我做學問要認真，做人要正直！他也提醒著我要為生命中的各種美好做出努力。

我很感謝！很幸運有機會成為他的學生，我也希望有一天我的學生能夠用同樣的心情來懷念我。

春風永化雨

口不絕吟於六藝之文
手不停披於百家之編

劉威德 / 雲林科技大學教授兼通識教育中心主任

中華本土社會科學會頒贈張春興教授思源學者終身成就獎
本文為 2020 年弟子劉威德教授於頒獎典禮代表領獎致辭

永生難忘的畫面

張春興老師是我的博士論文指導教授，老師五十多年春風化雨教育生涯中作育英才無數。2014 年 11 月 24 日老師去世，從 1995 到 2014 年這二十年之間，我有機會跟隨恩師從師問學，在這期間，我的印象當中有兩個畫面我永生難忘：

第一個難忘的記憶，是陪老師散步，師生二人信步走在臺灣大學校園，晚風飄送七里香。我時常陪著老師在臺大的校園中，就繞著靠近辛亥路的校園散步運動，老師一路走著就一路跟我談著他心目當中的心理學以及他的研究、他的學識。

另外一個溫馨記憶畫面，我也是至死不渝不會忘記的，便是在老師的書齋，師生二人燈下細談，老師俯首閱讀，低眉深思，我們在暢敘著，聽老師談他的人生、他未來的理想。

學術知音 以待來者

我曾經跟老師說：「老師！我知道，為什麼孔夫子會說這三句話，孔夫子說：『學而時習之不亦說乎，有朋自遠方來不亦樂乎。』第三句講：『人不知而不慍，不亦君子乎？』」

我說：「老師像您這個樣子整天跟人講心理學，不是每個人都像您這麼熱衷於心理學的研究，人家其實聽不懂的！但是您一點不在乎。」

老師一直說沒關係，因為老師說：「治學是以待來者，以後一定會有後世之音的。」

因為這樣的緣故，深深地影響了我，我在這麼多年自我追求學問期間，就不斷在反芻思考著這件事。

在 2014 年 11 月 24 日老師過世之後，這件事還是迴盪在我心中，就像蘇東坡在緬懷他的師尊歐陽文忠公的詩中就有這麼一句話，他說：「翁今為飛仙……此意人間，試聽徽外三兩弦。」講的就是這樣的瀟灑心志，我了然於心，在師生之間傳承和迴盪著；當年我親耳聆聽，如今恩師離我而去，但此心依然迴響著這樣的餘音。

老師治學一生，世人所認識的張春興，都是說他的《教育心理學》或《現代心理學》等暢銷書。但他的心志所繫、情懷所依才是我們真正要體會尊敬的。

道心的「初心」

他曾經跟我講過一件事情：「威德啊！我跟你說，我從來不知道到底賣了幾本書。」他說：「『書』是一個學者的副產品！」

那什麼才是他的根本呢？我明白那便是一份嚮道之心，是學者對道的研究之心，老師反覆思考的便是這個「道」，但是「道」是在哪兒呢？

老師一生都在追尋一隻黑貓，在一個幽暗的黑屋裡一直在尋找一隻黑貓。黑貓是老師對人性的隱喻，「人性」便是在黑屋中的一隻黑貓；彷彿在那兒，但卻不容易被我們確實地掌握，予以透析跟了解。

老師於其一生當中著作等身，使我時常想起對於韓文公所形容的：「口不絕吟於六藝之文，手不停披於百家之編。」那個形影完全就是說我老師的形影。

我從師問學二十年間，有一個重要的對談：在一個重要場合，老師和我談論到一個他對於著作撰寫的比喻。他說：「當世之學者著作等身者放目皆有之。」但他提醒我一件重要的事，他說：「著作之等身並不

1998 年，張春興教授與師母和劉威德教授（後排站立者）於臺灣師大學聚餐合影。

張春興教授於 2014 年逝世，2020 年再獲中華本土社會科學會所頒贈思源學者終身成就獎，由彰化師範大學陳明飛校長頒獎，劉威德教授代表領獎。

能夠代表所述之學問能夠流傳，是不能代表傳承有所保障的。」他講的這一件重要的事，也就是他對於自己著作的自我要求。

他給了一個比喻：「若是說丐幫身上拼貼的服裝，那是從各地撿來的布料，硬是拼在一起做成了衣裳，這一身難道就是個好衣裳嗎？」

他說：「不！一個好的裁縫，必須要精工細料，要一以貫之！」我就從老師這樣談的比喻，明白他對於學術著作完美水準的看法。

致力華人本土心理學的開創

他早年便有這樣的心願：他認為「臺灣必須要有心理學！」早年，在老師那個年代，心理學都必須去美國學習，所以他立下了一個志向：我們臺灣，中華民族必須要有自己的心理學脈絡與著作。

當時世人嗤之以鼻，覺得他不自量力，他親口告訴了我這麼一件事情，但是老師把這個信念放在心裡，一生追尋，至死不渝。他完成了心理學的著作之後，接下來重要的事情，就是梳理心理學的思想淵源，學術史諸子百家是怎麼樣演變傳承的。研究「人性的科學」是老師一生所揭櫫的核心思想。

「人性」這件事情難以捉摸，但是，老師的想法是：「人性之學它是循環而往復的，紛進迴旋，往往了然於後世。」因此對於人性心學研究新舊廣博的遞嬗是非常需要全面了解的。

然後老師體會到這個探究過程裡，因為受阻於名詞的不一，以致於一人一譯，十人有十譯，老師立志必須要折衝貫穿通譯於名詞的分歧，以利後世人精進心理學，同時並利於心理學知識之中國化且後續發展，所以老師獨力花了十九年的青春，他以精衛填海的精神窮盡了 12187 個詞條，去編寫《張氏心理學辭典》。

凝聚天下 傳承與流變

　　並且在老師晚年的時候，又慢慢發現到一件更為重要的事：「如果天下學者不能凝聚，則本土心理學終究是各自開花，不能茁壯成林。」因此在老師晚年的時候又費去了十一年的時間往返於海峽兩岸，邀集了兩岸心理學者共同編纂叢書。這樣讓心理學從個別的道心到社群，能夠集結蔚為洪流，達到華人本土學問昌盛的面貌。老師於 2000 年有一本重要的著作《心理學思想的流變》，這本著作闡述說明了心理學的傳承其歷程之奧妙特殊性。

　　因此，文章能不能傳並沒有保證，不需慕聖賢之不朽，我們要體會恩師的道心才是傳承的真義。這正是歐陽文忠公在〈送徐無黨南歸序〉當中的一個反思：「道心能傳，逾遠而彌存！」

　　所以剛才陳復教授已經說了：「士不可以不弘毅，任重而道遠。」願我輩們秉承我們前輩的道心，老師！我們一定會再繼續努力。

　　特別再謝謝本土社會科學會給我的夫子、我的恩師張春興老師，頒予思源學者的獎項！謝謝大家！

春風化雨

隔世尚能有知音
——緬懷張春興教授

陳復 / 東華大學共同教育委員會主委兼大一不分系學士班主任

> 張春興教授是教育心理學領域的大師，跟吾師韋政通教授
> 係長年交往相知甚深的學術同道。

跨世紀師生緣 中西與哲心交融輝映

張教授與韋教授皆參與《中國論壇》編輯委員會，其中韋政通教授主編《中國哲學辭典大全》；張春興教授主編《張氏心理學辭典》，兩人各有「一中一西」與「一哲一心」的對比特質，都在動盪的臺灣政治環境中沉潛耕耘學術不輟，可謂交相輝映。

兩位學術前輩都已作古，典型在夙昔，經由張春興教授指導的關門弟子雲林科技大學劉威德教授引見，後來，我更得識張春興教授的女兒張修然女士與女婿劉永仁先生，時相往來，劉威德教授與我本係知交，兩人都曾在各自任教的大學擔任通識教育中心主任，平日素喜書法與古琴，各在經營磨課師這種虛實整合的科技教學課程，兩人相知甚深，常天南地北暢談古今事。兩位前輩學人當年的因緣疊加成為我們後繼學人的因緣，更讓我深感人生充滿著奧祕。

我當年雖然未與張春興教授得識，然在研習心理學的道路上，我如自學承係張春興教授學術的私淑弟子，相信修然姐與威德兄都會認同我這種滿懷孺慕與景仰的心情。且不說吾師黃光國教授與張春興教授都係心理學本土化的開先河人物，兩人在心理學領域有著深刻交流，更在臺灣教育改革的過程中都有著不同意義的參與。黃光國教授對張春興教授晚年面臨教改的亂象深有所感，亦頗能領會張春興教授後來為何會選擇急流勇退不問世事的心路歷程。

2021 初春，陳復教授至張府上拜訪師母周慧強教授，獲贈張春興教授的重要著作《教育心理學：三化取向的理論與實踐》。左起：張修然女士、陳復教授、陳教授的指導學生陳美瑩。

教改理想的初心 捲入目的之手段

張春興教授本係自由派知識分子，卻發現臺灣教育改革已逐漸淪爲本土派人士挾持自由派觀點來打擊師範體系，並將師範體系直接等同於黨國體制，再將黨國體制跟中華文化劃上等號，使得其已變成了本土派眼中要消滅的「三合一敵人」。張春興教授對此不能認同，他寧可做出傳統讀書人「文章千古事」的抉擇，著書立說留待於後世公斷。

何謂留待於後世公斷呢？張春興教授面對於校園瀰漫著民主化的聲浪，導致教師不再有傳統教導的威信；且教育普及使得學生個別差異加大使素質良莠不齊，教師很難個別對症下藥；更加上社會已喪失尊師重道精神，教師的教學不易獲得家長合作與社會支持，教學效果很難顯現。他主張從事教育心理學採「三化取向」，意即研究目的教育化、研究對象全人化與研究方法本土化，尤其針對第三點，他覺得國民教育階段的學生，均係來自各地區未經選擇的當地學生。其中，因家庭背景不同而分別具有順教育、缺教育或反教育的三類特質，學校應該配合其不同條件來施教，猶如農人耕作必須配合當地的水土與季節這些條件來種植一般。教師尤其應研究各類學生的不同需要與問題，使得學校教育和

春風永化雨

家庭教育相互配合成「二教合一」，幫忙學生發展其不同特質，解決各自的學習問題。張教授力圖貢獻以上的教育心理策略，挽救民粹式教改衝擊殘局，且留待於後世公斷以昭學者赤誠之心。

　　我很驚訝於張春興教授雖當時很快就退出參與教育改革的第一線工作，卻依然持續關注教改的成效，並在 2004 年撰寫〈教育的理想與現實──十年教改成效不彰問題之檢討〉一文，當時他已一針見血回答「誰該為教改失敗負責」的問題，他覺得真正該為教改失敗負責者只有李遠哲院長本人。李遠哲是傑出科學家但絕不是適任的教育家，其違反行政倫理，在教育部上面設置教改會，並在其結束後依然強行干預教育政策，使得教育部喪失自主性；更嚴重者，在於李院長欠缺人文與社會科學的素養。

　　依據張教授觀察，教改會於結束時所提出的《總諮議報告書》，該報告書中看不到任何具有學術深度的教育思想；面對複雜的教育問題，李遠哲一直採取「鬆綁」的辦法來作為解決處方，殊不知教育問題涉及複雜的人性，不可能採取環境控制的科學研究取向來簡化辦理。

知行合一取代辯論之爭 文章千古一統學術匯通

　　我個人感覺到：張春興教授並不接受當時臺灣正在發展的所謂本土化，因其內容隱含著去中國化的思潮；但是他不想浪費精神與人辯論，直接用行動來從事海峽兩岸心理學的整合工作。他歷時十年編纂《張氏心理學辭典》，卻在該書發行大陸簡體版後，發現實際層面尚有使用的困難，不惜重新撰寫這部辭典，盡可能用合於兩岸讀者習慣的中文語詞與中文語法，企圖採明確精準的文字來撰寫詞義，裨益將外來的心理學知識中國化。更重要者，張春興教授希望能夠結合兩岸的各項資源，由兩岸學者聯合撰寫一套包括心理科學領域中各科新知且具學術水平的叢書，並由兩岸出版家投資合作，期望可使得大陸著名心理學家的心血結晶獲得流傳，促使中國心理科學在承先啟後的路上繼續發展；更經由繁

簡兩種版本的印刷與發行，讓海峽兩岸的心理學領域學者都能閱讀，裨益於學術文化的交流。

因此，儘管當年張春興教授刻意無視於島內與兩岸正面臨著各種風起雲湧的變局，但他藉由自己親身的學術實踐，中國已經在某種意義裡獲得他心中的統一了。

這不由得讓我回想起修然姐曾給我看，有關張春興教授離開大陸前後撰寫的《旅人手記》，我讀著字裡行間流露著的無奈與淒苦，看著他面對戰亂動盪，東北全面淪陷，山東岌岌可危，他只得離鄉求生存，辭別父母、妹妹與師長，由北平到上海跟著國防醫學院一路撤退，最後抵達臺灣。

這種見證內戰導致家破人亡與顛沛流離，使得張春興教授對於中國的未來，有著永難忘懷的使命感。或許他個人不能夠理解臺灣社會為何能如此輕易放下整個中國的苦難，但他肯定不能拋下那些年輕歲月中與死亡擦身而過的經驗，才會致力在退休後積極到大陸各高校講學不輟，從整合兩岸心理學語彙與觀念的角度，來從事兩岸的和解共生。

開拓華人本土社會科學　我輩尚行正位凝命

其實，張春興教授是華人本土社會科學領域的先行者，他有著嚴謹的心理學意識，卻早已意識到我們不能再全盤西化，希望能改變心理學異質化的現象，其深耕於教育現場來完成心理學本土化，並提出自己正在發展的觀念與做法，令我深感敬佩。

因此我提名推薦張春興教授給中華本土社會科學會，並且於第 1 屆思源學者遴選委員會獲得通過，在張教授過世六年後，榮獲思源學者的榮銜，這是社會科學領域的終身成就獎，頒獎當天由弟子劉威德教授來代表領取。

這或許對於張春興教授本人而言，早已絲毫不影響他實至名歸的學術聲望，卻象徵著至關緊要的學術傳承，正因有這些大師級前輩學人的

耕耘，我們後繼者的奮鬥才能有所本，不至於漂泊失依。即使已隔世，風簷展書讀，都能成爲忘年的知音。過年期間，修然姐請我到家裡閱讀張教授生前的書信、公文與著作手稿，我再三咀嚼，不禁長嘆哲人典型在夙昔。

　　張春興教授可謂惠我良深，希望後世學者依循其開闢的山路，站在其已登上的山頂眺望，讓我們繼續來完成復興華夏學術的下一座高峰。

我親愛的張老師是超級馴獸師！

陳正蕙 / 美國密西根州立大學教育心理學博士

「張老師！」我總是這樣稱呼敬愛的張春興教授。

桀驁不馴 青春叛逆

1987 年早春，我在臺灣師範大學教育心理與輔導學系讀大三那年，下學期午後第一堂課休息時，系上助教走進教室拉著我到角落低聲說：「正蕙，張春興老師找妳。」旋即轉身離開。這堂下課，我牙齒打顫著跟身旁同學說：「天啊！張老師真的找我了！」同學輕拍我的肩，默默陪我走到張老師辦公室門口，給我一個鼓勵的微笑，讓我一個人單獨走進昏黃的辦公室。

張老師鐵青著臉坐在桌後，示意我拉一把椅子並排坐在他身旁，然後從抽屜拿出我郵寄給他的投訴信攤在桌上。

「陳正蕙啊！妳看看！妳自己寫了些什麼！」張老師豎起兩道濃眉慍怒數落，「妳自己沒寫完原文翻譯書摘，卻說我評分不公正，不應該給妳全班最低分。」

「雖然，妳的書摘的確是寫得不錯，」張老師翻開大三上學期必選科目「學習心理學」我所繳交的期末作業，「但是，妳看看！其他同學的書摘也寫得很好，而且整本原文書都讀完，並消化重點，且重點摘譯都寫完了呀！」張老師拿出五、六本同學的作業，一一攤開在我眼前。

「哼！」我睨視不屑以對，「Morris L. Bigge 的《Learning Theories for Teachers》哪有那麼容易讀完、翻譯完！」我憤慨地想。

「妳信上寫說，有些同學抄中文書充數，而妳完全按照原文書自己翻譯，所以，妳不應該拿最低分。但是講這話要有憑有據，妳說，是誰抄襲中文書的？」張老師等我回答。

春風化雨

「我怎麼可能說出來！」我在心裡沒好氣地咕噥。

師徒倆沉默了一陣子，張老師搖搖頭，幽幽自語：「你們班幾個我很看重的同學讓我很失望，這份作業都不是寫得很好。」我繼續賭氣靜坐，吭也不吭一聲，張老師也低頭若有所思。

過了好一會兒，張老師嘆了一口氣，抽出其他同學的書摘翻開一頁指著一行字對我說：「至少妳要告訴我妳不夠時間寫。像某同學，他也沒寫完，但是，他在這一頁上寫著：『對不起老師，我要去趕飛機了，不夠時間寫完！』」

我心想：「這種理由也能接受嗎？！」緊緊抿住雙唇更不願意開口。

師徒倆又僵持了好一陣子，最後，張老師苦惱地嘆了一大口氣說：「陳正蕙啊！我看到妳就像看到自己的小女兒……。」等不及張老師繼續說下去，我已經鼻涕眼淚崩潰決堤，嚎淘大哭了起來！

「妳要講道理啊！妳這樣無憑無據寫信批評老師，我其實可以把妳打不及格，甚至可以把妳踢出臺師大！」張老師也急起來大聲斥喝。

本來我已經嚎啕大哭得有點累了，一聽到張老師這麼說，立刻收住鼻涕眼淚，倔強地怒視張老師。「妳回去好好想一想吧！」張老師無奈，示意我離開。

師生共讀 分享知識喜悅

儘管不滿張老師在「學習心理學」給我的評分太低，我還是選修了張老師在大三下學期新開的「認知心理學」。張老師在第一堂上課時神情異常凝重，嚴肅地對我們說，他不是認知心理學的專家，卻硬著頭皮開這門課，這門「認知心理學」是目前世界心理學界的新興顯學，他必須邊學邊教，因為臺師大心輔系師生在知識水準上絕對不能落伍！所以，他會跟我們一起用功K書，共同努力研讀。

張老師選擇 Glass 與 Holyoak 合著的《Cognition》為指定的讀物，當時被評選為含括最新資訊的認知心理學用書。同期臺灣大學心理學系

黃榮村教授也用同一本書講學，每逢黃教授的上課日，我們幾個同學就直奔臺大心理系館旁聽，又再回到心輔系繼續上課。張老師則跟我們在課堂上一起逐章討論重點與釐清疑惑，謙遜理性地跟後學一起切磋學問，他實實在在展現出一位學者渴求新知的風範。

我們師生就這樣雙管齊下共同咀嚼了一個學期的「認知心理學」新課程。大三下結業，收到了成績單，我沒有再寫信炮轟張老師了！不知不覺中，我這匹頭上長犄角的烈馬已經被張老師的春風馴化了，我這滿身的怒火與衝勁一股腦兒傾注在求知和學習上，從此再也沒有莽撞地因為分數批評老師了。

心輔系的學業向來不輕鬆，大三下學期的課業尤其繁重，科科都要啃巨頭書、找資料、寫個人作業和團體報告。每逢星期一至星期四放學後，我跟男友吃完晚飯，就一同到臺師大新圖書館三樓報到，我們倆對坐在大書桌前，埋頭苦讀、寫報告兼約會、吹冷氣。

張春興老師通常在閉館前會現身，第一次看到我們在三樓用功，他很歡欣地走過來摟著我們的肩咧嘴笑說：「很好、很好！」後來常常看見我們，就只是朝我們點點頭，逕自繼續去翻閱展示櫃內的新書。

在那段白天吵雜忙碌、各自奔走勞頓的時光，夜晚，我們師徒三人常常不經意聚首圖書館的大書房，各自滑行潛入靜謐清冷浩瀚的書

1988 年，陳正蕙大學畢業在卡片上特別感謝與張春興教授那段「血淚」互動的歷程。

海，縱情探尋那手奇鬥豔的珊瑚藻樹和魚蝦蟹貝，飽覽無限浩瀚知識的美麗與奧妙。每每回想起大三，那段和恩師一起沉潛書海的歲月，叛逆暴躁浮動的青春得到安撫，總是令我們無限依戀、不勝感恩！

大學畢業後，擔任了兩年國中輔導教師，我請張老師寫信推薦申請國外教育心理學碩士課程。一年後，張老師聽到我決定要赴美國密西根州立大學（Michigan State University），旋即嚴肅地對我說：「好學校，要用功讀！」兩年後，我順利完成碩士課程，原校升讀博士班。在撰寫前導研究計劃期間，與指導教授在研究取向上意見不和，我又故態復萌寫電子郵件抨擊指導教授，險些被趕出博士班。

該年暑假，我回心輔系求救，承蒙林世華教授伸出援手，允許我觀察他在暑期 40 學分班開授的課程，幫助我如願蒐集資料。當時，我還不敢告訴張老師我在美國博士班又莽撞闖了禍，只敢輕描淡寫說我回來蒐集研究資料。張老師諄諄提醒我做研究一定要嚴謹精確，最好對教學實務有啓發作用；他也提到自己正忙著編寫《心理學思想的流變：心理學名人傳》一書，還跟我交流人本心理學家 Rollo May 的最新資料。

回臺北那個精神緊繃的暑假，白天我忙著觀課和晤談，夜晚則坐在圖書館老地方整理資料。疲倦困頓之際，遠遠看到勤學的張春興老師那高大的身軀，依舊挺立在新書展示櫃前，我神經一緊就立馬拿起筆桿，絲毫不敢怠惰。

當時身處留學生涯的瓶頸，回想起大三時寫信批評恩師，不禁懊悔百感交織。我親愛的張老師！您的心胸如海洋般寬闊，願意包容學生的叛逆撒潑，您愛才惜才的氣度，恢宏豁達，方能殷殷引導後輩游向善境。

「養蠶吐絲」治學真理傳承

2000 年夏，我拿到博士學位後前往臺中朝陽科技大學教育學程中心任教，放假期間去探望張老師和師母。恩師給我一個特大的擁抱，眼裡

飽含著笑意對我說：「陳正蕙啊！最淘氣了！那件事情我可是沒錯啊！」我還在鬧彆扭，避不回話。張老師對著師母和我爽朗地哈哈大笑，大概笑我是個小氣女兒吧！

隨著自己也在大學教書一段時日之後，我才逐漸領悟出張老師笑談大學讀原文書摘譯「養蠶吐絲治學」那件事情，其實這個訓練早在大一「普通心理學」的課堂上已經播下了種子。

那是 1984 年初秋時，我考進臺師大心輔系，開始上張老師教的「普通心理學」，是給大一新生上下兩學期的必修科目，唯一的指定讀物是 Atkinson 與 Hilgard 合著的那本像電話簿那般厚的心理學導論經典《Introduction to Psychology》。記得上第一堂課，張老師先約略介紹心理學的八大流派，接著就霸氣地說，他這門課只讀一本英文教科書，坊間沒有中譯本，告誡我們要老老實實去啃原文書，休想投機取巧。

然後，就開始鄭重推介「養蠶吐絲法」：張老師告訴我們讀大學不是交作業或應付考試就了事，而是要抱著「做學問」的態度和方法去下苦功。他身為大學老師的職責就像養蠶戶一樣，必須提供上選新鮮的桑葉給蠶蟲；大學生則是蠶蟲，必須日以繼夜勤奮咀嚼桑葉，盡力消化吸收產出蠶絲，不可以只拉出蠶屎就算了，而是要將原文書融會貫通，然後用中文轉寫出重點，治學才算成功，這就是他的養蠶吐絲論。

臨下課前，張老師豪情萬丈地總結：心輔系的學生不僅要期許自己未來當一位好老師，更要立志做一個知識分子。最後，他不忘強調訓練自己有一枝寫文章的好筆，這對知識分子是十分重要的。

張老師就在任教的課堂上認真執行「養蠶吐絲法」治學理論，恩師忠於自己的信念：嚴選優質英文教科書，要求學生直接閱讀原文，加以理解消化，用中文譯寫出重點，轉化成為有用的知識。他幫學生挑選的三本指定讀物：《Introduction to Psychology》、《Learning Theories for Teachers》和《Cognition》，恰恰反映出優質桑葉的特質，這三本讀物內容涵蓋完整，切中要點，以滿足學習者的需求與學習之目標，並搜羅了

2001 年，張春興教授與師母，約陳正蕙和夫婿聚餐於臺北福華飯店。

2004 年，陳正蕙帶著兒子拜訪張春興教授與師母。

最新的一手資料。

　　透過「學習心理學」科目的原文書摘譯寫作業，張老師進一步督促心輔系大三學生從閱讀動手練筆，踏實「做」學問，學習當知識分子。筆走至此，心中更加感念恩師對學生的期許與栽培。

愛智愛才 追求華人學術盛世

　　2001 年早春，我與外子探望張老師和師母，恩師請師母從書房裡拿出一本 2000 年出版的《心理學思想的流變：心理學名人傳》，豪邁地在書內首頁署名贈書給我們。

　　最令我佩服的是張老師為後學能夠精進這門學問而撰寫心理學辭書的努力，歷經十九年獨立寫成辭典，勤奮治學從未停。現在細想，恩師終身治學寫書的動力，不僅是出於本身旺盛的求知熱情，也是源自造福後學的使命感吧！

　　張老師退休後，頻密奔波大陸各地講學，據他當時親口抒發：自己千里勞頓豈是為了謀取名利？其實是去探訪各心理學界賢達，大陸當時經濟仍待起飛，他幫助那些優秀有才學的心理學者出版學術專書，促進心理學的知識在華人學術圈內交流、開花、結果。恩師那滿腔的愛智、愛才、提攜後進的熱情，十年如一日，熊熊燃燒。

人本關懷 教育終極理想

接過張老師的贈書，恩師又說起養蠶吐絲和我跟老師頂嘴那件事，依然笑我太頑皮淘氣，我則要賴笑鬧回應。談笑方酣，張老師突然收起笑容，嚴肅地凝視我們點點頭說：「很好，現在你們要把家庭建好。」嘻笑而歡暢的氣氛頓時凍結，我望向恩師智慧深邃的雙眸——眼底盡是濃濃的慈愛。

記得那時張老師在大一的「普通心理學」課，最推崇的是心理學八大流派中的「人本心理學」，他認為人本的關懷才是辦教育最終極的理想目的。恩師鼓勵我們先把家庭建立好，再築構人生更豐富的未來，這也正是流露出他對人本的情懷吧！

我親愛的張老師！是您激勵出我的求知熱誠，是您的循循善誘使我這匹狂悖烈馬，逐漸轉變成一個「better person」！

永遠敬愛您！永遠思念您！再說聲謝謝您！

春風化雨

記一段師生緣

馮聞 / 臺北市金華國中退休國文老師

年過 70，退休二十年了，我的教學生涯已漸行漸遠，有許多記憶變得越來越模糊了。

前一陣子，得知紀念張春興老師的專書正在邀稿，朋友說：「老師常提到妳，妳應該寫一篇紀念他的文章啊！」久未動筆，我有些惶恐，又想到因「斷捨離」丟了不少資料，那些可供查證的時間、人事紀錄都不在身邊了，心裡好空虛！

但這件事始終縈繞於心懷，老師的話、老師的身影逐日在腦海鮮明浮映出來，我決定下筆記錄這段師生緣。

那是我生命中關鍵的時刻——1980 年。

不一樣的緣起

臺灣師範大學教育心理學系，夜間部第 1 屆招生，我昔日的學生師專剛畢業想繼續深造，她拿了簡章才發現應屆不能報考。我看著簡章上報考資格、考試科目、時間，想說我可以去考考看，知道考題方向，日後她若需要我的經驗能幫上忙。於是報名參加考試，每堂考後憑記憶記下考題，算是完成任務。

誰知到暑假，一位參加暑修的同事來電說，她在教育心理學系夜間部榜單上看到一個跟我同名同姓的人，正好我剛接到入學通知，我知道自己真的考上了！我要去念嗎？

以上這段情節是張春興老師與我第一次談話的內容，那天下課後，老師住和平東路臺師大職舍，我住和平東路二段另一頭，和老師同行回家時，他得知我在教國中，非常訝異地問我：「妳為什麼不直接去考研究所，反而來讀夜大？」我便這樣告訴老師。

考夜大這件原本無心的舉動，卻有了意外的收穫，那是教書多年後才有的領悟。

經師與人師的困境

我畢業於臺師大國文系 61 級，分發任教時，被安排帶國三班級，除了帶班外還要教兩班的國文課，憑國文系所學認真教學並非難事，但萬萬沒想到第一次小考閱卷時才發現：我的學生連注音符號都不會！

我自己初中時是考試入學，我完全無法想像眼前國中要畢業的學生竟連注音符號都不會寫！我不知道什麼是「學習障礙」？什麼是「智能不足」？也從沒聽過「自閉症」，我該怎麼教？

於是我自以為是地把學生留下實行「補救教學」，許多資深老師都在一旁笑我。

我驚覺自己所學的僅僅是教「有程度的學生」，而且也只會教學生國文科而已，可是學生需要的更多，我身為老師卻沒有預備好。充其量，我只是個入門的教書匠，還談不上「傳道、授業、解惑的教師」，離我的理想還很遙遠！

於是我開始找資料，聽演講，東拼西湊，想有所突破，卻不得其門而入。我嚮往做一個人師，卻連經師也達不到，因而十分沮喪。

直到進入教心系，與班上許多來自國小任教的同學交流，我才漸漸明白，一個人的成長學習是怎麼一回事。這裡學的是教育，課堂上老師給的是幫助改變人的方法，我開始有不同的視野，決定繼續進修下去，學位並不吸引我，我反而更樂於思考，樂於更新自己！

就在此刻，張老師出現在我的生命中，是他啟發了我！

老師是一位擅於傾聽的長者，他用問題啟發我思考、反省，有時是放學的同行，有時是在電話中，他都要我發言，我若回答得不夠深入，他就會繼續提問。每次我心中有些疑惑，想求得老師的解答，他並不會直接回覆，而是用問句點出關鍵，讓我自己向前思考解決問題。

春風永化雨

輔導與良知的自省

那年我遇到了教學生涯中最痛苦的經歷。

當時，我接了一班有許多問題行為的國三男生班。剛認識學生不久，第一週就為了學生訓導問題，與校方產生芥蒂。事件肇因於我嚴謹的道德觀，我輔導學生不要抽菸，學生理直氣壯地反問我：「那為什麼老師可以抽？還派學生公差叫我們到校外去幫他買菸？」

當下，我內心深處有了第一個質疑：「對啊！為什麼管教者不能夠以身作則？」

又有一次，司令臺上出現對管理人員不敬的塗鴉字跡，我查出了真相，原來當事學生在校外發現某位老師不檢的行為，他們因此不服氣老師的管理。我想尋求解決之道，卻礙於同事身分，不知道該怎麼辦？周圍老師認為我對學生「護短」，我又不便指出問題背後真正的原因。

張春興老師聽我說出困惑，他提出的問題是：「妳當時怎麼跟學生說？」「妳怎麼輔導學生？」回想當時我瞻前顧後，猶豫不決，自己陷入情緒低潮，根本沒有教導學生思考問題，的確是我失職，但要承認自己的錯誤，真是不容易！

於是老師教導我要專心於教育的本質，要以學生為本位，引領學生思考：「為什麼我要因別人的行為來定義自己？」

從此我輔導學生時，首要釐清問題的分際，不再糾纏自己的情結。老師對我的輔導方式就是我要學習的典範。

鼓勵基層教師發聲

張老師非常鼓勵我勇於表達自己，有一次《聯合報》教師節專題，他推薦我以基層教師身分寫一篇文章。由於我的個性很不喜出頭，希望老師另找別人，但老師說第一線工作的人應責無旁貸。

我想起一些教育改革座談會上，的確都是學者專家發言，我們基層

教師習於聽命配合政策行事，只在底下抱怨；但張老師認爲教育改革，應該讓基層動起來。他雖是學者，卻不是高高在上，只會指導別人，他爲了要深入了解基層，常特別來到我們教學現場，觀察提問。他希望基層教師參與教育革新，不可置身事外。

之後我又接受了國編本國文科編寫教科書重任，也都是受到張老師鼓勵；同時更參與了一些輔導叢書、教育專題的撰寫，常跟著張老師，與許多基層老師們一起研究、一起創作。我們看老師以身作則，都不敢鬆懈。

記得有一次，老師提著很重的皮包，說裡面裝著厚厚的文稿，是他正在修訂他之前的書，要整理資料重新改寫。有些人可只憑一本書走遍天下，但老師卻總會找出其中的不足，不斷修訂。

退休後，他仍堅持理想，又重新改寫《張氏心理學辭典》，那是多麼大的工程啊！想像老師執著地在桌前動筆，那樣的畫面，讓我感動，也讓我汗顏（我怎能停下筆呢？）

2014年老師過世後，我們昔日編書的一群同事約去探望師母，看見老師生前的起居室，聽師母說些往事，更感到我們眞的很幸運，在工作生涯中有張老師在旁啓發我們、指引我們。而我更感激老師，他使我在教學路途上克服了許多障礙，漸入佳境。

無限珍惜師生緣

前幾日，我與退休前教的學生們相聚，大家歡笑一堂，彼此關心，看著年輕的他們談到如何教育孩子，我也分享當年我管教他們時的心情和想法，我說：「你們眞的沒有記恨？眞好！讓我們珍惜這份緣！」

是的，我一邊享受著學生給我的回饋，也不禁想起我生命中最可貴的那段師生緣！

若沒有張春興老師，就沒有教學生涯中，後來那個自在從容的我，老師謝謝您！

春風永化雨

特別的機緣
——感念張春興教授

董麗真、俞一芬 / 臺北市金華國中輔導教師退休

　　1980 年前後，金華女中輔導室完成了一項嘗試性的調查，讓學生在不記名的方式下，寫出對父母親情的感受與希望，學生天真誠摯的心聲令人動容。

　　我們將資料精選編印成〈兒女的心聲〉摺頁，分別送至家長手上，請家長們閱讀之後，反饋表達了〈父母的心聲〉。

　　學生與家長熱烈的回應，至情至性令人感動！

老師促成了親子之愛的傳達

　　我們在張春興教授的建議之下，增加弘道國中男生班學生與家長的心聲調查，進一步在張教授指導下，綜合親子雙方的心聲編著了《心聲愛意傳親情》一書，由桂冠圖書公司出版。此書問世後得到社會熱烈的迴響，也成就了我們與張教授這段特別的機緣。

　　張春興教授是教育心理學大師，根據教授多年的研究，青少年行為偏差問題的成因：

　　　　病因植根於家庭，病象顯現於學校，病情惡化於社會！

　　所以張教授特別重視親職教育，希望老師們可以做學生和家長溝通的橋梁，也希望父母能和孩子一起成長！

　　當我們將兒女及父母的心聲蒐集齊全後，張教授覺得這份資料具有深刻的教育意義，所以不辭辛勞地指導我們。幾經研議修訂，持續了半年多，終於完成了《心聲愛意傳親情》一書。全書歸納為六大主題，每一個主題還依心聲的類別來細分子題，每一個項目並列〈兒女的心聲〉、

1980年，金華國中輔導老師完成一項學生心聲調查，編印成〈兒女的心聲〉摺頁，並請家長們閱讀後寫下回饋短文（完整摺頁共正反八頁，此處摘錄部分內容）。

由張春興教授指導，金華國中輔導老師策劃，結合親子雙方短文編成《心聲愛意傳親情》一書封面。

〈父母的心聲〉，再加上〈老師的話〉，由輔導室六位老師執筆完成。

　　四十年前的我們都還年輕，也都是已為人妻、初為人母最忙碌的年齡，孩子都還小，多半還未入學。我們每天學校放學後，要接送孩子、操持家務、做晚餐，那時尚未有外食外送的習慣。

　　等到夜闌人靜，家人都睡了，我們才有時間繼續整理、分析、蒐集、閱讀和埋首於撰寫工作。這樣的生活持續了半年多，大家都感受到極大的壓力，同時也在摸索中學習成長。

　　當時若沒有張教授的激勵和用心指導，我們是不可能完成這本書的。

感謝與懷念

　　張春興教授作育英才無數，潛心教育研究，同時在實務上也關注父母和子女的真實感受及親職教育。希望親子間、師生間和親師間都能互相了解、有效溝通，才能促進家庭和諧，社會安和進步。

　　我們有幸得到張春興教授的啟發教導和感召，才能在教學生涯中留下珍貴的紀念。

　　謹以此文表達對一代學者無限感謝與懷思。

附註：書中六位執筆的輔導老師為張珣玲、俞一芬、董麗真、吳金蓮、黃如雲、施月霞，《心聲愛意傳親情》（桂冠圖書公司，1982）。

春風化雨

185

有關他倆的革命感情
——兩兄弟，三世情

任正儀

　　五百套的四字成語：「生死未卜」、「性命相交」、「有難同當」……繫未來於茫茫的煙硝中！

戰火少年情誼

　　在那樣動盪不安的大時代裡，他們又何來的機會？生命可以拿著「吃苦」當「吃補」過？

　　有只有，患難見真情，這短短一篇兩千字的短文，又哪裡載得動這許多的情了！

　　山東濰坊的昌樂中學，兩人既是同窗也是室友；抗日戰爭打著，流亡學生逃著！我父親任可毅，原就是個住讀生，放了長假也無法返鄉探親，便成了春興家的寄宿生。

　　張家在當地世代務農，有幾分田地，張爺爺每早巡田前，定會故意在兩個孩子的房門口，清清喉嚨、重重地咳上幾聲什麼的，意思是，清早年輕人得跟著他一道下田幹活兒！

　　北方人，絕對不容許男孩子的身上，帶有絲毫星點的嬌氣、驕氣！

　　既是易子而教，在張家就得守張家的規矩！春興、可毅，都得守。

　　我父親除了感激老人供應的一粥一飯，他更是感恩老人家的一視同仁，該就是老人的勤懇樸實和大愛無私，塑造成就了後來的張春興：教育，是良心的事業，春興嚴謹耿直，正義不屈，投身學術春風化雨的一生。

　　張家大院邊起，有口半枯半榮的老水井，為了防著不時神出鬼沒的日本兵，在比正常水位稍高的井身內，向著內壁長工硬是給橫著鑿出了一方只能容得下一個人的藏身凹槽……當日本兵闖入，我爸被人用麻繩

1998 年秋天，張春興教授赴高雄拜訪摯友任可毅先生。右起：張教授、夫人周慧強女士、任可毅夫人、任可毅先生。

2012 年任正儀帶著父親任可毅先生回臺，返美前拜訪張春興，兩位摯友緊握著彼此，珍惜此生難以忘懷的緣分，這也是兩人最後一次見面。

吊下去藏進那兒的那一刻，他才曉得，家裡竟然還有這樣的一個地方！

義薄雲天一口井

頭頂上亂哄哄地，是日本人的鐵蹄吆喝聲；蜷著、懷著自己的一顆小心臟，我爸不斷不斷地重複想：

「這裡，原就該是為『春興這棵獨苗兒』準備的……。」說什麼義薄雲天？捨己為人？患難真情……就在小小井裡，我爸全見識到了！

那是屬於張爺爺的忠孝節義仁義禮智信，春興自己的呢？

昌樂中學籃球校隊的隊長，說明了他的機動與靈活；考試老是拿第一名，那是他的聰明才智……。

哥倆同樣是家裡的一脈獨苗，雖無義結金蘭儀式，春興長了可毅幾歲，他又是怎樣的大哥呢？

北方的冬天一到，可毅老愛生凍瘡，尤其是在指尖的部位；大棉袍上的小釦子，特別的難繫！春興便蹲下身子，就那麼一個釦一個釦地幫他兄弟繫好了，確保不會灌風，再一道出門上課。

在那個年代，什麼都缺，就是不缺難兄難弟；苦不堪言時，生命的本質才浮現出來。

聽著故事的我那時還沒出生呢！啥也不能為他們做。

而今滄桑走過，述諸文字，我儘量避免用「生死」、「患難」這樣的字眼，心平氣和彷彿也是在做功德了！我只愛叫它「繫釦之恩」。

春風化雨

 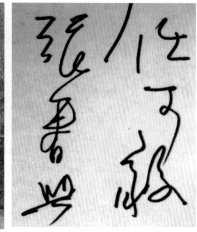

1949年國防醫學院帶著大批師生遷校，學生　2012年任可毅從美國返台，探訪張春興，二
們在顛沛流離中來到臺灣刻苦求學。左起為：　人雙雙簽名留念。
任可毅、張春興和好友們合影。

　　那個時代隨時可以為家為國「引刀成一快，不負少年頭」的他們，知青的熱血，奔騰著；而在哥兒們間，就連勾個肩、搭個臂，他們都嫌太過洋派、不夠君子！然而，繫個釦？

　　那，是親人的工作。

父親永遠是最巍峨壯麗的風景

　　一甲子轉眼，已是戴著鼻胃管的老哥哥，扶著助行器的老弟弟，

　　他們不知道，在兒女的眼中，他們仍是最巍峨壯麗的風景。

　　2012年我帶老爸回臺探親，返美前的餞行席罷，可毅用雙手緊緊地握住了大姪女的手，他緩緩地囑道：

　　「好孩子，好好的！替我照顧好張春興啊！」

　　當年，穿著一身國防醫學院、軍服即校服的他們，在不能復校只能日日躺在草地上等待的那段歲月裡，他們相約再遊大明湖的豪情壯志雖未實現，可我深信，當我凝視著天上一朵又一朵的雲彩飄過，那上頭，彷彿就坐著那對難兄難弟；走過了多少風雨路，他們終於來到有福同享的圓滿寧靜。

春興小語 I

立志

「能者不為，不能者不能為，我居其中當義不容辭！」

「人生無奈，但你可以選擇。」

「當個好老師，還要立志做個知識分子，更要訓練自己有一枝好筆。」

「要把寫書當做是一種學術志業。」

文章

「寫文章，寧可慢，不可斷。」

「文章要有骨有肉。」

「寫文章如好的裁縫，精工細料一以貫之！」

「寫書像蜜蜂釀蜜。」

「好書是好好思考的副產品，好思考是好好研究的副產品，
根本之道是好好做學術研究。」

貳

第二部

雨化教澤

從文章認識一代學者治學心志，
讀出他對學術傳承的關懷，進入他的思想核心；
從閱讀中與張春興交談，感受雨化教澤之領悟。
教育文化和社會責任是他的人生傳記中最精華的呈現。

心理學辭典路上一人獨行十九年
——知難不退不亦愚乎

張春興

俗語說：「事非經過不知難。」根據個人四十多年從事心理學研究工作的經驗，體驗到撰寫心理學專書比撰寫心理學專題論文難，而撰寫心理學辭典又比撰寫心理學專書更難。蓋因專題論文與專書只限於個人專業領域，辭典必須涵蓋學門內超過個人所長的各分科知識。惟其如此，專書可由一人執筆撰寫，而心理學辭典的編寫則多是由數人主編，數十人甚至上百位各科學者分別撰寫詞條彙編而成。本辭典舊版與新版內所有詞條，均係由個人一人執筆，前後歷時十九年。在此漫長而孤獨的路上，遭遇過無數困難，幾次考慮放棄，終爲履行對我老師的承諾，勉力以赴，而抵於成。我嘗反躬自問：「知難不退不亦愚乎？」對此，我只能以「愚者千慮，必有一得」以自遣。

在臺灣的心理學界多年來，對心理學辭典工作最熱心的是我的老師陳雪屏教授。陳老師在北京大學任教時即曾參與 1936 年由國立編譯館出版《普通心理學名詞》的編審工作。該項工作集全國著名心理學者歷時兩年，結果只收集了普通心理學中最基本的英漢對照名詞 2755 條。來臺之後，陳老師一心想推行心理學辭典工作；他認爲心理學要想在國內生根，必得加強心理學教育，而心理學辭典則是心理學教育的基礎。基於此一理念，於是自 1965 年始，他設法籌措經費，在心理學會之下成立研究小組，包括當時臺灣三所大學心理學教授十餘人，我也忝爲小組成員之一。研究工作持續兩年，終因小組工作設計欠妥，致使經費告罄而草草結束，只留下 2701 個英漢對照名詞草稿，較諸三十年前的《普通心理學名詞》猶爲短少。陳老師原初的構想是，先完成心理學名詞之整理，然後再進行心理學辭典之編纂，孰料連初步工作亦未能達成，感到極爲遺憾。

春風化雨

1967 年臺灣學術界為慶祝王雲五先生八秩大壽，發起編印《雲五社會科學大辭典》，共包括十二個學門，陳老師為心理學學門召集人，負責撰稿者十餘人，均為當時各大學心理學教授，我個人因出國進修未得躬與。三年後 1970 年出版了由陳老師主編的大辭典第九冊《心理學》卷，計收詞目 427 條。事後陳老師感慨地表示，耗資新臺幣一百二十五萬得到如此貧乏的結果；怎奈無錢無人做不了事，有錢有人也做不了事，心理學辭典工作竟如此困難！雖有三次失敗經驗，但陳老師對辭典工作的關懷，仍未稍減。某次見面時陳老師對我說，多人合作不易成事，何妨參照美國心理學家英格利希（H. B. English）1958 年獨自完成心理學辭典的先例來試試看。他這句帶有鼓勵和期許的話，對我形成很大的挑戰。我再三考慮之後，接下了陳老師交付的重擔。這是我獨自撰寫辭典的緣起，也是我從事此項工作雖歷經艱辛而知難不退的原因。

決定個人獨自撰寫心理學辭典之後，1976 年春即辭去臺師大教育心理學系主任職務，同年 8 月赴美普渡大學訪問擔任客座教授一年。在此期間儘量蒐集有關資料，次年 7 月返臺後即投入這項馬拉松式的知其艱難而為之的工作。當時參考資料貧乏，辭典工作進行甚為緩慢，直到 1987 年才完成 7000 詞條初稿，1989 年由東華書局出版，歷時十年的《張氏心理學辭典》正式問世。也許是「物以稀為貴」之故，次年即榮獲優良著作與優良圖書兩項金鼎獎，並在 1992 年授權上海辭書出版社在大陸地區發行簡體字版。

兩岸關係開放之後，自 1990 年起我多次應邀赴大陸訪問講學，得有機會看到也蒐集到諸多大陸出版的心理學書籍，發現大陸心理學界合作出版的心理學辭典，其成就遠勝於臺灣。惟在內容方面，由於兩岸隔離四十多年，很多新名詞的翻譯差別很大。迨至 1992 年我開始進行東華書局出版之《世紀心理學叢書》主編工作時，由於二十二本專書中有十七本係由大陸學者執筆，兩岸心理學名詞不統一的現象，自然成了棘手的問題。幾經研議之後，決定採用折衷辦法，對同詞異譯的重要名詞

並列在括號內以減少讀者的困擾。此一經驗使我意識到,《張氏心理學辭典》雖在大陸發行簡體字版後流傳甚廣,但實際上尚有使用的困難。因此,自1994年叢書開始出版起,我就計劃重新撰寫這部原先已花了十年才完成的心理學辭典。

決定辭典重新撰寫重訂版之後,我開始瀏覽資料並決定詞條收集的範圍與方法。經過一年多廣泛地參考閱讀,最後決定以二十本中外文心理學辭典與三十本中外文心理學各學科新版專書為基準,採地毯式收集詞條資料。先將所選定辭典中所有的詞條與專書之末所附名詞匯集逐頁影印後將詞條剪開,然後按英文字母順序將相同者分別歸類並貼在一起,以重複出現次數多少為取捨標準。如是製作,五十本辭典與專書所處理的詞條數以十萬計。這份影印、剪切、對照、黏貼、整理工作,完全由內子周慧強教授一人負責,其繁瑣、呆板、枯燥無味的程度是無法想像的。

詞條範圍初步決定後,再參酌兩岸各個版本的優缺點,取其所長以補舊辭典之短,在此原則下,臚列出新辭典撰寫的六項原則:(1)不採用百科全書式,保持舊辭典單卷案頭辭典形式,以便作為讀者吸收心理學知識的工具;(2)詞條網羅範圍要廣要新,應涵蓋心理學領域內主要學科的新舊知識;(3)即使很多名詞缺乏共識性的定義,但仍須就其意涵賦予近似定義的解釋,以便讀者易於理解而獲得整體概念;(4)對一詞數解、多詞同解、反義詞及相關詞等均附帶說明,俾使讀者藉以獲得更多相關知識;(5)凡兩岸譯詞不一致者,採同詞異譯並列辦法,惟在排列上以譯文較為妥切者為先;(6)對詞條之意涵採講述方式撰寫,不按詞條原文表面字義直譯;全書行文力求風格一致,體例統一,且避免前後矛盾或詞不達意的缺點。

新辭典重訂版的正式開筆撰寫是在1996年6月,開始之初,即決定新辭典的詞條全部重寫,所以工作進度十分緩慢,愈想求好就愈發困難,此後的日子裡,無分平日與假期,在書房與圖書館之外,火車上、

春風化雨

飛機上，甚至在醫院候診室裡，都隨時隨地不停地思索與撰寫。如此日復一日直到 2000 年底方始完成了辭典初稿；惟初稿詞目尚不足萬條，距離目標尚遠。繼之，再採循環方式並參考新書，從頭修改已寫就的詞條並適時增加新詞條。就在這樣雙重要求下，直到 2005 年初電腦排版結束，辭典重訂版的工作一直連續做了九年才算完成，全書總詞目達到 12187 條。

回顧十九年來辭典工作的心得，撰寫心理學辭典的真正困難並非單純詞條數目多少與內容新舊的問題，而是如何將個別詞條以及相關詞條的真實意涵清晰明確地用中文表述出來，從而達到傳播心理科學知識的目的。雖然心理學歸屬科學領域，但心理科學畢竟異於自然科學。自然科學是研究物性的科學，心理科學是研究人性的科學，人性變化的複雜度遠大於物性變化，採用名詞表述心理現象時，無法像自然科學般，能夠達到明確性、必然性和普遍性的地步。惟其如此，心理學中有些重要名詞（如智力與人格等），迄至今日猶無眾皆共識的定義。沒有定義的名詞不符合讀者期望，勉強賦予定義又難免形成掛一漏萬的缺失。此種情況是心理學辭典工作的最大困難。除此之外，在詞條撰寫時所遇到的困難尚有以下三點：

（1）一詞數解問題。在心理學名詞中有些是一詞數解的，如譯文不分別列出，即不完整。以「idealism」一詞為例，因名詞的來源不同而有唯心論、觀念論與理想主義三種解釋。雖然較大的英漢辭典中多數將三解並列，但在此次所有蒐集到的中文心理學辭典中，竟然沒有一本將三解完整列出。由此可見辭典工作見樹又見林的標準是很難達到的。

（2）名詞間關係問題。心理科學的名詞與自然科學的名詞不同；自然科學的名詞都是各自獨立的一詞一義，彼此間界限分明。心理科學的名詞卻非如此，很多名詞之間界限不清，有時可以分用，有時又可通用，常使讀者感到混淆難辨。形成此種現象的原因是，不同心理學家對名詞的用法不同。以「need」、「drive」、「motivation」三詞為例，三個

名詞之間的區分，心理學家的用法差異很大。多數學者對此三名詞各有不同解釋，而人本心理學家馬斯洛則將三詞視爲同一意義，並以「需求」一義概括之。像此種現象難免使讀者感到困惑。

（3）名詞中譯問題。心理學名詞均係根據外文翻譯而來，翻譯是件知易行難的事，原因是很難超越原詞的表面意義，按其內涵意義譯爲中文。根據此次辭典工作的經驗，發現在我蒐集到的中文心理學辭典中有些中譯詞條，是在望文生義的基礎上譯定的。如「brute force」一詞，意指可按一定程序解決問題得到正確答案的一種方法。此方法的特點是，面對問題情境時，雖原則了解題意且知如何求解，但因方法有多種，必須分析比較所有方法然後選出最有效的一種方法，再按一定程序得到正確答案。準此含義，本詞宜意譯爲「窮盡法」較爲適宜。然而，國內有的心理學辭典卻按字面直譯爲「暴力法」。

在詞條譯文時，我的理想是，盡可能使用合於國人讀者習慣的中文語詞與中文語法，力求使用明確精準的文字表述詞義；若能有適合的成詞、成語，乃至熟詞、熟語作爲譯詞，則讀者不特易於了解，且更易於記憶，甚而，如此用詞更有益於心理學知識之中國化。

本文摘錄自東華書局《張氏心理學辭典》重訂版序，2006 年 2 月。

春風化雨永

教育心理學思想
隨相關科學之發展而改變
——教育心理學三化取向的理論與實踐

張春興

　　與教育心理學關係最密切的是教育科學與心理科學，而且教育心理學在性質上扮演著以教育科學爲本以心理科學爲用的橋梁角色。居於橋梁一端的教育科學，近四十年來因政治經濟社會文化的迅速發展，自然影響到事關學校教學的教育心理學思想的改變。而居於橋梁另一端的心理科學則改變更大，主導心理科學思想長達四十年之久的行爲主義，於20世紀七〇十年代爲認知心理學所取代後，此一轉變對教育心理學思想產生了重大影響。惟兩種心理科學所研究者均屬學習理論；學習理論只能解釋學習之產生的心理歷程，只能對「學習係如何產生」的問題具有描述性功能，而不具有對「學生能否學習」與「如何教學生學習」問題所需要的診斷性功能。

　　因此科學心理學的學習理論，不能直接用於學校教學。學校教學是在教師與學生交感互動歷程中進行的；在此歷程中教師的教與學生的學所構成的互動社會關係，遠非只根據實驗室內控制實驗結果所建構的學習理論所能解釋。因此科學心理學中除行爲主義與認知心理學所闡述的學習理論之外，如何建構兼顧教師教與學生學兩種功能的診斷性教學理論，自然就成了教育心理學家研究的新課題。

　　科學心理學的理論中，除前述行爲主義與認知心理學影響教育心理學思想之外，在發展心理學理論中，瑞士心理學家皮亞杰的認知發展階段論與前蘇聯心理學家維果茨基的認知發展社會文化論中的建構主義理論，對晚近教育心理學思想也產生了重大影響。

　　皮亞杰建構主義理論的基本要義是，兒童的知識主要是他在探索環境時，因受環境限制使他的認知結構改變，經由同化與調適的過程獲取

經驗，從而構成他適應環境的知識。換言之，兒童知識的來源主要是他適應環境時主動探索求知而自行建構的，並非來自被動地接受成人教導。維果茨基的建構主義理論，與皮亞杰的思想稍有不同；皮亞杰認為兒童是在自然環境中自行探索求知，而維果茨基則主張設置良好的教育環境，以有助於兒童自行學習。

認知發展心理學的建構主義理論，迅速反映在學校知識教學上，就形成了晚近盛行的學生中心教學。學生中心教學的特點是，將傳統的教師與學生的角色加以變更，教師只擔任從旁協助的角色，而學生則是在教學情境中主動探索，進而建構自己的知識。此種具有革命性改變的教學取向，如單獨用於教導資質優異學生，堪稱允當，但如普遍用於智能相差懸殊而又混合編班的小學教學，其效果則未必優於傳統的著重基礎知識教學的教師中心教學。因此，新舊兩種教學取向的取捨，乃成為目今教育心理學研究的重要問題之一。

著者又反覆思考如下問題：在現今教師角色益形重要而教師卻愈發難為的情形下，教育心理學能為教師做些什麼？從現今社會新生代人格成長的觀點看，教師角色較諸往昔更為重要的原因是：工商業社會中父母忙於生計而疏於子女管教，家庭教育失卻傳統功能，無形中教師不得不肩負起教知識兼教生活的責任。教師難為的主要原因則在於：（1）校園泛民主化，教師失卻傳統教導學生的權威；（2）教育普及學生個別差異加大，素質良莠不齊，教師力不從心；（3）社會喪失尊師重道精神，教師的教學不易獲得家長合作與社會支持，教學效果難以顯現。

教育心理學一向列為中小學師資培育計劃中的必修學科。在教師角色重要卻又難為的困境下探討如何發揮此一學科功能時，不妨從理想教師應具有的素養來設想。從學校教育目的看，理想優秀教師應具備學科專業、教育專業與專業精神三方面的素養。除專業精神屬敬業、樂業的教師倫理層面難以具體要求之外，其餘兩方面的素養應可視為成功教師的必備條件。所謂學科專業係指任教學科的專長知識，而教育專業則指

對教育本質的認識以及了解學生、活用教材教法並展現於實際教學的能力。從現行師資培育制度與教師任用資格的限制看，中小學教師所欠缺者不在於學科專長知識，而在於如何教導學生學習知識與生活能力的教育專業素養。

三化取向即旨在提供教師如何了解學生能力、性格、需求、身心發展等各方面的個別差異，實施因材施教以達成教學目標的知識、理念和方法，從而提升教師的教育專業素養。知識與生活能力同樣是個體成長中的基本需求；團體教學時之所以有些學生不肯學習或不能學習，主要是學習活動未能與其本身條件配合所致。例如所有樂器均各具有發出樂聲的本質，但只有在具有音樂素養者手中，才會奏出美妙的旋律。同理，所有孩童均各具有學習知識與生活的潛力，但只有在兼具學科與教育兩種專業素養的教師教誨之下，才會使他們成材成器。經師易得，人師難求；現今學生們所需要的是兼備經師兼人師的良師。

「教育心理學三化取向」的另一重點是對「三化取向」意涵的新詮釋，是在使讀者更易於獲得確切而具體的認識。

其一，「教育心理學研究目的教育化」，概括言之，是謂教育心理學研究旨在協助學校達成教育目的，具體言之是以培育優秀教師為目的。具有教學專業素養的理想教師，其表現不只是教得學生學會知識，而是能教得學生在心理上同時產生知行情意四種特質的改變，並進而使其學到「會理解知識」、「會應用知識」、「會欣賞知識」以及「會追求知識」的四會能力。兼具四會能力的學生，無異於是從知識學習中學到了智慧。優秀理想的教師能在知識教學時啟發學生智慧，此正與百餘年前中國前輩教育家之所以將「知育」擴展為「智育」，而將智育訂為教育目的之一的初衷相符合。

其二，「教育心理學研究對象全人化」，意謂國民教育之實施應以學生全人格發展與社會多元化需要為對象。根據人本心理學家馬斯洛以全人格發展為理論基礎所建構的需求層次論，在人類七層次需求中，求

知需求屬第五層；唯有前四層基本需求（生理、安全、隸屬與愛和自尊）滿足之後，求知需求才會產生。因此，要想培養學生學習動機，必須從全人格發展的觀點，使其基本需求獲得滿足爲必要條件。全人教育配合多元社會，指教師教學不宜獨重與升學有關的知識，而應針對學生的能力、興趣、家庭背景及社會多元需要，分別對不同的學生適材適教，以期其將來離校後能適材適用，方始是使全部學生均各達成自我之實現。

其三，「教育心理學研究方法本土化」，是謂國民教育階段的學生，均係來自各該地區未經選擇的當地學生，其中因家庭背景不同而分別具有順教育、缺教育或反教育的三類特質。對於三類特質各不相同的學生，學校必須配合其不同條件予以施教；猶如農人耕作必須配合當地水土與季節等條件種植一般。施教時，優秀的教師應能分別研究各類學生的不同需要及問題，進而使學校教育和家庭教育相配合，以二教合一方式，協同幫助各類學生發展其不同特質，解決其不同的學習問題，從而提升教學效果；此即所謂教育心理學研究方法本土化的眞諦。

本文摘錄自東華書局《教育心理學：三化取向的理論與實踐》重修版及重修二版序。初版 1994 年 4 月，重修版 1996 年 5 月，重修二版 2007 年 7 月。

春風化雨

願為兩岸心理科學發展盡點心力

張春興

　　五年前一個虛幻的夢想，五年後竟然成為具體的事實；此一由海峽兩岸合作出版一套心理學叢書以促進兩岸心理科學發展的心願，如今竟然得以初步實現。當此叢書問世之際，除與參與其事的朋友們分享辛苦耕耘終獲成果的喜悅之外，在回憶五年來所思所歷的一切時，我個人更是多著一份感激心情。

　　本於 1989 年 3 月，應聯合國文教組織世界師範教育協會之邀，決定出席該年度 7 月 17 至 22 日在北京舉行的世界年會，後因故年會延期並易地舉辦而未曾成行。迄於次年 6 月，復應北京師範大學之邀，我與內子周慧強教授，專程赴北京與上海濟南等地訪問。

　　在此訪問期間，除會晤多位心理學界學者先進之外，也參觀了多所著名學術機構的心理學藏書及研究教學設備。綜合訪問期間所聞所見，有兩件事令我感觸深刻：

　　其一，當時的心理學界，經過了撥亂反正，終於跨越了禁忌，衝出了谷底，但仍處於劫後餘生的局面。在各大學從事心理科學研究與教學的學者們，雖仍舊過著清苦的生活，然卻在摧殘殆盡的心理科學廢墟上，孜孜不息地奮力重建。他們在專業精神上所表現的學術衷誠與歷史使命感，令人感佩不已。

　　其二，當時心理科學的書籍資料甚為貧乏，高水平學術性著作之取得尤為不易；因而教師缺乏新資訊，學生難以求得新知識。在學術困境中，一心為心理科學發展竭盡心力的學者先生們，無不深具無力感與無奈感。特別是有些畢生努力，研究有成的著名心理學家，他們多年來的心血結晶若無法得以著述保存，勢將大不利於學術文化的薪火相傳。

　　返臺後，心中感觸久久不得釋然。反覆思考，終於萌生如下心願：

何不結合兩岸人力物力資源，由兩岸學者執筆撰寫，兩岸出版家投資合作，出版一套包括心理科學領域中各科新知且具學術水平的叢書。如此一方面可使大陸著名心理學家的心血結晶得以流傳，促使中國心理科學在承先啓後的路上繼續發展；另方面經由繁簡兩種字體印刷，在海峽兩岸同步發行，以使雙邊心理學界人士閱讀，而利於學術文化之交流。

顯然，此一心願近似癡人說夢；僅在一岸本已推行不易，事關兩岸必將更形困難。在計劃尚未具體化之前，我曾假訪問之便與大陸出版社負責人提及兩岸合作出版的可能。當時得到的回應是，原則可行，但先決條件是臺灣方面須先向大陸出版社投資。

在此情形下，只得將大陸方面合作出版事宜暫且擱置，而全心思考如何解決兩個先決問題。問題之一是如何取得臺灣方面出版社的信任與支持。按初步構想，整套叢書所涵蓋的範圍，計劃包括現代心理科學領域內理論、應用、方法等各種科目。在叢書的內容與形式上力求臻於學術水平，符合國際體例，不採普通教科用書形式。在市場取向的現實情況下，一般出版社往往對純學術性書籍素缺意願，全套叢書所需百萬美元以上的投資，誰人肯做不賺錢的生意？

另一問題是如何邀請大陸學者參與撰寫。按我的構想，臺灣出版事業發達，也較易引進新的資訊。將來本叢書的使用對象將以大陸為主，是以叢書的作者原則也以大陸學者為優先考慮。問題是大陸的著名心理學者分散各地，他們在不同的生活環境與工作條件之下，是否對此計劃具有共識而樂於參與？

對第一個問題能夠解決，我必須感謝多年好友臺灣東華書局負責人卓鑫淼先生。卓先生對叢書細節及經濟效益並未深切考量，只就學術價值與朋友道義的角度，欣然同意全力支持。

至於尋求大陸合作出版對象一事，迨至叢書撰寫工作開始後，始由北京師範大學教授林崇德先生與杭州大學教授朱祖祥先生介紹浙江教育出版社社長曹成章先生。經聯繫後，曹先生幾乎與卓先生持同樣態度，

僅憑促進中國心理科學發展和加強兩岸學術交流之理念，迅即慨允合作。這兩位出版界先進所表現的重視文化事業而不計投資報酬的出版家風範，令人敬佩之至。

至於邀請大陸作者執筆撰寫一事，正式開始是我與內子1991年清明節第二次北京之行。提及此事之開始，我必須感謝北京師範大學教授章志光先生。章教授在四十多年前曾在臺灣師範學院求學，是高我兩屆的學長。由章教授推薦北京師範大學教授張必隱先生負責聯繫，邀請了中國科學院、北京大學及北京師範大學多位心理學界知名教授晤談，初步研議兩岸合作出版叢書之事的應行性與可行性。令人鼓舞的是，與會學者咸認此事非僅為學術界創舉，對將來全中國心理科學的發展意義深遠，而且對我所提高水平學術著作的理念，皆表贊同。

當時我所提的理念，係指高水平的心理學著作應具備五個條件：（1）在撰寫體例上必須符合心理學國際通用規範；（2）在組織架構上必須涵蓋所屬學科最新的理論和方法；（3）在資料選取上必須注重其權威性和時近性，且須翔實註明其來源；（4）在撰寫取向上必須兼顧學理和實用；（5）在內容的廣度、深度、新度三方面必須超越到目前為止國內已出版的所有同科目專書。至於執筆撰寫工作，與會學者均表示願排除困難，全力以赴。此事開始後，復承張必隱教授、林崇德教授、吉林大學車文博教授及西南師範大學黃希庭教授等諸位先生費心多方聯繫，我與內子九次往返大陸，分赴各地著名學府訪問講學之外，特專誠拜訪知名學者，邀請參與為叢書撰稿。

惟在此期間，一則因行程匆促，聯繫困難，二則因叢書學科所限，以致尚有多位傑出學者未能訪晤周遍，深有遺珠之憾。但願將來叢書範圍擴大時，能邀請更多學者參與。

心理科學是西方的產物，自19世紀脫離哲學成為一門獨立科學以來，其目的在採用科學方法研究人性並發揚人性中的優良品質，俾為人類社會創造福祉。中國的傳統文化中，雖也蘊涵著豐富的哲學心理學思

願為兩岸心理科學發展盡點心力

想，惟惜未能隨時代演變轉化爲現代的科學心理學理念；而 20 世紀初西方心理學傳入中國之後，卻又未能受到應有的重視。

在西方，包括心理學在內的社會及行爲科學是伴隨著自然科學一起發展的。從近代西方現代化發展過程的整體看，自然科學的亮麗花果，事實上是在社會及行爲科學思想的土壤中成長茁壯的；先由社會及行爲科學的發展提升了人的素質，使人的潛能與智慧得以發揮，而後才創造了現代的科學文明。回顧百餘年來中國現代化的過程，非但自始即狹隘地將「西學」之理念囿於自然科學；而且在科學教育之發展上也僅只但求科學知識之「爲用」，從未強調科學精神之培養。因此，對自然科學發展具有滋養作用的社會科學，始終未能受到應有的重視。從清末新學制以後的近百年間，雖然心理學中若干有關科目被列入師範院校課程，且在大學中成立系所，但心理學的知識既未在國民生活中產生積極影響，心理學的功能更未在社會建設及經濟發展中發揮催化作用。

國家能否現代化，人口素質因素重於物質條件。中國徒有眾多人口而欠缺優越素質，未能形成現代化動力，卻已構成社會沉重負擔。近年來兩岸不斷喊出同一口號，謂 21 世紀是中國人的世紀。中國人能否作爲未來世界文化的領導者，則端視中國人能否培養出具有優秀素質的下一代而定。

現代的心理科學已不再純屬虛玄學理的探討，而已發展到了理論、方法、實踐三者統合的地步。在國家現代化過程中，諸如教育建設中的培育優良師資與改進學校教學、社會建設中的改良社會風氣與建立社會秩序、經濟建設中的推行科學管理與增進生產效率、政治建設中的配合民意施政與提升行政績效、生活建設中的培養良好習慣與增進身心健康等，在在均與人口素質具有密切關係，而且也都是現代心理科學中各個不同專業學科研究的主題。

基於此義，本叢書的出版除促進兩岸學術交流的近程目的之外，更希望達到兩個遠程目的：其一，是促進中國心理科學教育的發展，從而

春風化雨

提升心理科學研究的水平，並普及心理科學的知識。其二，是推廣心理學的應用研究，期能在中國現代化的過程中，發揮其提升人口素質進而助益各方面建設的功能。出版前幾經研議，最後決定以《世紀心理學叢書》作爲本叢書之名稱，用以表示其跨世紀的特殊意義。

本文摘錄自東華書局《世紀心理學叢書》總序，1996 年 5 月。

教育的理想與現實
——十年教改成效不彰問題之檢討

張春興

編按：本文係張春興教授對現代教育問題所持的理念。從 1970
年以來除從事心理學研究與教學之外，張教授積極參與臺灣
教育改革工作。在 1990 年代，教育重要法令中的「國民教育
法」、「中等教育法」、修正版「專業師資法」、「教師法」及「大
學法」等修法工作，張春興教授均擔任重要起草人。1994 年
行政院為大力改革教育，特別在教育部之上成立教育改革委員
會，由中央研究院李遠哲院長擔任主持人。該會成立之初，邀
請張教授擔任委員，張教授未接受。本文內容為張教授教育理
念的概括陳述，由之可見臺灣教育問題癥結之所在及解決的途
徑，也可由之理解張教授當年未參加教育改革委員會的理由。

由政府推動的重大教育改革，到 2004 年已滿十年。十年後檢驗教
育改革成果時，社會各界幾乎一面倒地認為教改失敗。惟對教改之所以
失敗的解釋，則眾說紛紜，莫衷一是。本文之撰寫，旨在從教育理想與
教育現實的觀點，檢討多年來對基礎教育改革成效不彰的原因。

一、教育是追求理想的事業

教育是追求理想的事業，而教育理想之建立應以後代子孫的幸福為
基礎。古今中外的教育理想雖不盡相同，但大致不離兩大要項：分言
之，中國教育理想的兩大要項是「有教無類」與「因材施教」；西方教育
理想的兩大要項是「教育機會均等」與「教育效益均等」。相較之下，
中國教育理想的兩大要項，前者為目的，後者為手段；而西方教育理想
的兩大要項，前者為目的，後者則既是手段也是目的。

從教育心理學的觀點言，西方的教育理想較為切合實際，原因是施教之後只有使受教的學生均各獲得教育效益，每個人都能學到應該學的東西，才算真正實現了教育理想。從中外教育歷史看，雖現代學校教育較前大為進步，但教育理想中的兩大要項，卻迄今均未能完全實現。西方教育機會均等的理想，直到第二次大戰後聯合國《世界人權宣言》發表之後，少數發展國家方始逐步做到。而在臺灣有教無類的教育理想，直到 1968 年實施九年國教後才得以實現。有教無類或教育機會均等，均屬教育數量的問題；教育數量問題，在教育運作上易於找到著力點，故而成果易於具體表現。因材施教且施教之後要求在學生身上表現出效益，則屬教育的品質問題；教育品質問題，在教育運作上很難掌握，故而教育成果不易顯現。

職是之故，1994 年臺灣成立的教育改革委員會（以下簡稱為教改會），自始僅以「鬆綁」為號召，力求減輕升學壓力，大量擴增教育機會，將上游對中小學具有誘導作用的大學，由 1990 年的 46 所，增加為 2002 年的 211 所，而對眾所期待的教育品質的提升卻避而不談。難怪十年後檢討改革成效時，引致強烈批評，甚至遭到「愈改愈亂」與「愈改愈糟」的抨擊。學校教育品質不彰的事實，顯現在學生成績低落、行為乖張、身心健康欠佳與學習生活不快樂等多方面。由此可見，如何提升學校教育品質，才是教育問題的癥結所在。如果再重數量不重品質，教育改革非但不能解決問題，反而可能導致更多問題。提升學校教育品質牽涉治標與治本兩方面，前者繫於立即改進各科教學，後者繫於長期培育優良師資，教改會的措施始終不從這兩方面著力，這是筆者不願參加該會的主要原因。

二、時今學校教育的現實問題

理想必須以現實為基礎，多年來教育改革之所以成效不彰，主要是因為教改措施未能針對學校教育中的現實問題。學校教育的現實問題，

存在於學校之內，也存在於學校與家庭之間。

（一）學校中有三類學生

存在於學校中的現實問題，是九年國教階段教育對象不能選擇，適齡兒童無分智能高低或身心差異，均須一體入學。入學後須實施混合編班，在同一進度下教授同一教材。如此，在每一班級內都會有三類不同的學生：

（1）順教育的學生：此類學生來自順教育的家庭，父母受過良好教育而且重視子女的教育，在小學入學前即刻意爲孩子未來的教育妥做準備，上托兒所、進幼稚園，在尚未接受正規教育之前，已使孩子養成良好生活習慣及學會遵守團體規範；甚至在知識學習方面，也爲孩子打好了基礎。

（2）缺教育的學生：這類學生來自缺教育的家庭，父母即使受過教育，因忙於生計，對子女養而不教，在缺乏文化刺激的家庭環境中，爲父母者沒有幫助孩子對未來接受學校教育所需條件做任何準備；對此類學生而言，他們入學的唯一充分條件只是年齡。

（3）反教育的學生：此類學生來自反教育的家庭，父母是社會邊緣者，有的不務正業，有的失序觸法，家庭缺乏和樂氣氛，父母的行爲成爲孩子的負面榜樣；對此類學生而言，學校不是他們喜歡的地方。

入學後教師面對全班背景不同、經驗懸殊、習慣各異的三類學生，實施班級教學，採同一教材，行同一進度，無異於對被關在同一個籠中的雞、兔、鴨三種動物餵食同樣的飼料。這是學校教育中最根本的現實問題，如不能針對這三類學生的個別差異，研究如何改進教材教法，眞正做到因材施教，並力求施教後讓每個學生均各獲益，則一切教育改革的偉大計劃都是空談。

春風化雨

209

（二）青少年問題三部曲

　　近年來青少年問題嚴重，在中學階段的學生中，很多在校因長期適應困難，演變成反社會的問題少年。問題少年的行為表現，輕則逃學、遊蕩，重則鬥毆、竊盜、吸毒、性關係混亂，甚至搶劫、殺人放火。這些不走正道的青少年，都是學校教育軌道上的脫落者，他們並非沒有機會受教育，是他們自我放逐於教育之外。對此等青少年而言，他們是求學失敗者；對學校教育而言，這是學校教育失敗的後果。探討青少年問題成因，自然會聯想到與前述之三類學生有密切關係。幾年前我曾調查分析過兩百多個問題少年個案，發現青少年問題形成的過程中存有前後關聯的三個因素，我稱這三個相關聯的因素為青少年問題三部曲：

　　（1）病因植根於家庭：青少年問題是青少年身心發展過程中的一種病態現象，而此病態的原因多是植根於家庭。筆者曾分析問題少年的個人生活背景，發現絕大多數的問題少年，不是來自反教育的家庭，就是來自缺教育的家庭。這兩種家庭生長的孩子，所作所為既缺明確的是非標準，也較無正當的價值觀念。因此在現今秩序紊亂的社會裡，很容易被不良風氣所感染。

　　（2）病象顯現於學校：學校是要求遵守規範的地方，對學生學業與品德的要求有評量的方向與標準。此等要求通常是針對順教育的學生訂定的，但以同樣的標準要求缺教育或反教育的學生時，由於他們未曾學到符合學校要求的能力而成為挫敗者，長期失落的結果終於使他們的反常行為顯現出來。

　　（3）病情惡化於社會：在校適應不良的學生，隨同其他學生一起學習時，因上課時聽不懂，課後作業不會做，長期下來，上學一事無異是一種痛苦煎熬。在此情形下，此類學生可能開始逃學，離開校園在外遊蕩時，因自身缺乏對社會險惡風氣的免疫力，很容易被社會不良分子甚至幫派所利用做出作奸犯科的事。

　　上述前後關聯的三種因素，往往連續發生在問題少年同一人身上。

由上述學校的三類學生與青少年問題三部曲的現象看，豈非應驗了「成也學校教育，敗也學校教育」的預言。果如是「有教無類」的教育理想何時才能實現？

三、教育的希望繫於優良教師

基於前文討論可知，教育理想中的所謂有教無類與因材施教，只是教育理想，要想教育理想實現，尚須在學校教育環境中，針對發生在學生身上的實際教學問題尋求解決。要解決學校的教學問題，就必須提升教師的素質。此即本文強調教育的希望繫於優良教師的本意。

（一）理想教師應具備的條件

一個理想的教師是經師兼人師，是既能夠教學生讀書，也能夠教學生做人處事的教師。經師兼人師的培育有賴於兩個條件：第一，使教師具有「三面一體」的專業素養；第二，像其他專業（如醫師、律師等）一樣，必須經嚴格訓練並建立教師專業制度。三面一體專業素養是：（1）專科素養，具有任教學科的專門知識；（2）教育素養，具有善於運用教材教法與教學心理原理原則教導學生學習的專長；（3）專業精神，懷有誨人不倦的精神，以愛心、耐心和恆心教導學生。師資培育過程中，這三種素養是三面一體的，不是分離拼湊的。

以培育數學教師為例，不是修過數學課程後補修教育學分就可擔任數學科教師。大學生在校能學數學和將來到中小學能否教學生學習數學，是兩回事。美國數學教育學會有句箴言：「如果有人問你：『你是數學老師嗎？』你應該回答：『不是，我不是數學老師，我是教學生學數學的老師。』」因此，師資培育理想的做法是，大學專修數學的學生，在自己學習數學時，就有將來教中小學生學習數學的心理準備。這像醫學院的學生一樣，打從入學起修讀的相關學科，都會和他將來行醫濟世的志願連在一起。

此次教改從醞釀到政策，始終未將師資培育制度的改革列為主題，既無計劃強化原有師範校院，使之符合上述條件，也無計劃改進師範系統外的教育學程，使之發揮更佳效果；不強調實習，不重視檢定；美其名曰多元開放，實則放任默許人盡可師。如此置下一代受教權益於不顧的作法，實為此次教改的一大敗筆。

(二) 優良師資培育是政府的責任

　　現在世界先進國家，一般將教師的教學工作視同醫師、律師與工程師一樣稱之為專業。專業人員需符合三個條件：(1) 必須受過一定年限的專業教育；(2) 必須在專業教育後經過實習；(3) 必須通過檢定並取得合格證書。國內雖實施師範教育多年，但一直未建立起教師專業制度。在毛高文先生擔任教育部長時期，我曾參與教育部多項政策研究，毛部長銳意改革教育，教師專業制度的建立，是其改革計劃之一。

　　當時李登輝總統即位不久，對政務尚有改革之心，曾由毛部長邀集國內學者赴總統府座談，我也在受邀之列。談到教育問題時，筆者提出幾項建議，建議重點之一是，臺灣學校教育的根本問題在於學生家長的觀念和任課教師的素質。最後筆者將兩句話送給李登輝總統：(1) 政府不可能為孩子選好父母；(2) 政府有責任為孩子選好老師。李總統聽了似有所悟，當即面告毛部長，要他記下來回去研究。毛部長回教部後立即決定優先進行「師範教育法」修法工作，藉以建立合於時代的教師專業制度。

　　當時臺灣已有閉鎖式「師範教育法」，在內容上沒有明文規定教師專業制度應具備的前述條件。因當時的師範教育採閉鎖獨占政策，規定中小學教師只能由公立師範院校培養，師範生入學後享公費待遇，畢業後分發任教，毋須再經考試檢定。此種獨占性的優待政策，招致其他大學不滿，要求開放師範教育呼聲，與日俱增。

　　閉鎖式師範教育的獨占政策，其本身雖有優點，但也存有缺點。

其優點為：（1）學生自入學起即以教師為職志，求學目標明確；（2）教育當局對每年教師異動的供求量易於掌握；（3）因社會一般素重教師角色，故而每年招收學生的素質平均優於一般大學。惟閉鎖式師範教育也有缺點，當時農業、商業、護理、海事等職業學校的教師，師範院校均未培養。按當時各師範院校條件，不可能擴充增設此類相關科系。

教育部在修法之前，針對各方意見及既存問題，先行研究，並舉辦調查及座談。當正式修正版法案起草時，在建立修正版教師專業制度前提下，我提出了四項建議，幾經研議後列入草案條文：（1）開放師範教育，讓其他具備適當條件的大學，可以分擔中小學師資培育的責任；（2）參與師資培育的大學，可採取教育學程計劃的方式開設教育課程；（3）師範生公費減半，一半留給其他大學有志於教師的清寒優秀學生；（4）學科畢業均需教學實習，實習後一律參加統一檢定考試，及格者獲得教師合格證書後，得由各相關學校聘用。

在各地舉行座談時，原本反對閉鎖式師範教育獨占的人士，對上述四項開放條文，大體上持同意態度。無奈臺灣師範大學本身對此開放政策提出了強烈反彈，他們反對師範生公費減半，也反對師範畢業生參加統一檢定考試。

由當時師大教育學院陳榮華院長領銜，由八十多位教授簽名，具狀告到教育部，控告我破壞師範教育優良傳統，出賣師範大學的利益。雖教育部毛部長對此案未予受理，但在此事傳開來之後，卻成了反對師範教育人士的藉口。他們指出：師大本身連這樣半開放的政策尚不能接受，足證師範教育界自私落伍，不惜藉維護既得特權犧牲隨時代之進步。他們繼而採取行動，向立法委員們遊說。就在這樣氣氛下，等到草案送達立法院時，遭到全部封殺。此時教育部毛高文部長已離職，繼任者為郭為藩。郭部長對教育改革未能秉持理想對建立教師專業制度一事據理力爭，結果是以「師資培育法」取代了「師範教育法」的修正版「專業師資法」，而使「師範」二字從此消逝。好不容易才點燃的教師專

業制度希望之火，至此已告熄滅，誠為一大憾事。

「師資培育法」取代修正版「專業師資法」之後，接下來就是李遠哲院長領導的教改會教改工作開始，而以前反對師範教育的人士，多半成為教改會的成員。後來公布的「師資培育法」，在精神上有四大特徵：（1）一般公私立大學均可設立教育學程班，授予學分，教育學科只有原則限制但無統一規定；（2）修讀教育學分不受科系限制，只要修畢本科及教育學分即可畢業；（3）畢業後由學生自尋中小學校進行教學實習，教學實習期滿後，完全開放直接任教，不須經過任何檢定考試，即成為合格備用教師；（4）原來師範院校的學生公費，及畢業後分發任教制度一併取消。

由於近年來經濟蕭條及大學畢業生就業困難，吸引大學生修讀教育學分人數每年數以萬計，開設教育學分的大學多達百餘所。如此一來，中小學的備用教師雖來源充沛，但由於培育階段過分寬鬆，結果造成師資氾濫素質良莠不齊的現象。2002年臺北市某小學經考試選聘四位新進教師，報名應試者多達五百人，結果錄取者第一學期教課，即被學生家長批評為不適任教師。身居學校教育改革第一線的教師，其素質如不能提升，其餘一切改革大計都是空談。

難怪2003年1月行政院游錫堃院長就職週年，民眾對政府各部會的滿意度，以教育為最差，民調結果顯示，對教育改革不滿意者多達63%。當年教改會成立時，政府投入一千四百億經費，如今落到如此混亂的地步，未知誰需負責。

四、成功的教學有賴二教合一

學校教育成效不彰的原因很多，其中「教育責任分散」應該是主因之一。教育責任分散主要顯現在兩方面：其一是學校教學與輔導各司其事；其二是家庭與學校有欠合作。因此，為提升學校教學成效，筆者認為，消除教育責任分散之不良效應，應以推行兩方面的二教合一，不失

為可行的有效途徑。

（一）教學與輔導二教合一

　　現在中小學雖普遍設置輔導教師與學生輔導室，但因輔導與教學責任分散，對在校適應困難的學生實際上幫助不大。原因是學生的困難多數來自知識學習，少數來自人際關係。幫助學生解決知識學習困難的理想方法是：在困難發生的當時有教師在場及時伸出援手，或引導其自行解決，才會使學生學到解決問題的能力，獲得成功的經驗。這像幼兒初學爬樓梯一樣，幼兒嘗試失敗時如有大人在旁稍一推扶，他就會繼續爬升。否則，如果連爬多次失敗，他就會因面臨無法克服困難而放棄。學生學習知識的情形亦是如此，前述學校的三類學生，對順教育的學生而言，上課能聽得懂，課後能做習題，成績的進步會使他在心理上產生成就感與自尊心。

　　對缺教育與反教育的學生而言，因缺乏先備知識與經驗，而對新的知識學習時，隨處都是困難，如教師不能及時給予指點輔助，困難將愈積愈多，最後終將因失敗感過多而陷入自卑退縮的地步。在中小學這類學生很多，但一般都不會成為輔導教師的輔導對象。輔導室所接受教師轉來的個案，多半是情緒困擾或行為違規的學生，殊不知此類個案問題的成因，大多是因知識學習失敗後轉變而成的。換言之，學生心理問題的成因，大部分起源於教師知識教學過程之中。

　　因此，在學校對問題學生的輔導，只是面對「病象」的治標作法，不是針對「病因」的治本之道。對學生輔導的治本之道是任課教師都能具有輔導的理念，在團體教學過程中隨時實施個別輔導，使每個學生均各學得課程單元中最基本的知識與能力。至於受過專業訓練的輔導教師，則主要扮演協助任課教師並研究特殊個案的角色。如此，使各學科任課教師站在輔導工作第一線，由輔導專業教師站在輔導工作第二線，彼此合作發揮教學與輔導二教合一的功能。

（二）學校與家庭二教合一

在校學生雖每天集在同一班級上課，接受同樣的教育，但他們卻是分別來自教育理念不同的家庭。順教育的家庭支持學校，配合學校教學，協助子女完成學校的要求；缺教育的家庭不了解子女在校的情形，不知如何與學校配合；反教育的家庭在本意上未必反對教育，只因家庭環境對子女成長產生了負面影響。不同家庭對子女的成長產生不同的影響是很難避免的，惟從學校教育的功能而言，只有順教育的家庭對學校教育產生助力，其他兩種家庭或多或少都會對學校教育產生阻力。因此，如何使家庭阻力化為助力，無疑是學校教學成敗的一個重要課題。此即本文之所以強調的學校教學與家庭教育二教合一的本意。

學校與家庭二教合一的實施，在理論上是樂觀的。原因是，無論學生家長的觀念進步正確或落伍偏差，他們希望學校將他們的孩子教得成材成器的基本態度是一樣的，只是他們未必了解如何配合學校要求以幫助孩子成長而已。

學校與家庭二教合一的實施，最基本的作法是學校與家長溝通，讓家長們了解學校的教育目的，了解學科教學及生活教育的要求與考評標準，讓家長知道如何在家庭幫助孩子按時完成課後作業，以符合學校進度。學校與家庭之間做溝通，由任課教師與輔導教師聯合負責，以便將學校中教學與輔導合一的效果擴展到家庭。以上所述為學校與家庭二教合一的原則，以下則是家庭管教子女的具體建議。

（三）父母管教子女的四是原則

幾年前，臺北市社會教育館為了推廣親職教育，特別舉辦座談會，邀請我做專題演講。我當時用的講題是「父母管教子女，知易行亦不難」。採用此一講題的目的，旨在讓聽眾易知易行，避免流入空泛的學理。出席的聽眾多為臺北市商業環境中產家庭的學生家長。我提出的「四是」原則為：（1）對孩子的要求是他做得到的：在課業上或行為上

不對孩子做過分苛求，採相對的標準看孩子的成績，讓孩子感受到父母欣賞他的努力，從而提高孩子的自尊心。（2）對孩子的賞罰是他所知道的：在孩子因功過而受賞罰之前，父母宜以平和態度告訴孩子他受賞或受罰的理由，讓孩子由之學到是非對錯的觀念。（3）對孩子的給予是他所需要的：父母給予孩子的一切，要配合孩子的需要，孩子需要安全與健康，父母在盡保護與養育之責，孩子需求父母的愛，父母不能拿金錢物質來代替。（4）對孩子的學業是配合學校的：父母配合學校的要求，幫助孩子解決課後作業問題，讓孩子在學習上跟上學校進度，當孩子在班級中有各方面表現，才顯示出孩子的真正成就感。

當時在場聽講的多半是中小學生的家長，有位中年母親聽過上述「四是」原則之後，突然失聲痛哭。經過勸慰之後，她坦白道出以往管教孩子的經驗；她自以為對孩子嚴加管教是父母的責任，給孩子豐厚的生活是父母的愛心，沒想到事與願違，到頭來孩子既不成材，也不知感恩，令她傷心不已。聽過我講的「四是」原則之後，才知道她的家教方式是錯誤的。

（四）二教合一創造理想的學校教育

本文開始即指出教育是追求理想的事業，然而就現在學校中存在的現實問題看，雖然政府為改革付出巨大的代價，但仍然距離理想甚遠。筆者提出二合一構想希望經由教學與輔導及學校與家庭兩重協力合作，從最基礎、最現實的學生在學校學習的過程著手，以點滴漸進的方式，達到全民教育原則下教育效益均等的目標。等到此一教育目標達成之後，學校教育就有可能呈現以下的理想境界：健康地成長，快樂地學習；人人皆成材，個個都成器。

環視現在臺灣的中小學，雖然大都已有良好的建築設備與精美的教學用書，但在校的學生多半是既不健康，也不快樂。2003 年 1 月，臺北市教育局公布中小學生健康統計報告，按行政院衛生署新訂學生身體質

春風化雨

量指數，小學一年級學生不合標準者占三成一，小學四年級學生占四成五，初中一年級學生占四成一，高中一年級學生占三成八。2003 年 3 月臺北市教育局公布中小學生健康檢查報告，學生視力、耳鼻喉、心臟呼吸及腹部異常率上升，學生健康變差，有六成四需要診治。中小學學生身體不健康是學校健康教育失敗。學校健康教育失敗，主要是沒有通過教育歷程培養學生良好生活習慣。

學童生活習慣不良，事實上也是前文所說的「植根於家庭，顯現於學校」。要想經過學校培養健康的下一代，可行的辦法之一是經過二教合一，由學校與家庭合作加強健康衛生教育，先使學校與家庭成為健康的環境，才會達到學生「健康地成長」的理想。

談到學生生活不快樂的問題，一般人有些誤解，總以為學生們的不快樂是學校「加給」他們的，是因為學校考試競爭壓力造成的。其實，此種說法似是而非。學校考試是必須的，不考試就無從了解教學效果，要考試就免不了競爭壓力；廢除了考試，學生學業即無成敗之分，學業無成敗之分，固然可免除競爭失敗的痛苦，可也因之失去了考試後得到成功快樂的機會。

人生的苦與樂是一體之兩面，快樂本身無法直接尋求，也不能由別人賜予，快樂永遠躲在痛苦的背後。想避苦而求樂，快樂永不可得。惟獨培養競爭能力且敢於面對困難克苦致勝的人，才會體驗到真正快樂的意義。

20 世紀七〇年代越戰期間，美國的大學曾經暴發反政府與反教育運動，各大學為了安撫學生，曾一度廢除傳統考試評等第的辦法，只將學生成績分為「pass」與「no pass」兩類。實施結果因考試壓力解除，一方面造成大學生素質低落，另方面因優秀學生無從顯現，而且與社會選優取材的要求不符，終於因學生群起反對，才又恢復按分數評等第的傳統。現在是競爭的時代，個人缺乏競爭能力，將無法立足於社會；而國家缺乏競爭能力，將無法立足於世界。

世界先進國家，無不將培養下一代競爭能力視爲學校教育的責任。在學校教育中如何培養學生競爭力？對此問題我提出採行四會能力教學的構想。四會能力教學的要義是，在學科教學上將教師的「教」爲中心的傳統取向，改爲以學生「學」爲中心的新取向，從而使學生學會四種能力：（1）學會基本知識與主動求知能力；（2）學會活用知識身體力行能力；（3）學會待人接物的通情達理能力；（4）學會根據現實自我發展能力。此外，爲培養學生正確的態度，經由二教合一，學校與家庭合作，不隨聲附和地向學生宣揚考試競爭壓力造成他們痛苦的觀念，而應更積極地鼓勵學生向考試壓力挑戰，讓他們理解，只有敢向壓力挑戰者，才會體驗到克服困難挑戰成功的快樂。

　　試想，如果運動員怯於競爭壓力而逃避出賽，他還有得到勝利榮譽的機會嗎？學生在校求學應學習運動員精神，隨時樂於參賽，而且敢於向強勢對手挑戰。惟有如此方能達到「快樂地學習」的理想境界。

　　至於人人成材與個個成器的理想，所謂「成材」或「成器」不是絕對的，而是相對的；相對於個別學生的智能水準來評定其成就，成材成器才有意義。因此學校考試不宜採絕對分數一刀切的辦法，宜根據個別學生進步情形評定其成就，只有如此，才會達到「人人成材」的理想。只有先在學校教學上能教得學生人人成材，然後社會上再建立適材適用的觀念，「個個成器」的理想也就不難實現了。

五、結語──誰該爲教改失敗負責

　　臺灣的教育改革如今已滿十年，最近有百餘位學者連署發表教改萬言書，對十年教改失敗提出強烈批評；繼而教育界反覆檢討，檢討到七位教育部長誰該爲教改失敗負責的問題。平心而論，七位部長中李煥與毛高文兩位，不應爲教改失敗負責，原因是教改會成立時他們已經離職。

　　其實，後繼的五位部長也不必負全責，原因是在李遠哲院長威權下

春風化雨

他們有職無權。是故真正該為教改失敗負責者是李遠哲院長。李遠哲是傑出科學家，但絕不是適任教育家。多年來，李遠哲以科學家的光環四面八方的投射，過度投射的結果，既害了他自己，也害了社會。

李遠哲關心教育熱愛社會的精神，令人感佩，但從他十年前投身教改以來，卻犯了三項錯誤：

（1）違反行政倫理：在教育部之上設置教改會，按理只能扮演研究諮議角色，但他卻在教改會結束之後，仍然強力干預教育政策，致使教育部喪失自主性。

（2）缺乏人文與社會科學素養：教育是以哲學、社會學、心理學、經濟學等多種學理理論為基礎的綜合科學，然觀察教改會結束時提出的《總諮議報告書》，卻看不到具有學術深度的教育思想。

（3）對複雜問題的簡單處方：李遠哲院長所主導的教育改革，一直以「鬆綁」做為解決教育問題的處方。

「鬆綁」只可視為教改的手段，但不能作為教改的目的。我們的下一代究竟需要什麼樣的教育，如何針對下一代成長的需要，分析多年累積下來的教育沉痾，從病因、病象、病情三方面通盤考慮，然後對症下藥，徹底改造教育環境，從而培養優秀的下一代，才是真正的教改目的。顯然，教育改革是極為複雜的問題，李遠哲院長以自然科學家研究物性變化問題時慣用的決定論觀點，企圖採環境控制的科學研究取向作為簡單處方，用以解決涉及人性的複雜教育問題。藥不對症，難怪十年教改下來，只是落得一個「濫」與「亂」的收場。

編註：

1. 本文為 2003 年國立教育資料館籌劃出版《教育家的話》一書之邀稿，主編在文章前加註按語，並與作者協議文末註明：「本文觀點為作者意見不代表本館立場」，以示文責自負。孰料最後上版付梓前，該館教育資料組洪主任以性

質不合為由拒絕刊登。作者秉持教育是良心事業，並堅持個人信念。至 2021 年收錄於本書，教改已歷經將近三十個年頭，現今重新閱讀本文更可對歷史深切反思。

2. 「閉鎖式師範教育法」獨占師資來源。

3. 張教授起草修正版「專業師資法」有條件開放師資來源，強調師資專業提升。

4. 師大保守力量反對修正版「專業師資法」以致全案在立法院遭撤銷。

5. 李遠哲領導教改，不強調實習檢定，師資完全開放鬆綁，以鬆散的「師資培育法」取代，造成教師質與量的失控。

6. 之後「師資培育法」又經過十五次修正，雖欲彌補李遠哲門戶大開政策的錯誤，但已造成臺灣教育弱化及社會人才浪費等各種傷害。

論心理學發展的困境與出路

張春興

摘要：近年來西方心理學家對心理學發展取向提出強烈批評。
綜合各家所論述，心理學以往發展的困境是由於：（1）自哲學
心理學到科學心理學，對人性解釋的理論始終紛歧，以致無法
形成常規科學條件；（2）科學心理學自始即標榜自然科學而缺
獨立意識；（3）強調科學方法，忽視人性特質而陷入削足適履
困境。準此而論，今後國內心理學的發展，勢必不能再全盤西
化，而應在本土文化基礎上選取西方心理學精義，針對國人心
理特質研究發展出屬於自己的理論與應用心理學。最近筆者嘗
試在改革中小學以提升教育品質的目的下提出四會能力教學構
想，希望能對本土文化取向應用心理學的研究發展發揮一點拋
磚引玉作用。

　　觀察近二十年來心理學的發展，當可發現，國內與西方心理學在取
向上呈現明顯差異。國內心理學界一如往昔奉西方心理學為圭臬且兩岸
三地均呈蓬勃發展趨勢，各大學相繼增設心理學系所，各相關院系不斷
加開心理學課程。這顯示現社會對心理學的需要增加，心理學的知識廣
受重視。在西方心理學界卻呈現另種不同景象，非但歷來因理論紛歧而
阻滯心理學發展的問題再度擴大，甚至對多年來原已形成的「心理學是
科學」的共識也遭到質疑。

　　美國著名心理學家科克（Koch, 1985）曾指出，心理學自一百多年
前脫離哲學以來，一直未能成為獨立科學，且因受其本身條件的限制，
心理學將來也永遠不可能發展成為獨立科學。科克認為現有的心理學
知識，在性質上只不過是些堆積的資料，其中絕大多數並非科學研究

結果。除科克外復有多人相繼對心理學提出類似抨擊（Robinson, 1985; Henley, 1989; Robins et al., 1998; Glassman, 2000），因而引起近年來西方心理學界對以往心理科學取向的檢討與反省。國內心理學界，多年來在思想上幾乎是亦步亦趨地跟著西方心理學前進。雖新近有少數心理學家提出本土心理學的呼聲，惟以著眼點不同而在理念上尚未形成共識。本文之撰寫，擬從歷史的觀點分析心理學發展的困境，並管見未來可能的出路，用以就教於學界先進。

一、從範式更替看心理學欠缺科學條件

現代心理科學與自然科學同源於古代哲學，惟就二者脫離哲學後之發展歷程看，顯然有兩點不同之處：其一是自然科學發展在前，心理科學發展在後；前者始自文藝復興後的 17 世紀，後者則在自然科學發展後兩百多年的 19 世紀末方始出現。而且心理科學自始即在理論與方法上以自然科學馬首是瞻。其二是自然科學脫離哲學後即與哲學斷絕了親子關係，對自然界物性變化的解釋，不再採以往神明決定一切的看法，而改採人力勝天的觀念。心理學脫離哲學之後，在思想上與傳統哲學間的臍帶一直無法切斷，對世間人性變化的解釋，始終圍繞著古代哲學留傳下來的一些老問題打轉。以下試就此一特點作簡要說明。

（一）歷來對人性問題解釋的爭議循環不息

自古代希臘哲學開始，哲學家即從不同觀點對人性問題提出各執一詞的不同解釋，其中最主要者有四大爭議：（1）心身關係問題，所爭者為心與身究屬單一實體抑或分屬兩個實體，如屬單一實體，則實體之運作究竟由何者主控；如屬兩個實體，二者間又係存在何種關係；由此問題演變成持續至今的唯心論與唯物論之爭。（2）天性與教養問題，所爭者為人性特質決定於生前抑或於生後；由此問題演變成迄無定論的遺傳

與環境執重之爭。（3）知識來源問題，所爭者為人類的知識得自天賦觀念抑或得自後天經驗；由此問題演變成理性主義與經驗主義，一直循環爭議不休。（4）自由意志與決定論問題，自由意志原為 18 世紀浪漫主義哲學思想，與決定論相對立，所爭者為人的行為究係出於自主抑或決定於外力；由此演變成自然科學研究物性所依循的因果法則能否用於研究人性的爭議問題，一直持續到現在。就是由於自古以來對人性問題之爭議不休，所以解釋人性的心理學理論始終紛歧，哲學心理學時代如此，科學心理學時代亦復如此。

（二）現代心理學對人性研究依然理論紛歧

德國心理學家馮特於 1879 年在萊比錫大學設置心理學實驗室，公認是科學心理學的肇始。然從其後心理學思想的演變看，馮特所留下的思想並未獲得心理學界普遍支持，唯奉他為「科學心理學之父」一點是迄今不移的共識。原因是馮特的實驗心理學在取向上是企圖採化學分析方式研究意識結構，以期尋求爭議已久的心身關係問題的答案。無如研究開始不久即再度陷入理論爭議之中。以馮特結構主義思想為基礎的第一個學派，不久即受到不同理念的其他學派攻擊，而導致 20 世紀初期學派對立的局面。

從歷史源流看，各學派所持的理念均源於前述四大爭議：結構主義旨在探討心身關係問題中身體方面以生理為基礎的感覺歷程；功能主義旨在探討天性與教養問題中，個體適應環境的功能；完形心理學旨在從理性主義的觀點探討知識的來源，並從整體論觀點探討心身關係問題；行為主義旨在探討天性與教養問題中後天環境影響與自由意志及決定論問題中的外在決定因素；而精神分析則旨在探討自由意志與決定論問題中內在決定因素。

在 20 世紀三〇年代以後，雖然五大學派對立的局面逐漸消失，但心理學理論紛歧的現象仍然持續。所不同者只是由原來的彼此敵對轉變

為和平共存而已。現在心理學的不同理論，一般稱之為不同取向，意謂各家分別遵循各自的理論與方法去研究心理現象。在諸多不同取向中之最主要者有：（1）行為論取向，繼承早期行為主義研究外顯行為之外，也接納其他學派思想而兼顧內在活動進而演變成新行為主義；（2）精神分析取向，原則上繼承弗洛伊德的思想，進而配合社會因素對於人的影響，修正為新精神分析；（3）人本論取向，代表早期浪漫主義思想的復甦，強調自由意志及人性整體為其中心主張；（4）認知論取向，遠承理想主義思想，近受完形心理學影響，強調研究人必先了解人如何認知世界為其中心思想；（5）心理生物學取向，以生物學與生理學的觀點研究人的行為，除探討個體行為的遺傳因素之外並企圖從決定論與還原論的觀點探討行為的基本原因。

（三）科學心理學發展歷程不合於常規科學

現代心理學在名稱上雖已定名為科學心理學或心理科學，但其始終理論紛歧的特殊現象在整個科學領域內是罕見的。美國科學哲學家庫恩（Kuhn, 1962），在其所著《科學革命之結構》一書中指出，科學的發展乃是由於週期性科學思想的演變；而科學思想演變的動力，除科學方法之進步外，其主要是由於人類世界觀的改變。科學思想發展到某種程度時，就會形成一種眾所共識的世界觀，進而對科學上研究的主題、目的、方法等亦採取相似的取向。庫恩稱此種科學思想的共識為範式（paradigm）。範式形成後對同領域的科學家具有規範作用，大家均遵從範式去思考問題、研究問題並建構理論。根據庫恩的說法，範式並非一成不變，而是隨時代的演進與人類世界觀的改變而生更易。

公元 2 世紀托勒密首創地心說，迄至 16 世紀哥白尼提出日心說，代表人類世界觀的一次革命性改變；1684 年牛頓提出的萬有引力論，其範式效用長達兩百多年；愛因斯坦 1905 年的相對論修正了牛頓的理論，成為新範式，代表人類世界觀的再次革命性改變。庫恩稱此種範式

春風化雨

隨時代演變而更替的科學為常規科學。如以庫恩的標準來檢視心理學，心理學的發展歷程顯然是不合於常規科學的。因此庫恩認為現代心理學尚不能稱為科學，只能稱為「前科學」或「前範式科學」。至於心理學的未來能否成為合於範式的科學，端視其以後發展與研究取向而定。

二、心理學研究採自然科學取向的難題

儘管現代心理學理論始終紛歧，但是心理學界卻存在有一項共識：心理學之成為科學乃是因心理學的研究採用了科學方法。誠然現代心理學對人性的研究，自始即採自然科學研究物性的取向。自然科學的研究，在基本上採觀察、測量、控制、實驗等方法研究物性變化是成功的，但同樣方法用於人性研究時，由於人性異於物性致使心理學的科學研究很難達到目的。試以下列四點分述其原因。

（一）研究方法與研究目的配合的困難

研究方法是手段，手段之使用旨在達成研究目的。心理學的研究，原則上同於自然科學，都是企圖藉研究方法達到五項目的：（1）描述，對所要研究問題的表相予以翔實陳述或記錄，作為進一步研究的基礎；（2）解釋，根據研究資料分析發現各因素間的相關關係或因果關係，藉以解釋問題表相背後的真相；（3）預測，根據對問題原因的相關關係或因果關係的了解，以預測將來在同類情境之下問題重複發生的可能性；（4）控制，根據描述、解釋與預測所掌握到的問題性質，對造成問題的因素加以控制使同類問題不再發生；（5）應用，將研究結果或研究方法擴大應用於其他方面，或用以解決生活中的實際問題。

為了達到各類目的，科學家採用了多種研究方法，其中最基本的是觀察法與實驗法。從方法與目的看：三百多年以來自然科學的成就是巨大的；在很多方面業已達到上述五項目的，只有少數問題（如癌症、颱

風、地震等）尚繼續研究之中。心理學自許為科學，對人性研究也採與自然科學類似目的與方法。只因研究對象的不同，心理學的研究除了觀察實驗之外，另外設計了調查、測驗、個案研究及訪談等多種方法。

惟從研究目的看，除了對行為的外顯表象描述之外，對行為原因的解釋、預測、控制及應用等，幾乎都無法達到預期的目的。何以心理學的研究無法如自然科學般，根據問題表象，即可探求表象背後的真相？這正是心理學研究無法克服的難題。下文將針對構成此等難題的原因試作分析。

（二）以人為研究對象不易克服的難題

心理學的特點是人研究人，而其研究的首要困難恰是在於人研究人。自然科學是人研究物，物性變化的表象與表象背後的真相都是客觀而真實的，不會因研究者的不同而有所變質。在心理學以人為對象進行研究時，無論研究情境如何精密設計，終無法避免研究者與被研者主觀因素造成的偏差。以素來公認最嚴謹的實驗法為例，心理實驗室不同於物理實驗室，物理實驗室是一個純屬人支配物的物質環境，心理實驗室則是一個主試與受試交互影響的社會情境。

在此情境中表面上是主試操縱自變項（刺激），觀察依變項（受試反應），從而分析兩個變項之間的因果關係。事實上，受試的反應未必直接由刺激所引起，而多半是以刺激為線索針對主試所做的主觀反應。此即心理實驗時，對自變項與依變項之間的中介變項無法控制的難題。受試多半了解主試的假設，他們會針對假設，憑個人主觀表達其反應。美國心理學家奧恩稱呼此種現象為：需要特徵（demand characteristics）（Orne, 1962），意謂受試針對主試的假設，表現出他自以為合於需要的行為特徵。

在實驗情境中，受試因主試的影響，所表現的需要特徵將會有正負兩面，如屬正面，就可能造成自驗預言（self-fulfilling prophecy）；如屬

春風化雨

負面就可能出現霍桑效應（Hawthorne effect）。無論是正面或負面反應，總是會影響實驗的效度，而達不到實驗研究的目的。美國心理學家韋伯與庫克研究發現（Weber & Cook, 1972），在實驗情境中受試所表現的需要特徵，在心態上分四種類型：（1）冷漠型，對主試的假設漠不關心，其反應只是無所謂的表現；（2）合作型，認同主試的假設儘量做出符合主試要求的反應；（3）反對型，否定主試的假設，故意做出與假設相反的反應；（4）防禦型，懷疑實驗之目的，刻意掩飾自己的本意做出不實的反應。

由此可見，心理學的研究雖然仿照自然科學方法，但由於人研究人所形成複雜人際關係的影響，無法達到根據外在行為表相，以了解內在經驗的目的。

（三）樣本代表性不足難以作普遍推論

自然科學研究結果之所以具有高的效率與信度，除了在研究過程中可以達到根據問題表相了解表相背後之真相的目的之外，更可根據少數樣本物性特徵為代表對同類物性特徵予以普遍推論。觀察少數幾隻蝙蝠生活狀態後，即可據以普遍推論：所有蝙蝠都是晝伏夜行，白晝倒掛在暗處，每日睡眠長達二十小時之久。

反觀人類的行為，不但有個別差異而且有團體差異。心理學家雖然也企圖根據樣本研究結果普遍推論，但樣本代表性不足的問題一向受到質疑。由於近年來心理學文化差異意識抬頭，心理學家們對於以往全盤接受美國心理學知識的做法有所反省。根據特德希等人對 1969 至 1979 年十年間調查研究報告分析發現（Tedeshi et al., 1985），每年的社會調查研究中，至少有 70% 受試是美國大學部的學生。單憑調查美國大學生的反應，既不能用以推論解釋一般美國人的社會行為，更無法用以推論解釋其他國家人的社會行為。

格雷厄姆（Grahm, 1992）曾採用內容分析法分析 1992 年以前十年

間美國心理學會發行六種重要期刊中一千五百篇論文的研究對象發現，前五年的受試中白人占96%，後五年的受試中白人占98%。只根據對白人研究的結果，自不能推論解釋其他有色人種的心理特徵。心理學的專題研究如是，心理學的書籍也是如此。史密斯與邦德（Smith & Bond, 1993）曾分析20世紀九〇年代，在英美兩國出版廣為流行的兩本社會心理學專書發現，在英國出版的專書內容中，取自美國的研究占68%，在美國出版的專書內容中，取自美國的研究占94%。難怪有人戲稱，現今全世界心理學知識不但已經美國化，而且全都已經變成了美國白人大學生心理學。

在此情形下，美國以外不同種族不同文化的心理學者，在他們的社會裡推廣現代心理學知識時，豈不像熱帶農業學家向寒帶地區農民推介水稻種植知識一般，同樣缺乏意義。

（四）決定論與還原論科學公設的限制

自然科學的研究取向與理論建構，原則上是基於決定論與還原論兩項公設。決定論（determinism）確認自然界物性循因果法則變化，只要了解其變化原因，即可達到對物性變化解釋、預測與控制的目的。還原論（reductionism）確認自然界任何複雜現象，均可化約使之還原為最基本元素，根據基本元素的性質，即可解釋複雜現象背後的真相。

自然科學中的基礎科學如物理學、化學及生物學等，都是循此二公設進行物性研究的，而且證明是成功的。然而此二項公設用之於心理學研究人性時，卻受到極大的限制。先就決定論而言，決定論與自由意志何者是支配行為的原因，自古以來就是人性特質的爭議之一。在現代心理學諸多理論中，精神分析與行為主義都採決定論取向，但兩者觀點不盡相同。精神分析強調內在潛意識是決定行為的原因，是為精神決定論；行為主義強調外在環境因素是決定行為的原因，是為物質決定論。反對決定論最有力的是人本心理學思想。人本心理學家認為，人的行為

並非決定於外在環境或內在不自覺知的潛意識，而是根據個體本人所秉持的理由，出自其自由意志所做的主觀選擇。如果單憑科學研究應注重客觀的標準言，人本論主張也許不夠科學，但如從實際生活經驗與人性特質複雜性的角度看，則很難否定人本論的觀點。否則對財帛當前有人「見財起意」，有人「路不拾遺」的人性個別差異現象，就無法解釋。

再就以還原論而言，早期結構主義的意識元素分析的構想，與後來行為主義主張的 S-R 心理學在性質上均屬還原論取向。反對還原論最力的是完形心理學與人本心理學，前者主張整體不等於部分之合，認為整體分解為部分之後，即失卻原來整體的意義；人本心理學反對元素論，主張要了解人性就必須研究完整的個人，不能採分析方法或僅只研究人的片段行為。現代心理學中，主張還原論者多係採心理生物學取向的心理學家，他們主張將複雜的行為還原到生理基礎上，企圖從大腦的神經功能去尋求行為的根本原因，此即新近特別受到重視的認知神經科學研究取向。

有人樂觀地認為（如 Wilson, 1998），認知神經科學發展下去，將來有可能使心理學一向理論紛歧的現象消失，而成為真正理論統合的科學心理學。但也有人持相反看法（如 Glassman, 2000），認為如以神經生理作為解釋複雜行為的唯一因素勢必陷入行為主義以偏概全的覆轍。甚至於有的心理學家認為，認知神經科學所採還原論取向，非但無助於科學心理學家理論的統合，且極可能因研究取向過於窄化，而傷害其自身的發展。

美國心理學家羅賓斯等人（Robins et al., 1998），曾分析美國出版的四大心理學期刊內引用現代心理學四大理論取向（人本論取向除外）研究論文的次數，據以觀察自 1967 至 1995 年之間各思想流派的興衰趨勢。結果發現，在此二十八年期間，行為論取向研究論文被引用次數呈逐年下降趨勢，精神分析取向研究論文被引用次數一直維持不增不減的低水平，而認知論取向研究論文被引用次數則大幅成長。

此等現象本在意料之中，但令研究者意外的是，晚近流行的以心理生物學取向為基礎的認知神經科學研究的論文，在心理學重要期刊中被引用的次數卻未增加。後經進一步分析其他學術期刊發現：認知神經科學研究論文多被引用在心理科學以外其他自然科學的學術期刊中。因此，羅賓斯等人憂心地指出如此一現象持續下去，認知神經科學非但不能承擔統合科學心理學理論的大任，甚至它本身將來很可能從科學心理學領域中分離出去，一變成為生理學的一個分支。

認知神經科學的研究之所以未能受到科學心理學足夠的重視，主要原因在於其解釋人的行為時過分重視客觀的生理基礎，而忽略了行為背後的主觀心理歷程。以構成認知基礎的知覺經驗為例，知覺是以神經生理為基礎的感覺轉化而成的純心理歷程。神經生理傳導的外在訊息雖是客觀的，但經感覺轉化為知覺反應時，卻是主觀的。原因是知覺乃是個體對外在訊息予以選擇、組織與解釋的歷程；選擇、組織與解釋三者都是主觀的，既屬主觀，知覺反應自將是因人而異。

職是之故，還原論的理念只能用於解釋以生理為基礎的簡單行為，無法藉以了解複雜行為背後的真正原因。再以遺忘現象為例，如從神經生理基礎解釋遺忘原因，那就只能接受記憶痕跡衰退論；事實上，採用不以生理為基礎的干擾論解釋遺忘，反而比較符合實際生活經驗。

三、捨牛頓幻想重塑科學心理學新形象

基於以上分析可知，心理學自百多年前脫離哲學之後，成長發展的路途相當難辛；既未將自身與哲學之間的臍帶切斷，也未達到成為獨立科學的願望。造成心理學發展困境的因素雖多，而自始即缺乏獨立意識可能是阻礙其發展的主因。近代物理學的偉大成就，使心理學家由羨慕、嫉妒進而以自然科學家自居，不啻將心理學的大車開進了窄胡同。

心理史學家黎黑（Leahey, 1997）指出，心理學家們就在此種心態下，使心理學界由物理羨妒（physics envy）而衍生了牛頓幻想

春風化雨

（Newtonian fantasy）；幻想心理學界終會有一天出現牛頓，將心理學帶到與物理學同樣風光的地步。其實這是心理學界倒果為因的看法，牛頓的偉大是由於他提出的萬有引力論使人類的世界觀改變；而心理學始終理論紛歧，自然難有牛頓出現。近年來心理學界開始對傳統心理學取向檢討反省，思考如何捨棄牛頓幻想而重塑科學心理學新形象。惟反省方向尚未形成共識，以下所論是筆者對此問題思考的兩點淺見。

（一）改方法前提取向為人性前提取向

牛頓幻想表現在心理學研究上，就是科學方法前提取向，強調只有符合科學方法者才被視為心理學研究的題材；如愛情雖被視為人生大事，但科學心理學一直未曾將愛情當作研究主題之一，原因是愛情屬於人的主觀感情，不符合科學方法強調的客觀理性原則。此種取向在行為主義盛行時期發揮到了極致。

為了使心理學研究符合觀察測量的實驗科學條件，行為主義者刻意丟棄了不能觀察的內在經驗；削足適履的做法，使心理學的研究喪失了原意。因此，今後的科學心理學宜改方法前提取向為人性前提取向，並將心理學的定義明訂為「心理學是研究人性的科學」，適可與「自然科學是研究物性的科學」相對，以彰顯心理學的特性。

至於人性一詞的意涵，筆者認為宜包括四方面概念：（1）人性所指為全人，心理學研究應包括人性表現的內在與外在一切活動，心理學研究雖以外顯行為為起點，但研究目的則旨在了解內在的人性；（2）人性異於天性，人性包括天性與習性，是天性與教養的融合，凡先天遺傳的特質與後天環境中受社會文化影響得到的一切心理特質，均應視為心理學研究的題材；（3）人性異於物性，物性循自然法則變化，只須按客觀合理方向解釋即可，然對人性變化的解釋，除同時考慮客觀與主觀兩面之外，又須兼顧合理以及合情，合理合情是人性，自然合情不合理也是人性（如情人眼裡出西施），甚至合理不合情也是人性（如賭性難戒）；

（4）人性的異質性大於同質性，人性個別差異之外又有團體差異，而人性的差異除少部分由先天決定外，大部分還是後天環境中受社會文化影響養成的。

　　基於對人性的全面認識，今後的科學心理學在研究方法的選擇上，自應調整以往偏重客觀、量化及控制實驗等狹隘的科學方法取向，而改採多元取向，配合人性的多層面去選擇設計適當的方法。因篇幅所限，以下僅就社會文化影響人性的觀點，淺述今後國內心理學發展的取向。

（二）改文化移植取向為本土文化取向

　　心理學原為西方的產物，就綜合前文所論從心理學發展的困境看，西方心理學本身已覺醒到以往自然科學取向的不當，而開始思考調整未來的方向。基於此一認識，國內心理學今後的發展，勢不能再如過去那般採全盤西方文化移植取向，而應改採本土文化取向，在本土文化基礎上研究國人的人性特質。

　　近年來國內少數心理學家提出本土心理學的構想，因「本土」一詞與「本地」易生混淆，筆者以為用「本土文化」更為適宜。理由是人性表現在行為上的特質，除少部分決定於先天因素外，大部分是在後天社會文化環境中養成的。是故，影響人的行為特質者是「本土文化」因素，而非「本地」因素。「本土」帶有「本地區」意涵，居於同一地區的不同文化背景的人，在行為表現上未必相近，而分居不同地區但具有相同文化背景者，在行為表現上卻仍有其相似之處（如各地回教徒皆不食豬肉）。

　　因此，心理學取樣研究時，不宜採同地區為標準，宜以文化同質性為標準。至於文化一詞的意涵，最簡單的解釋是，同一社會群體的人，經久在傳統與學習環境下所形成的帶有獨特性的思維、信念與生活模式。文化具有範圍性與多樣性，其範圍可大可小，在全國主流文化之下，可分為很多性質不同的次文化，諸如種族、宗教、家族、社團，甚

至一座工廠、一所學校、一個家庭等，均可視為次文化群體。

　　前述本土文化取向，意在說明今後國內心理學研究取向的大原則，在實際進行研究時，未必一定要以全國主流文化為對象，也可採群體的次文化或採群體中的個體為對象。惟對研究結果進一步解釋時，就必須考慮到個體的生活經驗及文化背景，否則對其行為背後的原因就無法了解。目前國內大學研究生的論文，多數未能做到這一層，無論實驗研究或相關研究，都是對受試行為反應用統計分析方法解釋數據之間的關係，而不能對行為背後的人性特質做進一步探討。

　　美國心理學家布魯納與古德曼在多年前即研究發現（Bruner & Goodman, 1947），在相等距離條件下，兒童們所繪的一元銀幣圖形，其面積大小不同。經分析兒童文化背景發現，擴大銀幣面積的兒童係來自貧寒家庭，這現象顯示貧寒環境下長大的孩子對金錢有不同的價值觀。另有心理學家研究發現，同樣一幅「鴨頭兔首」曖昧圖形，生長在英語文化的人，第一眼所見多為兔首，而生長在中東閃族文化的人，第一眼所見則多為鴨頭（Glassman, 2000）。原因是兩種文化的文字結構不同，閃族文字與英文相反，是由右而左橫行書寫的。臺灣原住民阿美族的兒童，入學後無法學習加減法進位與借位的演算，原因是在他的文化中沒有十位數以上的序數概念。由此可見，本土文化是影響行為表現的重要因素。

　　本土文化取向並非文化本位主義，在態度上並不排斥西方心理學思想，只是強調放棄以往全盤西化的作法，改而選擇性地吸收西方心理學的精義，在本土文化基礎上發展屬於自己的心理學。這像農業現代化一樣，西方現代農學的理論與技術均應吸收，吸收來配合國內各地氣候土壤栽培國人需要的農作物，如此方可達到國內農業現代化的目的。至於國內心理學家實際從事心理學研究時，筆者認為宜採兩大取向：

　　第一大取向為理論心理學本土文化取向，在此取向下宜採三種方式進行：(1) 對西方現代心理學中基礎性的知識與方法仍可直接採用，因

其與文化因素關係較少，諸如生理心理學、心理統計學、心理測量學、心理測驗編製及心理實驗設計等方法均屬之。（2）在本土文化環境中驗證西方重要心理學理論，從而建構新理論，用以推論解釋國內同質文化下人的行為。以皮亞杰的認知發展理論為例，該理論雖具權威性，但因在基礎上偏於生物學取向，未考慮社會文化因素，而被批評為美中不足。中國心理學家可採用皮亞杰創用的臨床法，在國內以同質性文化環境中的兒童為樣本，驗證皮亞杰的理論，並在研究結果分析時納入社會文化因素。在此情形下建構的認知發展理論，才能用以推論解釋同質文化環境下樣本以外兒童的認知行為。（3）根據同質性文化環境內國人行為的某種特質，進行探索性研究，並建構原創性理論，從而彰顯中國心理學的特色。

第二大取向是應用心理學本土文化取向，在此取向下宜採兩種方式進行：（1）原則上參照西方心理學在這方面所發展出來的理論與方法，經過研究了解彙集經驗而發展出適用於國人的應用心理學。（2）在實際研究時宜採積極與消極兩個方面：在積極方面，研究並發揚國人的傳統優良心理特質，從而提升人口素質，促進社會進步；在消極方面，針對國內因社會急遽變遷所產生的一些人與環境、人與人、人與事以及人與己等關係適應的困難問題，研究解決與預防之道，藉以減少社會問題。因篇幅所限，以下就從應用心理學領域內教育心理學今後在國內的研究取向，就多年來所歷、所思、所感的一得之愚，提供同界學者先進參考指教。

教育心理學是應用心理學中發展最早的一門學科。無如在 20 世紀初因受行為主義根據動物實驗所建構的學習理論影響，致使教育心理學有很多年在學校教學上缺少實質的貢獻。一直到六〇年代認知心理學與人本心理學興起後才有所改善。筆者在 1996 年出版的《教育心理學：三化取向的理論與實踐》一書，即兼採西方心理學思想精義及本土文化中教育需要的一種嘗試。最近筆者與北京師範大學心理學部孟慶茂教授

春風化雨

合作推行的四會能力教學計劃，就是在應用心理學本土文化取向之下所從事的一項教育改革構想。

四會能力是指：（1）學會主動求知能力，能教得學生被動受教外亦能主動追求知識；（2）學會身體力行能力，能教得學生手腦並用，能知復能行；（3）學會待人接物能力，能教得學生與人和睦相處並合作求知；（4）學會自我發展能力，能教得學生由了解自我認識環境進而對未來追求時能自主定向。

在理論上，四會能力教學是綜合中國文化傳統與西方心理學思想精義所形成的本土文化取向教學改革計劃。前者所根據的是孔子的「知之者不如樂之者，樂之者不如好之者」的說法，並兼採荀子「不聞不若聞之，聞之不若見之，見之不若知之，知之不若行之，學至於行之而止矣」的觀念。後者採現代西方心理學中認知主義重知，行為主義重行，人本主義重情與意的主張。

綜合古今中外心理學思想可知，知、行、情、意四者是人性的重要特質；了解並發揚此等人性特質，同樣是古今中外教育的理想。四會能力教學即旨在以知、行、情、意為心理基礎改革中小學的教學，以期突破以往教師本位教學且偏重教學結果的缺點，改變成為以學生為中心且重視學習過程的新觀念。

因此，在理論上四會能力教學計劃是既合於中華文化傳統，也合於現代心理學思潮的教育計劃。希望此一小型教育改革計劃能夠引起國內心理學界批評討論，共同設計出更好的方法研究改進學校教學，從而促進本土文化取向應用心理學的發展。

本文於 2002 年發表，2003 年香港世界華人交流協會世界文化藝術研究中心國際交流評選，榮獲國際優秀論文獎。

參考文獻

- Bruner, J. S., & Goodman, C. C. (1947). Value and need as organizing factors in perception. *Journal of Abnormal and Social Psychology*, *42*, 33-44.
- Glassman, W. E. (2000). *Approaches to psychology (3rd. ed.)*. Buckingham: Open University Press.
- Graham, S. (1992). Most of the subjects were white and middle class: Trends in published research on African Americans in selected APA journals, 1970-1989. *American Psychologist*, *47 (5)*, 627-639.
- Henley, T. B. (1989). Meehl revisited: A look at paradigms in psychology. *Theoretical and philosophical Psychology*, *9*, 30-36.
- Koch, S. (1985). The nature and limits of psychological knowledge: Lessons of century qua "science". In S. Koch & D. E. Leary (eds.), *A century of psychology as science*. New York: McGraw-Hill.
- Kuhn, T. S. (1962). *The structure of scientific revolutions*. University of Chicago Press.
- Leahey, T. H. (1997). *History of psychology: Main currents in psychological thought*. Upper Saddle River, NJ: Prentice Hall.
- Orne, M. T. (1962). On social psychology of the experiment: With particular reference to demand characteristics and their implications. *American Psychologist*, *17*, 776-783.
- Robins, R. W., Gosling, S. D., & Craik, K. H. (1998). Psychological science at the crossroads. *American Scientist*, *86*, 310-313.
- Robinson, D. N. (1985). Science, psychology, and explanation: Synonyms or antonyms? In S. Koch & D. E. Leary (eds.), *A century of psychology as science*. New York: McGraw-Hill.
- Smith, P. B., & Bond, M. H. (1993). *Social psychology across cultures: Analysis and perspectives*. Hemel Heman, Herts: Harvester Wheatsheal.
- Tedeschi, J. T., Lindshold, S., & Rosenfeld, P. (1985). *Introduction to social psychology*. New York: West.
- Weber, S. J., & Cook, T. D. (1972). Subject effects in laboratory research: An examination of subject roles, demand characteristics and valid inference. *Psychological Bulletin*, *77*, 273-295.
- Wilson, L. M. (1998). *Consilience*. New York: Alfred Knopf.

春興小語 II

教育

「青少年問題：
病因植根於家庭，病象顯現於學校，病情惡化於社會。」

「培養優良教師是政府的責任。」

「好的老師如園丁，不是陶工灌模。」

「二教合一。」

「三面一體。」

「三化取向。」

「四會能力。」

「人教人，使成為人。」

「價值學習四部曲。」

參

第三部

回首來時

1947 年離鄉隨身手記，讀他的困頓與磨難，
細品其人愛智求真的情懷，與奮鬥追尋理想的特質。
透過時空運轉世局鉅變，大時代浪濤與個人命運糾結；
回首來時風雨，仰望哲人寬闊豐富的經歷。

戰火離家
初見故都

1948 年農曆正月—3 月

張春興在齊魯大學醫學院的肄業證書。

1946 年，張春興在山東時照片，當時 19 歲。

動身以前

　　為了使自己的生活圈子更擴大一點，多領略一點人生，使自己更充實，我老早就打算到遠處去跑跑。人生本來就像旅行，生命的結束也就等於旅行終止，趁了年紀和環境都可能許可的時候，絕不能放棄僅有的機會。

　　目下家庭環境似乎能勉強允許我有這樣的計劃，不過家鄉的小康局面，能否照樣保持下去則誰也不敢預料，但家鄉有些帶點迷信色彩的人總認為這裡是魚塘湯池，至少我的眼光不能仍像豆粒那樣小，既成的事實誰能忽略！

　　其實，本應該早離開家庭，單是為了病就折磨去了一整年的時光，病是由憂慮而生的，而大環境的演變更使人憂慮，越得走！雖然有時也意想到，萬一與家庭的聯繫中斷，會不會馬上變為孤獨的漂泊者？

　　可是又一想自己並不是去尋求安逸，若能考上個理想的學校，則盡可能地讀幾天書是最好的，沒有奢望，離家受點艱苦自己情願，於是在年前就辭掉了在母校代課的職務，準備在舊曆年一過就馬上動身。

　　我這斷然的處置，有些朋友多替我不以為然，當時東北的情勢正在急遽的演變，戰爭的風雲是不是馬上會席捲到關內來？我想去的北平怕不會不受影響的，同時富豪大亨又爭於南下逃避，當這時去北平是不是開倒車？假若走不成，職業又丟了，豈不是兩不合算？

　　誠然，一個高中畢業的學生能被母校留下教書就是件榮譽的事，同時在普遍低下的縣署各部門裡來比較，待遇方面也高一籌，但我覺得一個有生氣的青年，不應該跽伏在小眾的圈子裡等著老死；我還需要求學，家庭不攔阻，在北平的朋友們贊助我去，至於旅費是比較困難的，不過父母能在困難中給籌備。

　　出門不容易，尤其在交通阻梗的現在，一個人太不方便，同時趙君和我作伴是再好沒有的，就基於這些我可能解決的困難，而決定了我要

離家的計劃，我決定要去我仰望許久的文化古城——北平，我相信故都不致於遭受炮火，至於能否準考上理想的學校，此刻還不暇顧慮到。

匆匆上道

舊曆年過了，過年時的地方情形十分安靜，我全家裡的人也都格外和氣，因為感受到我快要離家了，母親待我比平日更親了，下一個年能否在家裡過是不能斷定的，這樣一想則覺得分外的珍重。雖然我已經20多歲了，還有比我小10歲的妹妹，但母親仍然待我如同小孩子，二十多天的寒假，在溫暖的母愛中很快的度過了。

舊曆正月14日特別起了個早，騎上家裡的黃騾子進城，本來母親叫我過了元宵節才走，因為西鄰家大叔村裡有點事得去一趟，硬約我同他一塊進城，一般鄉下人覺得進城是件不平凡的事，總想結伴而行。但我路費不曾籌備妥當，父親叫我進城去和我的朋友趙君想辦法，要是急促就在城裡借借，不然就先去一趟，再回家籌錢，既然我最近還回家，所以我這次出門並沒有顯出惜別的傷情。

從我家到縣城裡有七十多里地，雖然已是初春了，但天氣還有點冷，沉沉的西北風逆面吹來，騎在騾子上更覺冷不可耐，風吹的帽子也戴不住，更加上我們走的是去五圖煤窯的公路，大風吹起路上的煤屑直撲在人的臉上，真叫人透不過氣來。

到城裡時已是夕陽西下的時分，當晚住在趙君家裡，他告訴我再過幾天以後再計劃不遲，原來我過年二十多天的鄉居生活，不知道外面戰爭局勢又有重大的轉變。

東北的國軍一面倒似的打敗仗，聽說北平也受影響顯得有點緊張。原定去青島轉搭船去天津的交通情形也不太好，要是走去濟南再乘飛機直去北平的話更是麻煩。首先，濰縣濟南間的交通有困難，再就是到濟南後的飛機票更成問題！官場裡沒熟人，休想買得票出來！結果我們決定過了元宵節再說，趙君留我城裡住了三天，正月18日借了張子俊的

腳踏車又回了家。

在家裡又住了一星期，當時的心情是相當的不安。就在陽曆的 3 月 7 日，突然接到由鄉公所轉來的趙君的電話，說是最近中航公司增闢天津濰縣間的航線，他已去過濰縣一趟，並且登記上座位了，叫我趕快去城裡，飛機起飛的日期是不定的，登記滿了，飛機就從青島飛過來載客送去天津，那班飛機座位僅差八個就滿，說不定明天飛機就來，進城去越快越好。這一來全家忙了起來，當天是來不及的，準備次日絕早趁月色就走，或許能趕上午後 2 時去濰縣的火車。

這次真的要走了！我從小就不曾離開父母達半年以上，母親很明白離別的滋味，雖然她多病的身體只有牽掛唯一的愛子，但她十分鎮定的態度裝著不介意。她恐怕我難過，一壁在給我做飯一壁囑咐著出門在外，如何保重身體、怎樣關心自己的學業、待人接物要和氣、生活方式要謹檢……我一聲不響地聆聽她老人家的教訓，我十分了解她當時的心情，她為了成就她唯一的愛子，不得不供他遠離膝下，她寧願受盡委屈艱苦，但絕不希望半點限制了孩子，她雖然不曾讀得書，但她明瞭地十分透徹，我敢說世界上最了解子女的心就是偉大的母親。

聽完了母親的話，我拚命克制著眼淚，但為了恐怕母親見了難過不敢流出來。

停一會，我調整自己呼吸對母親說：「請母親放心好了，第一，我病好了身體很好。第二，路上有知己的朋友作伴，到那裡都有好朋友照顧。只要您和父親好好保重身體，不要太勞累糟蹋了身子，父母年紀大了，吃苦受累是兒女的份了。」

我吸口氣接著說：「現在戰亂動盪，像我們這裡小康局面也許難以長久，也許在我離家後不久家鄉會被波及，家鄉到那時也許會變也不敢想……即使交通不便一時回不來家，您老人家也不必十分掛念，千萬不要像東鄰二媽那樣想兒子想得生病，寒假若可能我一定回來……。」

妹妹站在旁邊，天真的眼光注視著我，她聰明得很，不去睡覺，恐

怕醒來後見不著她哥哥了。去年春天，她爲了跑去看戲而不曾趕上送我去城裡代課教書的事，她竟哭了一整天，我很疼她，母親常說我不像她的哥哥而像她的姐姐。

我笑著對她說：「妹妹，要聽母親的話，要好好的唸書，來信妳讀給母親聽，妳要常常給我寫信。過年我回家時給妳買好東西，將來上了中學我給妳買自行車，用不著想哥哥，好，早去睡吧！」

說來傷感得很，離家後即使寫信回家，再也不曾接到一封家信，更沒有接到妹妹的信。

一夜不曾睡好覺，凌晨3點鐘我就推出自行車來準備走了，月色朦朧下全家人齊集在大門口送我，但是感情衝擊使我說不出什麼話來，一陣涼風吹來的時候，我正推著車走下大門的臺階，馬上驚覺意識到：「難道！我就這樣就離家了啊？」

我回頭對母親說：「外面風太涼，您家去吧……。」我自覺得聲音有點顫抖，面耳垂得很低，

「到了就快來信，路上要自己小心點……上車吧……天不早了……。」父親安詳的口吻囑咐著。

車子推到胡同南頭，要轉角了，我回頭，還看見全家人站在月色黯淡的門簷下遙望著我，我把頭一扭，踏上腳蹬，車輪旋轉快了，我淒涼的心弦上彈著……。

「別了！親愛的父母，溫暖的家！」前幾天的離家是安閒的，這一次的歸來後去，未免太匆匆！

濰城候機

騎車到姜家坊子，遇上我的朋友老戴，他是去赴唐老伯的喪事的，唐老伯去世的消息使我猛然覺得很難過，他兒子遠在濟南齊魯大學讀書，對於慈父突然去世還不知道，交通又不方便，家裡斷定就埋葬了，他得到消息後該多麼傷心呢！老戴告訴我說我的同伴趙君已經去濰縣

了，飛機可能在今天就起飛，我聽了真是急的頭頂冒火，不暇和老戴細談趕快進城。

到城裡時天還不到 12 點，累得滿頭大汗，一進城先到電話局問濰縣飛機場的情形，幸虧去天津的飛機還不曾從青島過來，才稍微放心。

到趙君家去取我的行李，趙君的母親告訴我趙君已於前天去濰縣了，又忙著做飯給我吃。我整理好行李，飯後去趕火車。下午 3 點多鐘到濰縣，在八區專員公署裡見到了趙君，才知道登機的人數還不足，人數一足飛機馬上就來，大家住在專署裡等，好在專署對我們學生還好，食宿問題都能解決。

同行的人，除了我和趙君之外，還有一位劉翔同學和他的表兄，此外還有兩位姓冀的同鄉，他們二人目前在北平師範大學求學，是復學的青年軍，以前都不認識。

3 月 11 日，人數登記夠了，第二天可能有飛機，於是在當天晚上就整理好了行裝，準備明天一早去機場，誰想到天公偏不做美，夜裡竟下起大雨來，連夜大雨不住，第二天仍是下個不休，飛機在此地的機場不能降落，大家只好悶著等。

等過一天又一天，誰能想到在春雨貴如油的季節裡，會陰雨連綿起來？屋子裡陰沉沉的，大街上滿是泥濘，吃過了飯只能倒頭睡覺真的令人煩躁苦悶。

就在這時候，傳來了共軍已拿下周村後要攻昌濰的消息，濰城邊防的壓力突然加大，素來偏安的濰城人民，到現在聽到炮聲了，炮聲也似乎驚醒了他們整日在盤算金錢的夢。

第二天，外圍據點寒亭被圍，派兵去營救不曾達到目的。專員張天佐氏此時也從濟南回來，聽說他是去參加什麼「戡亂講習會」，當時周村的情況正吃緊，王耀武氏竟放著戰地，不叫他的幹部去守，而把他們都召集到濟南開會，去研讀什麼「從作人到作戰」，聽說那是他自己的大手筆，等到大勢已去，再分派他的幹部各回原防地時，既成的事實有

什麼方法再挽回？只不過徒增老百姓倒楣而已。

我擔心著走不了，很害怕被困在濰縣城裡，好在幾天之後戰事又稍沉寂下去。

等到 3 月 18 日，天還是在下雨，大家都耐不住了，想返回昌樂城去看看，我雖然沒有要辦的事情必須回去，但我自己留下也太無聊，於是冒雨去車站，乘火車到朱留店，車行半途忽然火車頭的鍋爐破了！這簡直是百年少有的事，嗚呼！現在的中國交通！

車拋了錨，雨也停止了，滿車乘客都擠在路邊，看孤山的遠景和風捲殘雲，太陽從雲隙中隱約可見，二點多鐘的停留，從姜家坊子開來的另一個車頭才又把列車拖走。

晚上，我回到我曾住了一年的城南五里莊去，那裡有不少我的朋友和同事，還有一些我曾教過的學生，就借這個機會去那裡向他們辭行。

晚上，出乎意外的老同事們給我餞行，雖然僅僅是鄉間便餐，準備的一切都簡單，不過我總覺得太過意不去，席上陳滋甫先生說明了東道的意義，同時用老大哥的口吻，說了不少期望和勉勵我的話，使我真是感激不置。

第二天，吃過早飯，天氣大好了，但路上泥濘得很，同毓珂一塊上山去看校長及龔主任，龔主任託捎信給北平王笑房老師，吳老師也提筆寫信，拜託北大教授汪暄博士關照我們。

因為天氣好了，午後我辭別了師長和好友趕快回濰縣去，到濰縣後，飛機仍然沒有消息。

副官處專任聯絡飛機的房副官給我出了個主意：豪門縣長厲文禮全家包妥中航公司一架飛機直飛北平，只供他一家人用，可能有空位，不妨多花幾個錢同他一塊走，又可免去繞道天津的麻煩。

我們因為急於要走，當時也就表示贊同。於是每人又掏出了一百零二美元，連同原購機票價，總共是四百二十美元之多了。

3 月 20 日副官處通知我們要走了，早上 7 點整就到厲文禮的公館

門前等候。厲氏幹過多年濰縣縣長，抗戰期間幹過幾年縱隊司令，在抗戰後期曾被日本人俘虜，他又幹過萊濰道尹，十幾年來一向是官運亨通的，所以當然是官囊頗豐。只他自己的東西就裝滿了兩大卡車，我們托他的福坐在汽車頂上。

同行的人除了原有的我們四人之外，還有兩位也是去北平上學的學生，一個是輔仁大學學生陳得義，一個是中國大學學生蘇和興；前者是濰縣人，後者是壽光人。

汽車在不平的泥濘馬路上走得很慢，我們攀坐在車頂上搖搖欲墜相當驚險，好容易到了飛機場，然而沒看見飛機的影子，天空裡的雲霧又厚起來。

等了差不多兩個鐘頭，才聽到遠處天空傳來飛機的聲音，天氣又漸趨晴朗了，飛機穿雲下降，落地後，厲文禮派人裝行李，行李裝好了，那位半殘廢的厲先生，才由兩個人從小汽車裡架出來，搖搖擺擺地抬上飛機去。

飛機下面堆集著一大群送行的人，我們緊張恭候著叫我們上去的號令。忽然房副官跑來告訴我們說飛機過重了，我們不能全體上去，我們八個人中只能上去四人，這還是他再三幫忙交涉的，其餘的只好再等去天津的飛機，去天津的飛機今天也要過來的。

那位姓陳的和姓蘇的因為都和厲有點關係，當然沒問題上去了，所餘二座我們就讓那兩位姓冀的去坐了，因為他們急於去開學。

飛機旋動起推進來，飛快的在機場中轉了個大圈子，轟然起飛了，我們四人只好呆立地上望天興嘆。有錢的權貴老爺攜著太太們和財產金條飛了，雖然地面上還有不少送行的人，但我們四個人和他們的心情是兩樣的。

敲竹槓與駕駛艙

接著幸好隨後去天津的飛機也來了，但我們沒有乘坐該飛機的票，

房副官去交涉了半天，回來說是可以讓我們學生坐，還說這是張主任（航空公司濰縣分站主任）賞給的大面子，否則連這機會也得不著。

當時我真不明白這位房副官在耍什麼把戲？我們明明就出了四百二十美元的高額代價，為什麼連三百美元的飛機還坐不上？擺明了欺負我們這幾個窮學生！難道我們還值得被敲竹槓？

有機票的乘客上光了才勉強讓我們上，機艙內早擠滿了人和行李，幾乎沒有容身之地了，根本上不去。這時出現一位洋人駕駛員和另一位洋人小隊長，由房副官介紹才知道他名叫拜爾，洋人駕駛員見我沒有座位，就一把將我拉進駕駛艙內一張小皮椅上，叫我坐下。

飛機也同樣的在地上轉了個大彎子，轟地一聲起飛了，因為我坐在駕駛艙裡，能夠看見三面的景物，飛機越高，地面上的景物也跟著顯得越小，最後，遠方的濰縣城也看不見了，遙望著遠處的孤山在雲影裡，我的故鄉啊！就這樣別了！

飛機起飛的時間是上午 10 點半，天上的雲霧大部分散去，飛機飛到渤海濱時沿著海岸飛行，俯視黃河像一條黃色的長帶，海濱的鹽田方方的像紙上的小格子，渤海又像一片茫茫的平原。

飛行歷一小時又十五分到達天津飛機場，下機後兩隻耳朵被震動的失去了聽覺，所幸全機的人都不曾暈眩。

經過一番海關的檢查後，改乘汽車赴天津，到東車站下車，每人費去車價八美元，當天因為趕不上去北平的快車，劉翔就提議到市裡他親戚家一家小皮鞋店裡住下，下午，吃了飯大家出去逛逛羅斯福路，看看中國第二大都市天津。

第二天，3 月 21 日早上 7 點到車站，趕上一班快車，又下起雨來，8 點半擠上火車，火車頭大吼一聲離開了天津。

北平求生
考試與戰事

1948 年 3 月－11 月

1948 年 4 月 26 日張春興攝於北平青年
服務社照相部。

山東省政府教育廳補發張春興的高中畢業證書。

津平路上

　　風吹雨點打在車窗上，使坐在車廂裡的人看不清外面的景物。車行幾十分鐘以後，依稀見鐵路兩邊的田野裡都是一片無邊的水，鐵路像一條黑色的蟒帶，這就是河北大平原地區，要是沒有稀疏的村落散布在周圍的話，火車真像行駛在海面上一般。

　　水也許不是太深，但田地裡的麥苗一棵也看不見，路旁的村落像一個個小島，農人撐著破蓋的小船浮盪往來於苦風淒雨中，飄飄搖搖顯著很吃力。

　　坐在我旁邊的一個商人模樣的人告訴我：今春雨水太多，又加上政府維護鐵路，硬把河水分開任其氾濫，鐵軌雖然是暫時護住了，可是老百姓的春田怎麼耕？老百姓不但要靠種地吃飯，政府不也到秋天時向老百姓收糧嗎？水也許不是太深，但為了護住一條鐵路而叫千千萬萬的老百姓挨餓受罪，這就是妥善的辦法嗎？

　　回想起昨日天津市大戶人家那種富麗堂皇、荒淫奢侈的生活，與今日所見在淒風苦雨中為生活掙扎的百姓相比較，簡直難以相信是生在同一時代的中國人。

　　車行至豐臺轉過了一個大彎子，豐臺是故都的門戶，車站相當大，路旁鐵絲網內堆積著如山的鐵軌和枕木，豐臺是平津間的唯一大站，其次就是廊坊，小站很簡陋，比起膠濟的車站來實有大巫小巫之感。

　　車過豐臺後，雨停止了，由車窗中遙見西北方隱約一脈青山，我猜想那是北平郊外的西山；車再前進，接近了古城的城垣，偉大壯觀的天壇祈年殿聳立在安定門的左邊，高大的城垣遮住它的下半部，一眼看不見全景。

　　車停在前門外東車站，下車後第一個印象便是那偉大崇高的前門箭樓，聳立在雲霧中更顯著威嚴，雄視著東站廣場和前門大街的千萬行人，使人感覺到自身的渺小。

前門樓和祈年殿都是歷史充滿著古色古香的文化標誌，氣象萬千，這就是北平，是我渴望許久想來看看的故都！

初到北平

從前門車站下車後，改乘三輪車經東交民巷出崇文門，到侯聚五先生家暫休息。侯先生在抗戰期中曾在昌樂幹過營長，他不認識我，只是和劉翔、世奎等是舊交，待我們很好，午飯就在他家吃過。

下午去孝順胡同訪同光，同光與他母親和他弟弟立新住在一起，同院還住著一家姓楊的同鄉。與同光一別四年，他過了兩年多的軍隊生活，去年的秋天才知道他由東北來北平就學。晚上就住在他家裡，他述說他過去四年的一切經過，世事滄桑環境把他磨練成一個健者、一個剛毅的青年，個子也變高了許多，口音也大有改變，談起話來一本正經，和初中時代天真爛漫頑皮的他，大不相同了。

張其航早知道我們要來，預先給覓妥青年服務社的房間，第二天一早（3月22日）他來看我們，領我們去看了服務社裡的房間。當時北平正鬧著房荒，最普通的房子每間的月租總得一袋麵粉，服務社既爲「服務」性質顯然較之便宜的多，燈水又方便，下午大家就一起搬進去住。服務社裡住的多數是男女青年學生，以朝陽、中法、中國等私立大學居多數，環境比普通公寓好得多。

可毅由同光處得知我來的消息，於我搬進服務社去的第三天特地來看我，並約我同世奎一起去逛中山公園。可毅原是與同光一塊離開昌樂的，他是我唯一的初中時代的摯友，分別四年中，因戰爭關係使我們中間的消息曾一度中斷，他輾轉西南各省飽經風霜，勝利了來到北平就學於中國大學，去年冬天我們才聯絡上，他性格多沉默寡言語，爲我們初中時全班之表率。

四年的無情時光把他磨練得比以前瘦了，他來服務社前先打來電話，我到門外去接他。當他走下電車握著我的手一剎那，我們竟相對無

語，闊別良久，一時我不知應該先說哪一句話，一想到昔日患難與共的情況，我眼裡禁不住流下眼淚來，我由他握著我顫動的熱手和眞摯的目光中，覺察出他對人的熱情絲毫不曾改變。

時間是仲春了，公園裡也正是最美麗的時候，杏花怒放桃花初開，綠茸茸的草地，青翠的柳梢，一行行整齊而又古老的松樹，蔥綠尤其可愛，筒子河裡一泓春水，鏡平的水面盪漾著幾扁小舟，登假山之巔，東望故宮的黃金色的建築物，在和暖的春日陽光下發射出萬道金光。

下午可毅請我倆去他家吃晚飯，他家差不多全在北平，人口達十幾口之多，他作走讀生往返中國大學上課。晚上我又回到服務社裡。

張其航雖是去年來的，但也沒有正當學校就讀，只在趙麗蓮女士主辦的英文補習班聽講，我們感覺功課最差的也是英文。現在距離考期尚早，當然需要入補習班，大家商量一定，一同進了青年會的英文夜校。因爲青年會距服務社比較近，可免返往費車錢，夜校每晚 6 至 8 時，總共兩點鐘，講的是「New China」和文法。

王笑房老師自從去年夏天離開昌中後，由濟南來到北平，在私立山東中學任教務主任，他爲我們升學的事十分關心，在百忙中不辭勞苦，每星期二來一次，跑來服務社爲我們補習數學。

從 4 月份起，社會局在服務社辦了平民食堂，我們都能以很便宜的價錢吃到一份米飯，飯菜一份僅繳一美元，當然不是很好的飯菜，不過我們窮學生覺得就很好了。

幾天以後生活一切都就序，大家很安心的準備起功課來。

傳來了噩耗

剛要安心準備功課，一件不能擺脫的心事，則時時抖上心頭：本來在離家時，就已經顯著有點緊張的家鄉，到此時更陷入危機的狀態中，報紙上黑而大的鉛字，占著重要的篇幅，在有心人看起來眞像一個個的鐵鎚敲著人緊張的心弦。

戰火一天天蔓延在昌濰各城鎮，由接觸戰、急戰、爭奪戰、而遍城大火……而巷戰……而白刃相加，一連串的驚人字眼在每天的報紙上標出來，最後的結果是陷入情況不明；在整個大局要改變的現在，我早預感到這是不能僥倖的艱苦階段。

　　這雖然可能是新時代降生前的產前激痛，雖然是期待天明的一陣黑暗，是暫時的，但無辜老百姓怎經得起無情砲火的摧殘呢？尤其是剛離家幾天的自己，這一來，顯然是與家庭隔絕了，將來的求學怎樣維持？

　　戰內的烽火雖已燃燒了兩年多，家鄉始終是幸運兒，雖然是窮鄉僻壤的農村，境況還算平安，只要一接近家鄉的村落，由蔥茂的樹株便可看出來。

　　4月8日共軍占據了濰縣飛機場，空郵的信件斷絕了，離家後，沒有見到家裡的片紙隻字，這是使人最大的傷心。

　　25日共軍把濰縣攻下，張天佐氏自殺，張氏所部幾全部被消滅。接著昌樂、安坵等地亦先後為共軍占領，經過這次前後將及一個月的殘酷戰爭，以前在國民黨時期號稱的「魯中堡壘」終於攻破了。無辜的百姓死於無情砲火中者則不可統計，單就現就讀朝陽大學學生丁仲滄的消息來說，他一家死亡達十三口，其慘狀可以想像得到。

　　家鄉轉變的如此，在我想升學的前途上蒙上了一層暗影，經濟的來源斷絕了，學怎能夠上？在離家時充滿了希望理想和鬥志，沒想到不足一個月的時間，竟變成了不折不扣的難民。

　　北平不是能生產的都市，有多少人從鄉村裡逃來因為找不到飯吃，又被逼的跑回去。想起離家時父母對自己的期望，現在他老人家在家鄉劫後的餘悸中，不知怎樣的掛念著他渺無音訊的兒子。

　　很想把自己的心理建設達觀一點，但險惡的現實重重地壓住了人的理想，徬徨的心情中沉重地像壓著一塊鉛，功課勉強準備下去，一天天地煎熬，等待著苦難命運的來臨。

掙扎考學

　　功課雖然是一天天不放鬆的準備著，但籠罩在眼前的戰爭暗影揮之不去，反而一天天陰鬱起來。家庭經濟斷絕了來源，目下生活就要成問題，繼續求學談何容易？私立學校不敢問津，國立學校也要花錢，想要找工作更成問題。

　　北平不是能生產的都市，不知道多少有能力、有學識的人在失業、在挨餓？又不知道有多少有為的青年在失學、在痛苦？為失學、失業激起自殺的事件，報紙上不斷地報導，怎能不叫同痛相憐的人觸目心驚？

　　師範大學與北京大學的教育體系是全公費的待遇，但明顯的那也成了千萬人爭取的目標。處於現階段的學生因為想達到「求學」、「生活」兩目的，自己的志趣可以不顧，將來的出路也可以不管，所以形成了今日千萬人求考的特殊現象。

　　自己深知道在功課上不能高人幾籌，是難獲好結果的。但此時煩惱憂慮的心情，使功課準備無法集中精神，受到不少惡影響，夜間的噩夢連續更是傷人腦筋。

　　北平幾乎沒有春天，剛脫去棉袍，就得換上單衣，服務社裡的臭蟲更是不體諒人苦熬的處境。

　　接連幾天陰雨，房子到處漏水地上很潮溼。接著蚊子出動了，夜裡簡直睡不好覺。北平雖地理上在中國的北部，但在氣候上並不比山東一帶涼爽。

　　6月24日，振訓自濟南來，當時齊魯大學有計劃南遷，他因為家庭供給困難，不願再上私立學校，打算考考省錢的大學，為著大家彼此研究功課方便，他也就住在服務社裡。

　　每天早晨5點我倆就起床，服務社的鐵門還不開，必須到傳達室向老崔要鑰匙，大街上靜靜的看不見幾個行人，對街訓練處的衛兵照樣木

立在營門的左右。整潔的張自忠路更顯得比白天幽靜，蔥翠的槐樹下掩映著官宅鮮艷的朱紅大門，在晨曦微光中更顯出高傲豪華；廈簷下睡在水泥汀上的難民，可能還在瑟縮著做他們飢餓的夢。

我倆到北海公園時往往還不到 6 點。

7 月 24 日開始了考試，第一炮就是去應試大名鼎鼎的北京大學。要錄取四百人，報名的竟有一萬四千多；師大要錄取兩百人，報名竟達九千多，都打破了學校創辦以來的紀錄。

考期直至 8 月中才算結束。在這一個月中，的確也流過不少汗水，隨著成千成萬的青年學生，在炎熱的天氣裡跑來跑去奔波應考，當時各個人緊張的心情真的如臨大敵。我幾次都要不支暈眩，考完我就預感到後果一定是悲慘的。

北平一向有很多為學子所嚮往的學術之宮，限於經濟條件我只好望之興嘆。既要求學，又要吃飯穿衣的學校哪裡去找？即算能找著，那還不是要為眾人爭奪的目標！

最後與振訓、可毅一同去報考了國防醫學院。

可毅本來是中大三年級的學生了，但他父親一定要他學醫，同時中國大學也不是他理想的學校，他所學的政經系也與他志趣不合，所以他不惜犧牲了以往的學業，再和我們一致行動。考完國防醫學院後，可毅請我與振訓到他家去住，而世奎則考取了中國大學。

劇變遇驚險
轉赴上海

1948 年 8 月—12 月

1948 年，在上海國防醫學院時期，張春興（後排左一）與任可毅（後排右一）和同學。

1948 年，上海國防醫學院時期，張春興（後排中坐者）和同學。

社會經濟劇變

8月19日，政府頒布了改革幣制的法令，使形將崩潰的經濟又打了一針強心劑，從改革到9月底，總算收了點效果，物價不像以前直線一樣上升了，有錢也可按現價購到物品。可是好景不常，可憐金圓券誕生不到五十天，又走上像法幣一樣崩潰的老路。

其實，明顯的很，無論政府如何限價，生產量總不能增加的，物價的漲落是與生產供求有關係的。都市裡限價，鄉村的糧食非但不運往都市，反而形成物資倒流的現象。因為都市裡的商店，物品一經賣出就頂不回貨來，就漸漸弄成拒售的現象。豪門們比照政府限價而大量囤積居奇，就自然形成搶購的現象。

盡苦了公教人員和沒有錢的窮學生，薪俸和公費拿到時，買不到要買的東西。到9月底漸漸有黑市了，雖然政府一再壓制，但在買賣雙方兩造秘密進行下，形成不可遏止的暗流。

10月1日搬到可毅家住，在鐵路管理學院加入學生食團，本來入學生食團必須先繳納麵粉，1日的晚上麵粉是十元零二角，在鐵路管理學院裡也能買到，我們把錢交給該校學生楊毓駿君託他代買，但不曾購到，楊君就給借了麵粉補上了。

第二天漲到十二元，到10月5日漲到三十元！當時市場上形成混亂與恐怖的狀態。到後來不得已到天橋去，拿原來可買六袋麵粉的價錢，以三十三元的高價搶購到兩袋很差的麵粉，勉強撐了半個月。

10月15日以後，可毅留我倆在他家吃飯，本來他家也並不是十分富裕，人口又多，像我們這樣年輕力壯的小夥子寄食在朋友家裡，實在感覺過意不去。但是到此時為止，錢算是真的用光了！

求學的熱情也冷了一半，投考學校錄取與否倒不放在心上了，反正錄取了也沒法上，單就入學手續也沒法辦。振訓主張回家，可毅勸我們靜候幾天，若公費的學校沒考上，再想辦法找事做。離家在外若說遭遇

困難，則此時眞算到了山窮水盡了！

　　山窮水盡疑無路的時候，也常可能現出柳岸花明「又一村」來，在人生之旅途上窮則變、變則通的事情是常有的。就在我們完全沒有辦法的時候，突然接到國防醫學院錄取通知，幸運的是我們三人都錄取了，11月1日至10日辦理報到手續。

　　我們考的是第二批招生，第一批由北平總醫院負責送去上海，可是第二批總醫院竟變卦不負責了，叫各人自己想辦法去上海報到，路費也不發，這簡直對我是希望後的一大幻滅。

　　當時交通已十分紊亂，由於東北戰局的急劇轉變，平津顯著極度不安；富豪們奪路南走，飛機票雖然高漲萬元大關，但登記的人數聽說已排到明年3月。

　　輪船更混亂，忙著運東北退下來的傷兵，運物資商船也都充作了官船，南下的乘客又過多，尤其軍隊的眷屬以及丘八們不購票搶上船，鬧得碼頭上一塌糊塗，淹死人、打死人成了常事，在這樣交通現狀下我們是又擔心又著急。

　　焦急中，振訓從青島弄到一部分路費，可毅也竭力想辦法，經任老伯同意，決定在11月19日啓程先到天津，任老伯先寄信請天津的朋友幫忙。行前他老人家再三訓勉希望將來能「一門出三博士」，與舊劇中的「一門三進士」媲美，這雖然是近乎於說笑話，但他老人家對我們三人的殷切期望不言可喻，使我又憶起八個月前離開家鄉的一幕。

　　19日，在晨光曦微中趕到東站去等車，到東站去送我們的是世奎、錫千和蕭先生。刺骨的寒風使人站在冰冷的月臺上有點受不住。我抬頭仰望崇高的前門箭樓，不禁觸發今昔不同之感，世人嚮往的美麗故都啊！我整整住了八個月，我不能說是使我失望，但是，我到底求得了些什麼？

　　「嗚！嗚！」火車要開了，我自覺地擠進車廂去，車開了，然而，我對送別的朋友說不出內心離別悵然，可愛的北平故都啊！別了！

春風化雨

天津小住

11月19日下午3時到天津老站下車，可毅領我們去河東小孫莊，住在聯勤總部監護第一團袁團長的公館裡。袁團長是任老伯至交，他叫我們安心住幾天，船的問題由他給想辦法，聯勤總部不時有南去的差船，我們可由他介紹免費乘坐。

白天到他公館裡吃飯，晚上則到副官處住宿，不覺七、八天的光陰很快的就過去了。27日那天，因為還聽不見有船的消息，可毅惦記著又返回北平家裡去看看。下午我同振訓到操場去打了半天籃球，晚上疲乏得很，晚飯後倒頭便沉沉睡去了。誰想到就在這夜裡出了個令人意外的小插曲，事情是這樣……

夜裡2點多鐘，振訓在睡夢中，忽然隱約覺得屋子裡進來了人，屋子裡只我倆人睡，房門不曾上鎖，他以為是勤務兵來拿茶杯，黑暗中閉著眼，但感覺那人在屋子裡盤桓了好一會兒，直到出去了以後，振訓想想不對才把我叫醒，訴說剛才的情況；我一抬頭就看不見了牆上的照相機！趕快起來查點，才發覺又丟了一件包袱！

我覺得還在夜深人靜的時候嚷嚷，聲張出來不好，但此時不作聲要等到明天再說則更不好；照相機是可毅心愛之物，他人一不在東西就丟失了，更使人生氣。

三思之後，我去通知了副官室內睡覺的潘副官，潘副官睡眼朦朧的，不大耐煩我驚他的好夢，我的意思是請他不必聲張，因為事情發生後不過才十幾分鐘，門外有衛兵，這東西絕不會拿出門去，只要他能暗地查明，查出來我們儘量不追究。

同一棟房子全住的是些勤務兵，事情當然是他們幹的。假若事情弄到團長手裡，豈不小題大作，更影響大家名譽，我看潘副官也許不想馬上查，若如此我們沒辦法只好認倒霉。

第二天絕早，外頭一片吵雜聲，起床去看才知袁團長已經知道了，

是潘副官報告的。袁團長大發雷霆，一面親自督促搜查，一面宣布懸賞兩百元、晉升一級，通令傳令排三天破案否則排長撤職。同時又把當時不曾到場、夜裡又未在副官室睡覺的魏副官，踢出來馬上趕著滾蛋。

袁團長的作風就是這樣，只要觸怒他絕不留情，當時我很尷尬，站在旁邊弄的立坐不安，為了這點小事叫全團不安，覺得過意不去。我們說東西丟了算了，好在重要的行李還在，但他表示非徹查不可，因為這有關軍紀。

全團一天不安，但不曾真的查到，第二天伙夫早起打水，竟在路邊拾到了照相機，但包袱仍無下落，伙夫就得了百元的賞金。驚奇的是包袱在我們要上船的時候，才由一個傳令兵匆匆送來，說是在柴堆中找到的。所幸始終不曾查出小偷其人，不然最少是得挨打吃刑。

同住在袁公館裡的還有一位郭小姐，她是中國大學經濟系今年畢業的學生，她畢業後來天津找職業，等了將近半年還是一事無成。有人給她介紹職業，一種是傭媽兼家庭教師，另一種是到工廠去做女工織毛衣，她有大學畢業的證書，她覺得這種職業對她是一種侮辱，她說寧願餓死也不去幹。

其實又何嘗獨獨郭小姐遭遇到失業慘狀呢？現在中國社會還不是到處充滿了這種現象！國家不上軌道，青年沒有出路，大學畢業又有什麼用？路上每見女大學生一付付神氣十足的驕傲派頭，畢業後還不知道往哪裡去呢？

12月2日得到有差船的消息，船停在塘沽新港，於是我們又整理行裝於第二日乘火車離天津去塘沽。

驚險「海張輪」

12月3日，搭上午11時火車去塘沽。車站上擁擠不堪且大部分是軍人，秩序混亂得屬害，火車又誤點，到塘沽時天快黑了。因為從塘沽去新港還有十數里，交通不如天津方便，當天不可能上船了，就住在監

春風化雨

263

護團李連長那裡。

　　第二天一早李連長陪同去新港，因為船上的警衛都是監護團的人，所以上船倒沒費手續的麻煩。這艘差船是招商局的一號大船，此次奉派的公差任務是運傷兵南下，但所有的房間都被藉機南下的人們占光了。本來差船是不能再賣票的，但我們上船後發現很多穿著便衣像富商的人們占據在房間裡，我們由李連長的介紹就擠在一間小小的餐廳裡。擔任運送傷兵任務的是衛生船舶隊，這個餐廳又是船舶隊的辦公室。

　　5 日下午開始上傷兵，我們早就知道傷兵是很兇不講理的，前幾批運來的因為尚有統艙可睡秩序還能維持，到了晚上運來的最後一批秩序就大亂起來。秩序的紊亂是必然的，因為他們上船後，船上的負責人不能為他們解決問題。他們分不到吃飯睡覺的地方，又要被褥，單就為分被褥鬧得天翻地覆，有的傷兵搶到四、五條被子，有舖的也有蓋的，有的重傷者不但搶不著被子，連落腳休息的地方也沒有。

　　本來船艙內就容不下兩千四百人的鋪位，再加上負責人不合理分配，根本扣著不管人死活，有的原先就不在統計名單上的重症傷患的眷屬更搭乘不了，結果先動嘴，繼之以動武，沒獲得著落的人們就憤怒地到辦公室來大鬧。

　　我們剛上船的時候，因為有李連長介紹，船舶隊的負責人答應我們可以住在他們的臨時辦公室，可是到傷兵上船的時候，他們竟翻臉下起逐客令來，11 月 5 日那天就摺下「你們出去！」的話有三次之多。當時甲板上人已占滿了，走廊中連立足的地方也沒有了，我們拜託船舶隊長允許我們把行李放屋子裡，白天我們去甲板上站著，晚上允許進屋子裡坐坐，但他硬是不答應，卻把他們的太太、孩子，甚至與他們有關係的人塞進屋，竟連狗也放進屋裡。

　　等到傷兵們一鬧，他們幾位負責人都溜之大吉，隊長也溜下船去，傷兵們找不著他就大喊：「打進去！」一時艙裡凡是住在房間裡的人們嚇得面面相覷，有的房門被推開，行李給拋出去，吃的東西被搶光，傷

兵們強行搬了進去。

　　我們也害怕起來，李連長派人來傳話說：「太亂了，可否臨時把行李搬下去，人也下去暫避，明天若秩序轉好再上船？否則可改上另一個正在裝貨的『海宇輪』？」我們都急於成行，又覺得我們是學生，絕不會是他們毆打的對象，頂多我們搬到甲板上去罰站三天。

　　正在我們猶豫不決的當兒，突然闖進來一個穿高領大黑衣的年輕軍官，他很霸氣地走進辦公室，坐在一張椅子上用微笑的目光掃射一周，然後用諷刺的口吻說：

　　「住在房間裡倒比在甲板上強，甲板上有很多傷兵斷腿少臂的，半死不活地躺在水窪裡，請問大家這船是不是差船？專送傷兵的？為什麼到處都是老百姓？這屋子既然是辦公室，請問哪位是負責人？外頭亂到這樣程度，老爺們到底還管不管？」

　　這時候辦公室裡的大小官們都逃走了，只剩了一個事務員和幾位太太，我們三人也在內，事務員問他是幹什麼的，他用很好的發音答道：「我是傷患！」接著他大聲向著窗口喊：「來呀！你們都進來，快快！」

　　這真是緊張恐怖的鏡頭，事務員趁機又溜走了，太太們面面相覷，屋子裡這時很沉寂，大家都兩眼盯著房門，預料著一幕悲劇將要開演，外面則是人聲鼎沸。

　　這時候我實在沉不住氣了，我鼓足勇氣向他說：「我們三個是學生，是去上海國防醫學院報到的，這屋子裡的負責人現在都不在，既然您官長要進來住，那我們就搬到外頭去好了！」因為我們怕他們衝進來在混亂秩序之下，不但行李絕無保障，就算是被他們亂打一氣，我們又有什麼辦法呢？

　　但是出乎意料他還對我很客氣，他說：「沒有什麼！不必出去，就大家擠一擠，躺不下坐著也是好的。」

　　接著他叫的人進來了，還好不是凶神惡煞，出乎我們預料，是一位官長模樣的人帶著兩位年輕婦人，每個婦人懷裡都抱著一個小孩，其中

春風化雨

265

一個大一點的孩子，腳上包了一大捆藥棉和紗布，就是抱那個小孩的女人說：「這孩子的腳因為受傷，在外邊又冷又濕一直是哭個不止，來屋子裡大家擠擠，大家受點委屈實在對不起。」

他們占據了兩張餐桌和大半的靠背長沙發，其餘的桌子和沙發放著我們的行李。接著那位先進來的青年軍官和我們談起話了，他起初不相信我們是學生，疑惑我們是單幫客，幸虧他叫進來的不是一群死不要命的傷兵，不然這場驚險的悲劇是非上演不可。

交談之後知道他的名字是劉再興，是中國大學沒畢業的學生，在軍隊任上尉，指揮東北戰敗垮下來的軍隊，但他不是受傷而是身上有病。至於其他的男女，是少校軍官和他兩個太太兩個小孩，那軍官幹營長，能有兩位年齡相仿的太太，實在是中國軍人的奇怪特色。

衛生隊的負責人竟然都溜之大吉了，船上的秩序當然也越發混亂，所幸我們住的房間裡既有了自命傷患的軍官鎮壓，倒更安靜的許多。

因為我們是學生，他似乎對我們很同情，和我們談得很投機，對我們也很客氣。晚上他告訴我們，船舶隊長因為私自賣船票（每位兩千兩百美元）被警備總司令部傳去質問了。

他因為知道這情節，所以才敢大膽闖進辦公室來。他又告訴我們船開的時間本來規定是 6 日早晨，現在既然出了意外恐怕時間又不確定了，但是對我們的安全，他說絕對擔保，因為一大部分傷兵與他同住在一個醫院裡，不但彼此都認識，同時他還有指揮他們的權力。

一夜安然度過，十分盼望著快開船，上午 9 點鐘機器房裡有了響動，但因為潮水不足船又過大，終不曾離開過碼頭，直到下午 4 時半才算正式開出。船開動了，船上的秩序漸漸好起來，奇怪的是船舶隊的負責人勢力也漸露頭角，但是他們不再威脅我們馬上搬出去了，私自售票的公案又不知何以了之？

靜下來，我才開始細細打量到這個空間裡的狀況，房間的面積長有五公尺而闊不過四公尺，裡面還放置著桌椅櫥櫃等傢俱，是平常只供十

幾個人吃飯的飯廳，但當時住在裡面的卻有十六個男人、十一個女人加上九個小孩，簡直就等於擁擠地塞在電車上，身子幾乎掉轉不過來，哪裡能談到睡覺。

船開後的第二天，正駛到渤海的中東部，海上起了巨大的東北風，顛簸得非常厲害，桌子上的茶壺茶杯都倒在地板上，多數人都暈船了，好在我們三個人都能支撐得住。

船行到渤海上，遙望南方一帶起伏的山嶺，那就是山東半島的尖端，翻過去山嶺就接近了我的故鄉，可望而不可及的父母和老家啊！歷經了戰火一切還平安嗎？

海是偉大的，我是第一次領略這個偉大的海景，萬頃的巨輪漂浮在上面，仍然是像一葉扁舟，波濤洶湧，望不見邊緣盡頭，令人對造物者將大自然點綴得如此偉大而驚嘆，而對自己的生命又覺得無限的渺小。航行在大海裡，似乎離開了世界，只有同舟的人們彼此通著消息，只有翩翩的海鷗和船作著伴侶。

船行七十個鐘頭（12月9日下午）抵吳淞口，遙望見岸上黃色的樹叢和高高的樓頂，使人得到了無限的安慰。船停在蚓江碼頭，當日下午是傷兵們先下船，所以我們在船上又多過了一夜。站在甲板上，吹來的是涼潤的海風，不像北方的凍冽刺骨，感覺開始在告訴我：我這已是到了氣候溫和的江南了。

春風化雨

堅定求學
醫學院遷校命運

1948 年 12 月—1949 年新年過後

1948 年，上海國防醫學院時期騎馬接受軍訓的
張春興。

1948 年，上海國防醫學院時期，學生除了學科，還
要接受大量的軍事訓練。

NDMC

　　12 月 10 日一早就下船，下船後第一個感到的困難就是聽不懂上海話，我們要雇一輛人力車載行李，單就我要去的目的地「江灣國防醫學院」幾字，他們都聽不懂，後來還是路上一個能通南北兩方語言的人給幫忙當了翻譯。

　　進學校辦了報到手續就有飯吃、有舖睡，先來的新生正在一天到晚地忙著練操，入伍的生活也確實有些苦。報到後的第二天，校方發給了一身黃軍服、皮帶、綁腿的武裝起來，從此脫下了我常常穿的長袍，對鏡自照十足的成了個丘八，12 月 13 日就算正式參加了國防醫學院新生入伍的生活。

　　入伍的第二天，王義德來看我們，離別五年的朋友，異地重逢分外的親熱。他現在交通大學讀書已是快三年級了，他之所以能夠求學，完全是他自己從艱苦的環境中掙扎出來的，在初中時他曾因家庭貧寒休過學，想不到幾年來他輾轉南北，孤身隻影漂泊堅持奮鬥，結果能如願以償的進了交通大學，相形之下覺得自己是落伍了，慚愧！慚愧！

　　國防醫學院是一個特殊的學校，它的前身就是軍醫學校，有一個特點就是屬於職業性的，學生在求學期間完全享受上等兵的待遇，畢了業能不需自己費心就給派上工作。

　　在上海，有著寬大盡夠用的房舍，清靜優美的校園環境，學校經費是充足的，上課儀器是完善的。要說它的缺點，就是國防醫學院的學生缺少活潑自主的表現。不允許像文學校裡學生自治會的組織，也沒有各種活動的社團；其實在這不安的現狀下，固然但求安心讀書是好的，但難免也有些缺點在，學校當局與學生內心間總是有一層隔閡。

　　每一天的課表是上講堂和下操場，講堂上教官講的什麼射擊示範、陸軍禮節等的枯燥課程，同學們很想多上幾堂學科的課程，但在軍醫學院裡有其先天的任務與限制。同學們的心裡都是抱著來習醫救人的目

的，而不是來學軍事的，興趣既然不在此，哪能談到學習效果？

新生入學後六個月的入伍時間，不但把以往的功課忘掉不少，就是作為學生的安靜的心，也因為天天接受槍砲的訓練給擾亂了。尤其這是醫學院，不知為什麼還必須受新兵入伍訓練？

在操場上更令人頭痛，面對的幾個教官，只知道教訓我們像操大兵一樣的「一二一」，同學們都盼望這段入伍期馬上過去。

除了軍事學術科以外，還有兩點鐘的數學和英文，每逢上課時同學們非常踴躍。雖然在名稱上是叫作醫學院，但與其他醫學院大大的不同，科系學制的複雜出人意外，同時分為大學部、職業部、專科部三部分，大學部錄取的是高中畢業生，職業部是初中畢業生，而專科部則是行醫多年而未受正式醫學教育的醫官，在動盪的大環境中，所有艱難都需要去克服。

冷眼紙醉金迷 十里洋場大上海

上海是世界上有名的大都市，人口和商業的量占世界大都市第四位，被稱為「富人的天堂，窮人的地獄」，這裡的確存在著相差懸殊的社會階層。尤其戰火燃燒濃烈的現在，難民充溢了都市角落，更使這種情形日益尖銳化。

不錯，在這裡能看到現代的人類文明，這裡有東方建築最高的大廈，馬路上擠滿了最新式流線型的小汽車，到夜來，眩人眼目的霓虹燈，照澈了半壁的雲天。

上海沒有青山，沒有綠水，黃浦江和蘇州河都好像上海社會一樣污濁。在馬路上看不見一棵樹，一天到晚擠滿了熙熙攘攘的人群，既比不上北平的優雅，也比不上青島的美麗。但是那些萬貨齊備的大公司，五光十色的陳列品，都使人歎絕，這可是個財閥們揮金享受的好地方。

上海充滿了奢侈和虛榮，單就衣著上就看得出來，假若你西服筆挺的走進商店，店員就會滿面堆笑上來逢迎你；假若你衣服襤褸的尷尬

樣，那保證你連三輪車也雇不上，到飯館裡去茶房也不會理你的。由於這種浮華風氣，使學生們也顯得十分不樸素，無論大中小學的女學生，完全是打扮得花枝招展，與街頭看見的闊小姐、太太，甚至妓女們實在分辨不出來。

在上海最感方便的是交通，公共汽車、電車、無軌電車把全市聯絡成密密的網。尤其是公共汽車，在站上絕不用你煩悶地久等，車一輛接一輛來，這使我想起在北平的時候，有一次在六部口電車站冒雨等車，竟挨了一個鐘頭多的時間，比起來實在相差天淵了。黃浦江蔓延在市裡，聯絡了上海市與長江沿岸的都市與海洋各線的交通。

專科以上的學校雖然在上海也有十幾所之多，但因為商業特別發達，反而使人看不到濃厚的文化色彩，在這方面不如北平。此外，上海沒有一個像北平那樣美麗的公園，中山公園算是最好的一個，中正公園只不過是一片荒野，黃埔公園可望望江水，只不過也太窄小了。

但是上海有個特色就是出版界發達，書籍文具有錢均能買得到，報紙也多，尤其是娛樂雜誌刊物充斥街頭，固然這也是文化的表現，但是我以為那仍偏重於商業，因為沒曾見哪幾家報館在街頭各處張貼報紙給大家免費看看的。

由於戰爭的關係，上海也和其他都市一樣，充斥著各地逃亡的難民，人口突然爆增到將近七百萬，但上海的生產事業至今還未恢復到戰前的狀況，所以消耗量增加不已，以致物價非常驚人，隔了一夜會漲上一倍，尤其是缺乏燃料和糧食。看上海表面上一天到晚馬路上車水馬龍，五光十色，像是十分繁榮，但不知道有多少人在餓著肚皮叫苦。

新年過後無形停課

從天津來上海時，在船上就聽說國防醫學院有遷校的傳聞，到校後同學們也都傳說著，不過當時還只是一種醞釀而已。在醞釀中有的說要遷臺灣，有的說要遷廣州，還有的人說要遷貴州，直到新年過後校方才

決定遷臺灣。

其實，學校當局是決定不了遷移計劃的，要按一個學府的眼光來看的話，是沒有遷移的必要，平津陷落前不曾遷出一個大學來，上海南京的其它大學也都不曾考慮遷移，無奈既是軍事性質的學校，必要時就不能不隨軍政機構轉移。

既經決定遷移，之後接著問題就來了，教授們誰也不願意再遠渡重洋；同時各人都站在為學術而學術的立場，不去走政治極端。尤其是研究醫學的人，對政治根本不生興趣，而對目前的混亂局勢，更使一般有學識的人傷透了心。

再就為生活家計打算也都不肯去，一位同鄉賈偉林教授，我同他談起遷校問題時，他的論調就是這樣。他在華西大學畢業後去美國留學，前年歸國，因為黃子連博士和他是師生關係，所以就來本校任教，在法幣貶物價飛漲的情況下，他以官職少校所得的每月薪餉，竟不足維持五天的生活！固然還有眷糧，但是家中太太、小孩也只能勉強填飽肚皮，比起市裡開業的醫師生活要低下數倍；由於種種原因使他不得不在城市裡的醫院裡兼差，早晨跑學校，下午去市裡，一天到晚忙的是生活。

其實這種情形是普遍的，而臺灣被日本統治了五十多年，在政治上雖然沒有什麼建樹，但臺灣的醫業和農業發展得相當可觀，上海的醫學教授在教學之餘，還可以到外面去行醫找到點副業，可是遷移到了臺灣以後怎樣呢？生活好維持嗎？

大家都為生活擔心，所以在幾次會議之後，教授們都沒表示願隨學校行動。在當時教授的陣容是很可觀的，因為林可勝院長本身就是世界上有名的學者，所以他把很多國內醫界的權威集合在這裡，這一次若是因遷校而把些好教授弄散了，對剛剛建立起堅強陣容的國防醫學院真是莫大的損失。林院長的雄心是「五年以後要勝過協和醫院，十年以後要在世界的醫學界上露頭角」，他的宏願恐怕不能如期實現了。

學生們的心情更是苦悶，成長在抗戰八年中已受盡了艱難困苦，勝

利後，誰也希望能在安靜和平的局勢下，去完成自己的學業、去達到自己的理想；現在各大學都忙著建設的時候，而我們卻偏偏在搬家。搬家在學校當局是損失，在學生本身更是損失，臺灣的校舍成問題，到那裡能不能上課更是問題？

有一次我請教賈偉林教授，談起到臺灣是否能上課的時候，他曾這樣說：「在臺灣找到的房舍有多少，我不清楚，只是要按事實來推斷，你們到臺灣最少要休息半年，半年以後才能談到上課的事。」在求學的寶貴過程中，閒置半年以上的耽誤是多麼大的損失！

有誰願意犧牲了自己的學業而閒置荒廢呢？學生們雖也曾對校方表示不願搬家，學校還是做不了主，要違抗不搬政府馬上停發經費，那又有什麼辦法呢！

新年過後，校方既然決定遷校，一切就開始準備起來。政府命令要裁員，縮減之前的龐大機構，國防醫學院全體師員生雖還不過千餘人，但屬於校方的一切部門算起，職員工役等則不下七、八千人，要在最短期間縮減到四千，有些被裁的職員就忙著辦理結束交代，學校裡也忙著把儀器裝箱，功課方面就無形停頓了，我們所受的軍訓也由鬆懈而終至停訓。教官隊長們有些怕裁員輪到自己的頭上臨時無措，乾脆有點辦法的就各自另找飯碗去了。

1949 年，著軍裝的張春興。

戰爭久纏滄桑
人生前途茫茫

1949 年新年過後—3 月

身著軍裝的張春興。

兩個多月的無聊生活

　　無論學校裡怎樣的忙，學生們是忙不著的，不但不忙，反而因為停課倒無事可做了，本來在不上課的期間自己也應該看點書，但是看書總得有安靜的心情和安靜的環境。同學們一方面心煩因為要遷校秩序混亂，一方面心煩的也是當時人人關心的國事和平的進度，希望和平速成功，就不但不用搬家，同時也可免去飄洋過海遠赴陌生的新環境。

　　因希望過高，而政局事實的表現又使人失望和擔心，在這種混亂茫然情緒劇烈起伏下，所過的可說是內心荒蕪的生活。

　　這種無聊空虛的生活開始時，是吃了飯就去蹓馬路，剛剛到上海的人，對馬路兩邊高聳入雲際的大廈也許會驚奇，對百貨公司裡的五色十光的陳列品，更是具有強烈吸引力，雖然明知道那些不是我們窮小子們敢問津的貨物，但站在玻璃窗外面以驚羨的目光去欣賞一番，也覺得是開開眼界。譬如吃的東西，雖然不知道什麼味道，但好歹總可以看看是什麼形狀。

　　馬路上擁擠著各種的車輛、各色各樣的人，有超乎你想像以外的奢華時髦女子，也有你司空見慣的乞丐窮人，在同一個時間和空間裡，階級的懸殊不知要差多少倍！

　　至於像我們衣著二尺半的大兵服裝，既不是有上等階級的有錢大亨，也不是向人乞食的難民，只是外表丘八內裡書生的窮小子，沒人注意我們也沒人欺負我們，其實現在一般人對穿軍服的人實在提不起注意的興趣來了，多半是投以鄙夷的、畏懼的、討厭的眼光。

　　「瞧不起」是因為現在軍隊總是給政府打敗仗、到處風紀破壞、不能保民只會害民的印象；老百姓「畏懼」的並不是丘八打人，而是因為在公共場所中，很多丘八不守秩序。尤其在搶上電車的時候，使一般人最傷腦筋，既怕被丘八擠壞了皮包，又怕骯髒的油泥灰塵被擦在身上。

　　蹓馬路，幾天就夠膩了，於是又往公園及名勝區去發展，有的到各

大學去參觀、訪朋友；但在上海不同於在北平，名勝古蹟既不多又不好，幾天之後就跑遍了，朋友也沒有很多可以訪的，同時各大學的學生人家都在忙著上課，哪有功夫陪著聊天呢？

事實雖然是如此，但總不能使同學們悶在學校宿舍裡。因為在上海丘八們坐電車、公共汽車等皆不需買票，同時還可能在馬路上免費攔個出租車坐，交通是方便的。學生吃完飯向外跑成了習慣，跑出去轉了半天又無聊地轉回來，可去的地方算是玩遍了，於是又開闢了「第二戰場」——電影院、戲院。

電影業在上海是最發達的，差不多每條馬路上都有幾個影院，每週差不多總會有新片上演。本來，電影院與戲院公會都被命令每星期內都需輪流勞軍，但是，電影院、戲院雖多卻比不上丘八們更多，同時人家做生意也不能天天勞軍。丘八們閒著無事，又無錢去做別的消遣，所以每天就成群結隊的不購票向影院亂打衝鋒，秩序無法維持，有些影院就乾脆不加攔擋，於是「白看戲」的天下又打下來了。

我們學生既穿了軍服，所以也常冒充丘八，看了些不花錢的電影，當時算起帳來要去市裡看一場電影，加上來回車票總共不下五百元，而我們當時的月餉還只是七百元。政府既沒給士兵們預備娛樂費及車費，勿怪乎他們就自己想辦法了，越看越大膽，夜日連續東家出來，西家進去，兩月多的時光，最「先進」的同學竟能看到七十二部影片，也可算到了最高紀錄。但所得的仍舊覺得內心空虛，所以鬼混了兩個多月的生活是散漫的，也是無聊的、蒼白的。

離別了上海 冒雨去吳淞

訂定去臺灣的啟程日期，一延再延，由1月初延到1月底，直到2月中旬才算遷走了第一批，第一批包括一部分教職員與二年級以上的學生，全體新生三百多人一個也沒帶走。

於是謠言又發生了：「聽說臺灣房舍成問題，學校的經費又被裁減

了，去年招收的新生一律解散自生自滅等⋯⋯。」雖是無稽之談，同學們煞有其事地紛紛傳說著。又有人說學校為應付當前需要，學制時間縮短，改為短期訓練班；還有的說臺灣的生活如何如何的艱苦，太多的人聚集在一個小小的島上，將來的生活是不堪設想的，辦法多的人還是想別的出路吧⋯⋯。

最後謠言終歸是謠言，事實發生過後謠言自然不攻自破。在當時我自己感覺倒是很遲鈍的，既無辦法就別空想，也不願去亂投機，為了堅定求學不怕苦，而求學到什麼地方是一樣的。臺灣經日本五十年的統治，一旦光復，現在是什麼樣子也值得我去看看。人生本來就像旅行一樣，多去幾個地方多增長一點見識，即便是苦的，也要去嘗試一下；至於遙遠的將來，我不去做空虛的幻想和憧憬，一切付諸命運，讓上天去支配吧。

第一批赴臺人員所乘的船是「安達輪」，該輪船是政府撥歸國防醫學院遷校用的。3 月 6 日「安達輪」由臺灣返回吳淞碼頭，3 月 10 日學校開始運東西登船，13 日下午同學們的個人行李才運上船去。在運行李的前幾天大家都不敢外出，因為此次搬家一切計劃及行程都是一團糟，同學們的行李不知幾時運去，不能不時時刻刻守候著。這幾日的天氣老是下雨，運輸的汽車都是在雨裡往來，很多怕潮濕的物件弄得一塌糊塗，同學們的行李有些就被淋濕了，所幸同學們立刻組織的行李交運小組比較認真，使大家免受不少損失。

在開始運東西的第二天，我們之前所睡的床鋪等都運走了，所以大家都集中睡在屋裡冷地板上，因為不能外出，同時又持續陰雨，大家只好悶在屋地上談天，大家猜想著臺灣的一切，憧憬著未來的命運。

3 月 14 日，天仍下著雨，此刻我們必須去吳淞上船了，下午 1 點鐘上車往三院校區集合，當時因為大卡車來往在雨裡運行李，弄得滿車無一處不是泥水，車上又沒有篷子，我們上車後全身直接受著大雨的沖刷，但大家精神倒還很悲壯亢奮，惜別的歌聲配著淅瀝淅瀝的雨聲。

春風永化雨

當時的情形是悲慘的，這是不同於抗戰勝利後的復原遷校，而是重新開始逃亡，苦風淒雨也許象徵了逃亡者的前途。汽車怒吼一聲馬達發動，把我們悵惘地載去了三院；行駛到翔殷路上的時候，我再度回頭望見茫茫雨色中的校本部中心大樓，不禁想到：「何時再回來啊！會在什麼時候？」

　　上海，東方唯一大都市的上海，來此不滿四個月，沒想到竟這樣的分別了！

　　淞滬公路並不十分好走，加上一直下著雨，車在半路拋過一次錨，到吳淞碼頭用去一個多鐘頭，全身淋得濕漉漉的，尤其車輪濺起的汗水濺滿一身，一套棉軍服弄得一塌糊塗，初春的天氣還覺得有些寒意，再加上一身濕淋淋的泥巴水，真使全身難受。到碼頭下車後，見船上到處是器材、行李、桌椅等凌亂不堪，總隊長雖然親身在指揮裝船，但仍是秩序紊亂。好容易把行李弄上船去，我趁著還在上貨不到開船的時間，又跑到吳淞市內發去一封給王義德告別的信。

　　下午4點半，船開了，「安達輪」在茫茫一片的雨霧中，離開了混濁的黃浦江，駛入了長江口，又駛入了茫茫無邊的大海。

　　腦海中，不期然地又浮起那一幕，回想到去年從天津塘沽新港乘「海張輪」回首看到山東半島時，我心裡倏然抽緊，一剎那間似乎翻過一頁，在人生旅程中，又是一次的別離。

艱辛混亂渡汪洋
初春
臺灣印象

1949 年 3 月左右

張春興 21 歲時從離家到抵達臺灣，隨身攜帶書寫之《旅行手記》的珍貴手稿。

一塌糊塗「安達」了基隆

「安達輪」是一艘破舊的貨船，船艙裡頭因為常運送煤，所以弄得又黑又髒，四壁上生滿鐵鏽，裡面人氣濕度一高，滿處造成返潮水蒸氣，在頂上壁上如黃尿一樣滿處亂滴；艙裡除了塞了不少的東西如汽車、器材外，再擠上六、七百人，簡直缺氧喘不過氣來。

莫說想找睡覺的地方，就是連站站坐坐的地方也沒有，外頭又落著雨不能到甲板上去換換氣，所以同學中多數暈船，滿身濕淋淋的衣服，也得不到替換的機會。

大家各自想辦法，有的爬到汽車頂上去躺著休息，有的爬到堆積著器材的頂上去，至於汽車裡頭則是最好的所在，不過早就被人占滿了。

我與可毅、振訓好容易找到一個空隙，那地方是兩輛汽車間的夾縫，站起來窄的很，但躺下去時兩腿可伸到車底下去，當時談不到清潔和衛生，只要有一點容身休息的地方就滿足了。船艙裡面的空氣實在太壞，但因為外面下雨，又不敢把艙口打開，暈船的人又都嘔吐狼藉，瀰漫的氣味簡直不能聞，在人生的旅途上，真是沒有受不到的罪啊！

15日早晨，好容易盼著雨停了，人們都到甲板上換一口新鮮空氣，雖然各人都疲憊得很，但寧願在外面站著。

一會兒天晴了，露出了多日不曾看見的太陽，各人的身心都感到無限的溫暖和安慰，一望無邊的大海，連續起伏的波浪，翩翩的海鷗，再加上天空漂浮著團團的白雲，是一幅美麗的海景。大家都伏在船欄杆上呆呆地望著，默默無言，不知是回想著過去，還是憧憬著未來，但都是由於目前的景色而發生了感觸。

「安達輪」雖然也是八千噸的大船，但漂浮在海面上仍然像漂流在溪水中的一片小樹葉；剛出長江口轉向南駛的時候，還能遙望西邊的舟山群島，後來駛進了汪洋大海，四面望去茫無邊際。我們學地理知道臺灣與福建只隔著很窄的一道海峽，在地圖上我們看去很小的距離，但是

經過時仍然是無邊的大海，所以，不由得使人覺得世界太大了。在船頭我們拍了幾張照片，是很值得紀念的。

第三天（3月16日），天還沒有亮，很多同學都跑到甲板上看日出，無奈天公不作美，東方蒙上了一層濃雲，始終沒有看見海上日出的美麗。大家都知道在當天上午就可到達基隆港，所以各人又忙著把行李從後艙裡搬到甲板上。

到早上6點多鐘的時候，遙望見前面出現了一嶺青色山脈，大家都不約而同地歡呼起來，遠處的山越來越近，漸漸地可分辨出山上的林木房屋，第一個使我們感到驚奇的就是：竟然滿山都是翠綠色的！

無論是樹林、花草都不像是初春3月的景象，要拿內地的季節來比，這恰像是北方的初夏的景象。「安達輪」慢慢駛進了山嶺環抱的基隆港口，在防波堤的裡面就停下了。

這時候，溫暖的風吹來，使人穿著大棉衣有點悶得不大好受，同學們都過分誇張地吵嚷著要換單衣。在8點鐘的時候黃主任與舊同學組成的服務團代表來歡迎我們，在大家的歡呼和掌聲裡，把他們由小船接駁到大船上來，黃主任對大家宣布：因為港口船隻擁擠不能靠岸，所以領港的小船不能馬上就來，現在林院長正在碼頭交涉，叫大家稍等勿躁。

船是停住了，但因為風浪的關係仍然還是有點搖晃；兩岸是蔥翠的高山，形成了自然而美麗的港口，港灣是彎曲而狹長的，船必須轉好幾個彎子進入碼頭，所以在防波堤附近是看不見碼頭的。要按軍事的眼光看真是一個天險的要塞，要按文學藝術的眼光看則是山水景緻秀麗，青山劃開碧水的界線，海岸曲折真好似多情含蓄的湖面。

在碼頭附近做小販的，大概只知道是從上海開來的船，而不知道載的是窮學生，都爭先恐後地划著小船來賣東西，賣的多數是香蕉甘蔗等，大家都對那些東西渴想已久，但沒錢總是吃不上的，那些小販大概也不曾發財。

等了大約兩小時，領港的船來了，船又慢慢地開動了，經過那彎彎

春風永化雨

曲曲的港灣，大家都站在甲板上欣賞著兩岸的景物，沿路都排滿了密密層層的船，尤其是碼頭上船隻擠得更密集一點，連空隙都沒有。

林院長交涉的結果，是讓「安達輪」靠近另一艘正在卸貨的船，由那艘船做通路，讓我們人先下去，至於其他物品等到以後再說。當時，林院長在碼頭上向大家招手，舊同學所組織的服務團，搖動著旗子高唱歡迎歌，在船上的同學也激動地大聲唱起《團結就是力量》來。

下了船，大家坐在碼頭的空地上休息，基隆碼頭是在遠東建築最具規模的，內地如天津塘沽固然不能相比，就是青島、上海等地比起來也是小巫大巫之感。

岸上一片望不到盡頭的倉庫，倉庫的最前面，相隔遠不過十幾米的是靠近的大船，倉庫的後排就是去臺北的鐵路車站。倉庫與倉庫之間，都有鐵軌相連絡。最前排倉庫與靠船的中間，是一眼望不盡頭的活動起重機，能把船上的物資或倉庫的東西很方便地來往傳送。這樣現代化的裝置，在內地是看不見的，使人不由聯想到當年日本經營費的苦心。

基隆是世界上著名的雨都，一個月經常下二十六、七天的雨，但是巧的很，就在我們到的這天是個大好天氣。落日之後看基隆市是十分好看的，因為整個市區是建在山與水中間，山坡上的萬家燈火倒映在鏡湖一樣的海水裡，望不到盡頭的船燈，彎曲的排列在碼頭邊，展現著豐富燦爛和壯麗。

學生服務團費了很多的周折，好不容易才向鐵路局交涉到一班去臺北的學生專列火車，等到火車開的時候已經是晚上 7 點多，大家都感到十分疲倦和飢餓。

火車行在山嶺間，不時要穿過一個山洞或過一個橋梁，一個鐘頭以後把我們送到了臺北。下火車後，改乘學校準備好的車就到了羅斯福路新校舍裡。這時還應該感謝舊同學服務團，為我們早早備下晚飯和床鋪，使我們未感到任何困難就解決了食宿問題。

感受臺灣

初到臺灣的北方人，第一個得到的印象就是「臺灣的氣候四季如春」，按當時，舊曆不過是 2 月初旬，要在華北，發芽最早的楊柳，枝頭上也不過剛剛發青，其他的草木也不過剛剛開始活動生機；每年清明節前後才是花紅柳綠的時候，而當時距離清明節還有二十多天呢！

臺灣春季是多雨的，很難得有一個晴朗的天氣，這和北方尤其不同，北方有句話說：「春雨貴如油。」是形容春天的雨少，在臺灣就有豐沛的春雨。

但是在臺灣沒有四季感受，眼睛看不到枯木逢春透出的新芽，沒有嫩芽新舒的驚喜、沒有花蕊待放的桃李爭艷，也沒有小草萌發的悸動，看不到大地一夕間由枯萎變成淺黃嫩綠的強烈變化。

在臺灣最常見的是密叢綠枯相雜的植物，不容易看出蓬勃的春的景象，也聞不到明顯春的氣息，所以有人說臺灣沒有春和冬，只是夏和秋的交替。

由於氣候是如此，所以衣著也很少需要隨氣候而作出太大改變，百姓他們省去了穿襪子的麻煩，平時不論穿什麼衣服在身上，腿腳可以是暢快地光著的。

吃的東西差別不大，四季是一樣的蔬菜，像北方家鄉的那種所謂鮮韭黃、嫩黃瓜等，在這裡是不明顯的。東西很豐富，西瓜四季產，香蕉鳳梨甘蔗等，一年十二個月中都不斷的生產，整年之中竟然可能吃到三季的新稻米！

氣候環境的關係使人民生活比較容易，所以在臺灣看不見乞丐，這和內地比起來簡直可說天懸地殊，也許臺灣沒有遭受戰爭的影響，亦為原因之一。

由於日本五十多年的統治，臺灣人都養成了守秩序的習慣，火車站、汽車站的乘客們都整齊的排成行列，這現象使剛從內地來的人感覺

到驚奇。尤其使人奇怪的是：無論多麼繁華的馬路上，竟都沒有一個警察指揮交通，行人們自然而然按照應走的道路去走，汽車來來往往也發生不了車禍。

各種職業差不多可分性別，有些工作女的要比男的爲多：鐵路上的售票員、汽車上的售票員、商店裡的店員、飯店、戲院裡的招待員、圖書館裡的管理員等幾乎全是女性；在勞力的工作，如修建房屋、道路搬石弄瓦的工人、機關學校等團體裡的工役，女子竟也占著一大部分。

臺灣大學學生飯團的伙夫廚師全是 20 歲上下的女性，這一種特殊的現象，叫人看了會想到臺灣是不是女多於男？其實就算多也不會差的這樣懸殊吧？爲何會形成這種風氣？有些工作幾乎變成了女子的天下，聽說他們的觀念是不管工作好壞，總不能做無業的消耗者，他們以無職業爲恥辱，即使家庭狀況雖好，也必須有一個職業，所以女子遊手好閒的很少，但男子們有些 20 多歲的小夥子反而找不到職業。

這種現象的構成原因，還是歸功於日本時代的教育成功。日本雖然限制臺灣人受高等教育，但一般的平民教育卻是相當普遍的，無論男女文盲是很少的。日本時代雖不准許臺灣人學文法，但允許學醫農，所以臺灣的農業和醫學非常發達。每一個小小的角落裡，都能夠見到醫院。尤其是因爲臺灣人多好吃糖，而牙齒易壞，所以齒科醫院尤其是多，要拿臺灣齒科醫院的數量來說，光在一條街上的數量恐怕要比全上海市的齒科醫院還要多。

我的觀察

在農業方面，最成功的就是臺灣的農田水利，不但內地不能與之相比，就是在世界上也是算是領先的。要按臺灣的自然環境看，水利的建設是不容易的，嚴格地說起來臺灣就沒有平原，全境都是高低起伏的山嶺；但是能以偉大的人力建成水利工程，能使可供耕種的土地都變成良田，有的將引水道架在空中，既可做水管也可作爲橋梁。

造林業在臺灣也是發達的，完全看不見一個像北方的禿山，即使崇山峻嶺，也都是生長著茂密的樹林和竹子。

臺灣的交通也比較便利，因為地形的限制，交通該是很困難的，但由於日本五十多年的建設，竟把這些困難克服了。縱貫全省的鐵路在交通上十分的方便，尤其是公路，在每一個鎮與鎮間，差不多全有路聯絡。除了大火車之外還有小火車，鄉下人也多有自行車。有人說臺灣有三多：自行車多、樹多、蚊子多，以每條公路上一群群的自行車來看，說的並不過分。

談到臺灣的交通，我們不能不感嘆當年日本的苦心經營，單由基隆到臺北的一小段鐵路，就穿引四、五個山洞，山谷間都架了鐵橋；尤其是基隆到臺北間的公路，全是用柏油鋪成的，穿行在山間彎彎曲曲像一條白色錦帶。

除了都市與鄉村同樣享受交通便利外，再就是供電化的普遍。走進山野間，若是在晚上，稀落的農家矮小的茅屋裡，會發出十分明亮的電光來，甚至農人們的豬欄裡、雞鴨棚裡都裝著電燈。差不多的農家裡都安著收音機，這些現代文明的享受，鄉村都市是一樣的，想起內地的鄉下老一輩子沒看過的事情來，簡直是兩個世紀。

初到臺灣，首先感到的困難就是語言問題，除了大一點的商店店員能說國語外，其餘一概不懂，因為說的話同南方語言差不多，所以福建籍的同學就完全沒語言問題。此外，日語仍然是很流行的，很多的場合他們還用著日本語，你和他們很費力的解釋半天，他們有時捧腹大笑使你無可奈何。

到現在為止，臺灣人對內地來的人們仍然是不諒解的，由於初得的壞印象，他們以為內地來的官吏只會貪污，軍隊只是不守紀律、腐化、打敗仗，商人只會投機取巧，學生只會浮華奢侈；這樣，中間隔了一條鴻溝，他們一方面是畏懼，另一方面是憎恨，所以他們不願意與內地人接觸，這是件令人痛心的事。

據說當光復的時候，他們也曾熱烈的歡迎過祖國的同胞，不過祖國同胞不爭氣，使他們得到的只是失望，勿怪他們有時還懷念著日本。

日本時代雖然思想上得不到自由，但人民的生活都是安定的，交通、水利都是日本人給他們修建的。現在呢？思想是不再被日本人約束了，但受內地戰爭的影響，物價一天天在漲，生活一天天艱苦起來，人口也一天天多起來，從內地來的富家豪門，囤積居奇，氣勢凌人，更予以極壞的印象。

他們都不明瞭中國現在為什麼不斷地有戰爭？為什麼不在勝利後從事生產建設？戰爭又為什麼使很多人逃到臺灣來？內地的戰爭將來是不是也會蔓延到臺灣來呢？他們不明白：日本人在內地發動戰爭的「惡」，是不應該以臺灣的物質建設的「善」來抵銷的。

國防醫學院的新校址，是在臺北羅斯福路三段靠近水源地，和臺灣大學相鄰。房舍是臺灣省訓團的舊址，本來房舍就不多，被兵工署占去一部分，再加上官長和眷屬們住用了一部分，全體學員生只好都擠在大禮堂裡，三層的鐵床，一張挨著一張沒有一點空隙，簡直成了學生大倉庫，天氣一熱空氣十分惡劣。

從上海運來的許多設備儀器，都堆積在院子裡，雨天也只好淋著漸漸生鏽了。院子裡也被擠滿了，很多汽車都停放在外面的馬路邊，這不但不能和上海時的校舍相比，就是跟在上海時得到的消息來相比也差得很遠，這裡可說連一間教室也沒有，什麼時候能上課？誰也不敢斷定，校方正積極地大興土木，修建美援給的活動房屋。

這時學生們都因為不能安定看點書而擔心，事實上也不能叫人安定，大家的生活是枯燥的、無聊的，除了到臺大操場打打球之外，就是又同在上海時一樣，蹓馬路、逛大街、遊覽名勝，可是我們吃的飯菜卻都比在上海時好得多了。

張春興《旅行手記》中描寫胡適演講盛況。

擠看胡適旋風
期盼和平的夢

1949 年 3 月—12 月

張春興和好友任可毅、余偉文（由右至左），攝於
臺北國防醫學院時期。

萬人空巷看胡適

報紙上登載了「胡適博士 3 月 27 日午後 2 時，在中山堂做公開學術演講」的消息，這在臺北的文化界可說是一件不算小的新聞。

胡適在文化界的地位相當高，當年轟轟烈烈地領導五四運動，使中國傳統文化受到了劃時代的震動。這段時間我沉悶的心情得不到一點精神食糧，感到空虛，能夠聽到名人演說是件難得的事情。

27 日吃過午飯，趕快跑到中山堂去等候，中山堂前的廣場上早排好了的行列，彎來又彎去把廣場擠滿了。雖然距開講還有兩點鐘，但估計在場的人數裡面一定容不下，我失望地排在後頭，可是不到幾分鐘我的身後又排上了很長的一列人群，只好想：只要擠進去，看一看鼎鼎大名的胡適之，就算聽不見什麼論理也不算白跑一趟。

擠著排隊的人，有公教人員、有軍人、有學生，也有不少的顯貴人士，因為在廣場附近停放著很多私家小汽車。

1 點半的光景，開始由一列縱隊向裡進入，經過二十分鐘的光景，排在後面的人們也許因為恐怕擠不進去忽然一陣混亂，有些人突然脫離行列向前打起衝鋒來，這一來秩序大亂！全場的人如潮湧似的往上衝，警察自然無法維持，中山堂的門口雖寬，但容不下過多的行人，小孩子被擠得連叫帶喊，人叢中賣菸小販也被擠垮了攤子。

我也算很僥倖，在人潮中被擠得兩腳不著地，晃晃蕩蕩地被浪潮夾帶擠進了大門，經過門口時擠得簡直叫人喘不上氣來，裡面的座位早滿了，我被擠到人行道的最前頭，在接近演講臺的地方勉強被塞著，接著進來的人擠滿了所有的空間，到最後，有座位的人也被人牆壓著不能坐直了，窗外的走廊上也塞滿了人。

好容易盼到 2 點，胡適出臺了，穿了深灰色的西服，戴眼鏡，在掌聲中微笑著向大家點頭，站在後面的有臺大校長傅斯年及臺灣省參議會的黃會長。

中國文化和自由

胡適首先叫站在臺下的一部分人到講臺上坐地板，我在最前頭，所以又爬上臺去擠著坐在地板上。

先由會長向大眾介紹，然後胡適開始了演說，他講的題目是「中國文化裡的自由傳統」先從先秦諸子百家說起，歷朝各代旁徵博引，一直說到滿清，也許是題目太大了，他準備的材料太多了，短時間講起來似乎有點籠統。他的情緒也很緊張興奮，聲音很宏亮，但說的不完全是京腔，態度從容自然，像一個名流學者的風度。

他舉出很多的例證，說中國文化歷來都是為自由而奮鬥，中國古代諫官御史與史官就開始爭取帝王時代的自由空間，古已有之，並認為孔孟老莊皆自由主義者。最後他談到目前的中國局勢，他說這是中國文化歷史上自由與非自由鬥爭的時代。他說也許大家現在還感覺不出自由的可貴，因為現在大家雖然沒有享受到充分的自由，但畢竟還能談論自由，假若將來一旦我們失掉了談論自由的機會，那時大家也許能更感覺到自由的可貴了。他說這話語調很沉重，自然是反應時局語重心長。

一個半鐘頭的演說，把各個聽眾都擠了一身大汗，在大家圍著胡適要他簽字的當兒，我好容易從人叢中鑽了出來。

這一次胡適到臺灣演講，轟動萬人空巷眾所矚目，要說聽到什麼奧妙的理論，倒不如說是去開開眼界，看一看所謂的世界級「當代的學者」，或有人譽之的「國寶」吧！

和平的夢 「和」比「戰」難

八年的抗戰，不但政府弄得筋疲力竭，全國老百姓更是弄得燈乾油盡，不知多少生命財產做了戰爭的犧牲品。漫長的八年時光，好容易咬緊牙關熬到最後的勝利，舉國上下也算是做出最大的犧牲，付出最大慘烈的代價了。

喘息之餘，滿心想在戰爭後的頹垣破瓦上重建破碎了的心愛家園，抗戰的人們離鄉背井，家庭中骨肉離散弄得七零八落，誰不想今後可以重溫團聚的幸福？

然而好景不常，抗戰是勝利了，但慘痛的內戰隨之而起了，戰爭的烽火越燒越大，東北、西北、華北、華中，人民的生命財產損失的數量比抗戰期間還更多、更慘烈，是國家的不幸，是人民的不幸，言之令人痛心疾首。

內戰將及四年，國內的每一個角落差不多都受到戰禍的波及，多少人們被逼得再度走向流亡的路，多少青年學子喪失了學業或生命，戰爭實在不能再延續下去了，「和平」是舉國人民一致的渴望和需要。

1948 年冬天坐鎮華北的傅作義，提出以不流血的「和平」方式完成了初步的和平。1949 年的元旦，蔣中正發表了和平文告，一時和平的曙光照遍了全國，每一個人的心裡都充滿了希望，希望大家化干戈為玉帛，期望今後的中國一定會走上和平建設的大路。

尤其是像我們離鄉背井在外求學的遊子們，多麼希望今後能在一個和平安定的氣氛裡，去完成我們理想的學業。

大人先生們常說我們青年是國家未來的主人翁、社會的棟樑、民族的新生命，既然不打仗了，今後國家需要我們去建設，我們應該加倍的努力，熱血燃燒著我們的希望，鼓動著我們，好像在我們的前頭出現一條光明平坦的大路。

當時大家都不希望遷校，一旦和平實現當然不必遷校，所以當時大家都好高興，一天到晚都盼著看報上好消息。

盼望著、盼望著，元月 14 日中共毛澤東氏的答覆發表了，他也同意以和平的方式來解決問題，但必須以他所提的八項條件做基礎；所謂八項條件，如果站在人民生命至上的立場來說，則無所謂嚴苛不嚴苛，但各以黨派的觀點看，是否雙方折衷接受則成問題，國民政府遲遲不覆，使人民熱烈的希望消涼了不少。

消息一天天的撲朔迷離，有些是好的傳說，有些是壞的謠言，使關心時局的人摸不著頭腦，一般人到此時才意識到，目前的中國問題並不是那樣簡單，無怪乎有人說：「和比戰難。」

就在這一個時期，學校遷到了臺灣。

先由京滬局部的代表去北平敲了和平之門，到4月1日終於雙方派定代表在北平正式談判。

4月1日是萬愚節，舉世人士莫不注意這一次的國共談判，是真實呢？還是撒謊？唯有受盡戰爭痛苦的全國老百姓只一心專意的祈禱著：希望和平能順利成功。

前些日子我淡漠絕望心情，到此又燃起了希望之火。

儘管在作和平的談判，但前線的仗仍然在打，邊談邊打得延續下去，和平的希望也像是風中殘燈忽明忽暗，一直延續了半個多月。

4月19日，和平代表黃昭雄氏攜來了所謂最後的條件，國民政府考慮了兩天，結果是不能接受！於是舉世矚目的和平談判終告破裂。

和談既告破裂，大戰繼之又起，在中共總動員的令下，21日就渡過了長江，占領了南京，一向苟安的江南至此也燃起了漫天的烽火，接著由滬杭，而武漢。

目前的中國，雖然實在不能再有戰爭了，但是，事實上戰爭仍然在一天天的延續擴大，兩方主戰者誰也說是為了人民的安全幸福，但這樣慘絕人寰的戰爭延續著，人民能得到安全幸福嗎？

最後一線的希望也破碎了，豪門權貴們腰纏黃金美鈔，戰爭給予他們的只不過是搬家的麻煩，仍然可以到處享受逍遙自在，致使臺灣的汽車增多了，洋樓更充實了，豪門權貴仍然還可一樣花天酒地。

戰爭的犧牲者還是窮老百姓，到現在又陷入更痛苦的沉淵。

社會的和平，不過就像夢一樣的破碎消逝了。

春風永化雨

新店再度入伍
哥倫比亞迷思

1949 年 4 月—12 月

《旅行手記》封面。

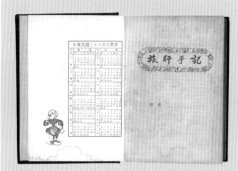

《旅行手記》扉頁可看到當年 1949 年的日曆表。

1949 年，臺北國防醫學院時期，學生被
送往新店受軍訓，張春興攝於碧潭。

熬過肩槍的日子

在臺北的水源地校本部住了兩多個月，仍然是雜亂無章，學校當局沒有辦法復課，同學們要想自己讀點書也辦不到，圖書館也沒有，教室一間也沒建好，大家擠在大禮堂中七百多人像一座人肉倉庫，大家一天到晚苦悶無聊；當初不避一切的困苦，遠渡重洋跟學校來臺灣，還不是爲了想追求完成自己的學業，如今眼看著寶貴的時光一天天耗費過去，誰不覺得可惜？

在無聊中，又傳出了學校當局要把新生送往鳳山重新受軍訓的消息，這個消息更是讓大家憤恨，結果全體新生向學校抗議反對，並要求立即開課。因爲大家來是爲了求學，不是爲了當兵，再說耽誤了入伍也並不是學生的過錯，同時在校的舊生也從未受過六個月的軍訓。

結果校方想出的辦法是：新生全體搬到新店，重新受訓，但受訓教育由學生自己主持，等到開課的時候再搬回水源地來。就這樣在 5 月 26 日搬到了新店。

新店是臺灣的名勝區之一，山明水秀距臺北不過二十華里，有小火車直達，夏天避暑倒是個絕好的地方。

所謂軍訓也不過是在虛應故事，校方是覺得這樣免得學生們散漫、到處亂跑，在同學們覺得反正是拖時間，每天上下午各出一個鐘頭的操，午飯後大家都到碧潭游泳。

碧潭是個絕好的天然游泳池，碧綠的溪水與蒼翠的山峰相映成畫，長達一百五十公尺的吊橋在碧潭的上空，像一條長虹。每逢星期日，小汽車排滿了橋頭的廣場，闊家子弟挽著高貴仕女到處可見。

就在這個時期中，內地的戰爭起了巨大的變化，同學們心情也掀起了巨大的波瀾。一向爲國民黨據守的上海、杭州、武漢、青島、長沙等大都市通通丟失了，陸續逃來臺灣的人也越來越多，人心也越發不安，正因爲人心的不安，又有些同學又私自離校返回內地去了。本來學校若

是馬上開學上課，就不會有這樣的事情發生，求知慾旺盛的青年學生，因爲達不到想念書的目的，由希望而失望，終於另選了路子。

雖然表面上是受軍訓，但閒暇的時間並不少，大多數的同學都學會了游泳，附近的農村也玩遍了，周圍的山也都上去過，最後大家又都到河邊釣魚。

在這個時期意外遇見了宋岱兄，幾年不見他已娶了太太，他就住在新店，閒暇的時候常到他家坐坐。生活雖然是很安閒，但一天天的荒廢過去，覺得十分的空虛，連書本都沒有，想要自修是不可能的。

這時候又有個謠言傳播在同學之間，說是學校要裁減學生，以淘汰的方式舉行嚴格的考試，同學覺得求學的機會還是寶貴，萬一被淘汰離開學校，吃飯問題怎麼解決！大家惶惶不可終日，很多自行組織小組研究功課，在當時散漫枯燥的氣氛中倒猛然添了不少生氣！這件事情直到教務部正式否認後才算煙消雲散。

在當時，我對「N.D.M.C」還抱著很大的希望，希望熬過苦難的軍訓門檻，能得到所要學得的東西。所以不怕困苦，在這動亂的局勢下，始終追求著這一個希望，希望趕快復學，正常授予醫學院的各種課程。一直挨到9月，軍訓的課程雖然結束了，但仍無開課的消息。

好個哥倫比亞式的教育

9月3日結束了肩槍桿的軍訓生活，準備遷回校本部上課。9月底搬回水源地，於是開始受非驢非馬的洋教育。當時學校裡既沒有圖書館、自修室，甚至連教室都不敷使用。

宿舍仍是和兵營一樣，幾百人擠在一塊。表面上雖然說是上課，實際上不能唸書，教授們人數不多，眞正以學術研究爲對象的可說很少。大禮堂是唯一的教室，常常集合兩百多人一起上課，不管程度的差異，總是授以同樣的課程。大學部的學生很多對原文書資料尙感到頭痛，何況職業部的學生呢？

除去已經夠累的正式醫學功課以外，其他如政治、訓育、三民主義、小組討論等的副課，占著大部分的時間，每星期竟有超過四十五小時以上的授課時間，每天差不多都是八小時的功課。

大禮堂裡沒有桌椅，大家都坐小板凳上課，課本是根本沒有的，兩百多人以膝上小板做筆記，一天到晚累得昏頭脹腦，學到什麼也搞不出一點名堂來。

更加上每月僅吃與士兵們一樣的十八元副食餐，營養不足，所以同學們生病的很多。

好像學校的教育原則，是以最迅速、最短的時間授完最複雜的功課。在學制上最奇怪的是：每年四個學期，每學期十星期，但所採用的教材卻都與普通大學一樣。

因為學校的政治副課比普通大學更多，所以無形中主要的醫學課程被影響，而在時間上縮短，例如：幾週要上完一部生理學，再迅速上完一部寄生蟲學。囫圇硬吞不但談不到研究討論，甚至連大概的輪廓也摸不著概念。再加上學生程度的不齊一、人數的過多、缺乏做實驗，學生們內心都有很多疑問和掙扎。

到底為什麼學校這樣做？要等到什麼時候才能恢復上軌道？

有人說，這是模仿「哥倫比亞式」的教育制度，事實如何？成果如何？只有天曉得！

附註：次年 1950 年，張春興 23 歲，雖感念國防醫學院帶他來到臺灣，但戰亂已使自己延誤了許多青春歲月，院長體諒年輕人求知的心，特別准許予以辦理退學。張春興決定改學教育，投考臺灣省立師範學院，重新成為大一新生。

他深感戰爭國難之苦，認為唯有提升教育方能救國圖強，此後一生致力於教育心理學學術傳承，以春風化雨作育英才以及推展社會教育之耕耘為畢生志業。

春興小語 III

學問

「治學是以待來者，會有後世知音的。」

「治學像養蠶吐絲。」

「若天下學者不能凝聚，則本土心理學終究只是各自開花，必不能茁壯成林。」

「『見人所見、言人所言』，進而『見人所見、言人所未言』，進而『見人所未見、言人所未言』。」

人性

「人性似黑屋中一隻黑貓，彷彿在那兒，
卻不易被確實掌握了解和透析。」

「人性科學真理的探究是循環而往復的，紛進迴旋，往往瞭然於後世。」

「難識人性真面貌，只緣心在人性中。」

編後記之一
——記我的父親

張修然 / 2021 年 3 月 11 日 於臺北

　　我是父親的第一個孩子，聽母親說我剛出生的那段時間，他還不忙碌，一下班就逗孩子，充滿初為人父的新鮮興奮，日子雖過得清貧心中卻是喜悅無比。

　　一年之後他通過了公費留考，開始赴美的行程，接下來的人生就一直馬不停蹄，教學、論文、研究計劃，努力衝刺於學術的路途上，父親似乎離我們越來越遠，他的忙碌、壓力，把他埋在成山的稿件書堆中，書房永遠亮著燈，打字機在隔壁房間「滴答滴答……叮！」，我們三個孩子從小就懂得要輕聲玩耍，不能吵了爸爸。

　　安靜的書房忽然飄來咖啡香，只有在他和母親早晚煮咖啡時，苦香味和小匙「叮！叮！」攪著醇黑的液體，愉快的空氣剎那間流動釋放出來……。

　　父親和母親總有談不完的事，他們討論教學、文章、開會、對各種事物感想……心事和工作混在一起，一邊討論，一邊爭執，一邊又手牽手晚餐後出去散步。

　　小時候，他常常出國好久，每次回國，從陌生到熟悉習慣父親在家裡，他又出國了。那時臺灣留學生不能像現在寒、暑假返國省親，以前出國留學通常阮囊羞澀、寒窗苦讀，往往不拚完學位無法回來。當時他在國外也買不起車，搭便車去超市買便宜的蔬菜、雞翅，就這樣三、五年熬成學位。他從獎學金左摳右省下的錢，給我們買些美國的漂亮小玩具飾品帶回來，這期間的堅忍堅定，是近乎修行的過程。

　　那時父母親間的書信來往非常頻繁，航空郵件寫滿了極小密密麻麻的字，感覺紙都寫透了，似乎他們倆穿透了紙張還不夠表達彼此思念的深刻強烈。我們被母親要求每週要寫信給父親報告生活和學習的瑣事，

父親買了漂亮的明信片，努力用國字畫上注音符號回孩子們的信。

　　最辛苦的記憶是：父親某一次出國被留職停薪，經濟緊縮，母親獨力支撐家裡開銷；另一次是父親在美國生病，整個肩膀長期酸痛右手不能動，只能趴在地上用左手一筆一筆寫論文，也練就了左手寫字的功夫。

　　父親的生命中沒有「小確幸」，從大時代走過來的人不奢望小確幸，他眼裡看著「大目標」，忽略滿地荊棘塵土，他把對學術教育和社會關懷責任都扛在肩上，苦與樂都混合成生命複合的滋味了。

　　東華書局創辦人卓鑫淼先生是父親一生的伯樂，卓先生創辦文化事業恢弘而大器。某日卓先生到父親研究室等他下課直接開口邀請寫書。父親拒絕了，他認為單純樸實耿直的山東人，不適合和精明百變的上海人共事。卓先生三顧茅廬，堅持誠意感動了父親，二人全力合作，成了一生的莫逆之交。卓先生識才重諾，傾力支持，和父親傾力執筆精心付出，促成台灣教育心理學界一本本重量級專書呈現，也因此獲得多屆金鼎獎殊榮。

　　退休後的父親，正逢兩岸開放時機，他見大陸各個方面急待開發，他認為教育是唯一可以解救的方針，於是投入中國大陸各大學推廣教育理念，也帶進他的著作。大陸各界求知若渴，除了爭相閱讀更造成盜版猖獗，在那個著作權法不完整的年代，父親認為即時遏止即好，無法追討賠償，因為閱讀與受教育本身，就是對當時資源枯竭的大陸心智與良知的灌溉，是無價的、是最重要的。

　　父親一生最後的精力，灌注在主編兩岸《世紀心理學叢書》，以及十九年獨力完成心理學詞典的編纂。記憶中家裡充滿了厚疊紙張、書籍、十九年來書房淹沒在成川成浪的詞條中，全是手工書寫的年代，漫長且工作繁複的校對過程千頭萬緒，幸而有東華總編徐萬善先生和徐憶小姐協助。《張氏心理學辭典》初版終於在十年後問世，但之後他又花九年改寫成重訂版，前後十九年。長期的工作消耗磨損了父親的

春風化雨

健康，他律己極嚴，思考縝密，病中牽掛著《現代心理學》還要重新改寫，務必精益求精臻於完美。

《張氏心理學辭典》重訂簡字版由浙江教育出版社發行，編輯小組用電腦協助文字圖片處理，動用人力眾多，亦花了五年時間，對於 1977 年張教授開始獨力編寫之沉重艱鉅，他們感到不可思議與佩服，誠然期間的孤獨辛勞已不可言喻，只有傾力支持的母親了解最深。

晚年的父親臥床受盡病苦，母親日夜在床邊陪伴，兩人還是手牽著手，母親最開心的就是父親在長久昏睡後偶爾短暫的清醒時光，兩人四目交對輕輕撫摸，像孩子般喜悅相視而笑。

生命在深秋像枯葉般落下，無限思念在寒冬的詠愛園香樟樹下迴盪，年年春風化雨，滋養萬物生生不息，轉眼父親已走了七年，作為女兒的我，何幸有這樣平凡又極為偉大的父親？

在 2020 年初夏，此時世界歷經疫情而價值崩解的時節，我更體認生命價值底層的理想和大愛追求的珍貴。帶著女兒蘭辰邀請臺灣和大陸學者們，共同發想這本《春風永化雨‧張春興：當代教育心理學巨擘》紀念文集和另一部《時雨化春風》紀錄片，記錄蒐集珍貴的時代片段和真摯情感。感謝吳總校長清基教授能夠擔任整個計劃的總召集人，更感謝教授學者們賜予真情流露的文稿，使書籍和影片順利完成。

父親所經歷的和他給予的一切是那麼豐盛美好！深深懷念父親！
致上無限的愛與敬意！

父親走後，母親才開始過一個放鬆的養老生活，安閒的生活中可以看出她對老伴無盡的思念，

他們相依相伴走過美好的一甲子，圓滿無憾。

但來不及等到這本書完成，母親在 2021 年 6 月 3 日，她決定走了，去另一個世界和父親相會。

炎陽高照的端午前夕，我收拾起無限傷感，把思念注入這本書編排校對，以刻骨銘心的沉重，一字一句爬梳。

生命自有答案，叩謝天地賜我看到父母親的典範，但願他們的故事，給後輩撫慰和鼓舞，

留給後世在順境中慎獨明辨，在逆境中樂觀突圍，他們的愛使我得到無限的力量。

春風化雨

編後記之二
——從哲人散步到我的學步

劉蘭辰 / 2021 年 9 月 於臺北

他是我的外祖父，但是我總喊他「爺爺」！

2020 年初，我在儲藏室找到一本爺爺早年的旅行手記，揭開了塵封已久的祕密……。

這本手記牽引著我，經歷了一次個人源頭的拼湊與探險，讓我重新認識爺爺，體會他奮鬥於大時代的心路歷程，更發現自己與爺爺有許多生命時空巧合的重疊。

我是他第一個孫輩孩子，我的童言童語是他們晚年生活裡最驚喜可愛的存在。在他們每日規律的工作、散步中，添加了我這個小麻煩之後，意外地重新享受到生命的喜悅。據母親形容，爺爺親力親為的照顧著我，甚至心甘情願放下他的讀書寫作時間；餵飯、玩耍、哼哼唱唱，對我比對任何人都來得慈祥且有耐心，而我也在他們的鼓勵與呵護下慢慢長大。

我誕生後，爺爺的書房也變成育嬰房，變成我最早熟悉的環境。我總在成山的稿件書堆中玩耍，他則笑著看我在他的手稿上塗鴉，這個溫馨的書房就是我成長的起點。

爺爺的書房不大，滿牆書櫃擺滿了文件、參考資料，以及他的著作。平時他寫稿，我則在嬰兒床上不哭不鬧地玩玩具。直到我上幼稚園漸漸懂事之後，每次到爺爺家過週末，我總會直奔書房，穿越滿地原文書堆，繞過四散的手稿，蹦蹦跳跳地衝進爺爺懷裡，迫不及待和他分享我的老師、同學在學校發生了哪些有趣的事情。

爺爺從不曾為我打斷他寫作而厭煩，他總是放下手邊工作，開心咧嘴笑著迎接我，認真聽我娓娓道來。我當時並不曉得，那段無憂無慮的童年時光，正是爺爺全心投入重編《張氏心理學辭典》的艱苦工作階

段。每天下午他都會坐在書桌前，有時靜默工作，有時嚴肅思考，我則在旁畫畫，偶爾探索書架上艱澀厚重的巨冊，有心理學、教育學、歷史、文學、哲學等多種領域的書籍，還有一疊又一疊的辭典手稿；有一次，我甚至在書堆中驚喜發現爺爺藏著準備要送給我的生日禮物。

印象中，爺爺的書桌上常常堆疊著紙條，紙上布滿他與編輯們反覆校對的筆跡。他的原子筆、鉛筆、橡皮和膠水等文具，散放在書桌上，以便隨時取用。春去秋來，工作沒有假期，歲月規律而紮實地緩慢前進，累積出沉甸甸的光陰和一本本厚重重的著作。

爺爺唯一的休閒，只有學生來訪的時候上餐館用餐，或晚飯後到臺大校園散步。年幼的我也參與了每天的散步行程，我從坐在嬰兒推車裡好奇張望著世界，到在爺爺的驚喜與歡笑中，搖搖晃晃地邁開了孩提學步的階段。

如今爺爺離開七年了，我首次閱讀到他年輕時的旅行手記，當時的他正好與現在的我年紀相仿，可是我們的生命經歷卻那麼不同！我要如何去分享他的生命經驗，了解老一輩人傳給我們的生命價值？

爺爺年少時離鄉獨立奮鬥、堅毅求生，又在戰亂中失學，所以日後更加倍地把握每個學習、讀書與寫作的機會；他直到晚年臥病在床，都還惦記著未完成的書稿與教育使命。執筆至此，腦海中清晰浮現爺爺的臉龐，他和我說道：「能為理想而工作，能為夢想而努力是多麼幸福！」我從小跟在爺爺身邊，也養成了靜心工作的習慣，只要有幾隻筆和書本，再點上一盞檯燈，對我而言就是全世界了，足以喚回童年在爺爺書房心安玩耍的幸福感受。

自去年年初，母親與我著手編輯這本文集，邀請教授們賜稿、整理上百篇論文手稿、老照片與剪報，並同時拍攝紀錄片、安排訪談，調閱華視歷史新聞錄影帶……我才真正認識到爺爺所處的大時代環境，了解臺灣社會篳路藍縷創建的過程。從 1950 年逐步推進到千禧年，人們經驗了產業轉型、解嚴、新紀元、新科技、新文化等社會快速變遷的跨

越，讓我從中得到啓示，並獲得前行的能量。

　　回想起來，那些俯首桌邊，歲月靜好的書房午後，兩位老人家一左一右牽著我，緩緩繞行臺大校園散步的平靜傍晚，這種幸福並非理所當然，但我眞正嚐到了幸福的滋味。那些踏實自在的領悟，是因爲爺爺明白他的願景、價值和使命，才能在變幻無常的生命中安頓自我，也爲家庭帶來穩健的支柱，而在多年後的今天，他這股力量依舊陪伴著我們前行，陪伴我們邁向人生中的每一個階段、邁出生命裡的每一個步伐。

附録

張春興重要經歷

臺灣師範大學教育學士、碩士，美國夏威夷大學教育碩士，美國奧勒岡大學哲學博士，美國哥倫比亞大學研究學者。

曾任臺灣師範大學教育心理學系教授、系主任，美國普渡大學客座教授，心理學會理事長，心理衛生協會、教育學會、輔導學會理事，教育部學術審議委員會、大學學術發展委員會、教師申訴委員會委員，臺灣師範大學終身職名譽教授及博士生導師，花蓮教育大學教育科學講座教授，北京師範大學、南京師範大學、山東師範大學、山西大學、吉林大學客座教授。

美國名人學院新世紀學術名人獎章
2000

美國名人學院心理學成就獎
2000

美國名人學院心理學炬光獎
2001

心理學
金鼎獎圖書類圖書出版獎
1977

張氏心理學辭典
金鼎獎圖書類圖書出版獎
1989

張氏心理學辭典
金鼎獎圖書類圖書著作獎
1989

現代心理學
金鼎獎圖書類圖書出版獎
1991

現代心理學
金鼎獎圖書類圖書著作獎
1991

「文章表列」與「座談及受訪表列」

資料取材自 1958 至 2007 年之間，包含張春興教授本人所列論文清單，及納入所有之前未列入之文章印刷文本和手稿。共收錄「文章表列」272 篇及「座談及受訪表列」49 篇。

部分文章存有珍貴手稿，將捐至國家圖書館善本書室，可至「國圖當代名人手稿典藏系統」查閱。

少數文章雖存有完整手稿，惟發表刊物及日期未詳或未發表，但也一併收錄於表列中。發表年代及刊物儘量求取正確，但因年代久遠若略有出入在所難免。

本表儘量集中所有資料，以圓滿及完整為考量，可以深入觀察張春興教授長達半世紀之學思歷程，以及他觀照於時代演變的歷史軌跡，目的為呈現一位學者投入畢生心血之貢獻。

文章表列

1. 臺灣省社會中心學校調查報告，1958 年，師大教育系社會中心教育研究室，與孫亢曾
2. 美國的高等教育，1959 年，教育與文化 209 期 1-5 頁
3. 從青年的需要說到社會中心教育的職業指導，1960 年，社會中心教育 2 期 13-20 頁
4. 波特法案與英國教育，1960 年，師大教育研究所集刊 3 輯 153-168 頁
5. Proposal for Setting up a Guidance Program in Elementary School in Taiwan，1961 年 12 月，刊載處未詳
6. 兒童興趣兩性差異的分析，1963 年，教育文摘 8 卷 3 期 25-27 頁
7. 學習中的成敗經驗對慾望層次的影響，1963 年，教育輔導月刊 13 卷 6 期 10-12 頁
8. 教室氣氛與學習，1963 年，臺灣教育 150 期 2、21 頁
9. 腦波記錄器在心理學上的應用，1963 年，科學教育 9 卷 8 期 1-6 頁
10. 如何增進兒童的思考力，1963 年，教育文摘 8 卷 10 期 15-18 頁
11. 增強與交替學習，1963 年，師大教育研究所集刊 6 輯 1-46 頁
12. 如何才不致浪費天才，1964 年，教育文摘 9 卷 4 期 1-3、40 頁
13. 桑代克與學習心理學，1964 年，教育輔導月刊 14 卷 6 期 6-7、14 頁
14. 中文直橫行書寫速度之實驗研究，1965 年，師大學報 10 期 1-14 頁
15. 消除現象與間歇性增強，1965 年，科學教育 11 卷 7、8 期 11-16 頁
16. 教室氣氛與教學，Classroom Climate in Teacher Process，1966 年，臺灣教育 105 期
17. 學童過度練習有用嗎？談重複作業的效果，1966 年 7 月 5 日，自立晚報
18. 人類交替學習之腦電波的實驗研究，Electroencephalographic Studies of Classical Conditioning in Man，1967 年，師大心理與教育學報 1 期 69-84 頁
19. 過度練習對習後記憶效果之影響，1967 年，師大心理與教育學報 1 期 113-125 頁，與劉鴻香
20. 心理學通論書稿，約 1967 年，未發表，有手稿
21. 科學教育與教育科學：從美國教育的轉變論我國教育的發展，1969 年，師大教育研究所集刊 11 輯 75-84 頁
22. 插入學習材料的組織層次與逆向作用關係之研究，1969 年，師大心理與教育學報 2 期 61-72 頁
23. 自我能力與性格的了解對大學成績的影響：Atkinson 氏成就動機理論的實驗研究，1969 年，師大心理與教育學報 3 期 89-99 頁，與簡茂發

24. 正常人腦波頻率與其情緒穩定性之關係，EGG Alpha Frequency Correlate of Emotional Stability in Normal Adult Subjects，1969 年，師大心理與教育學報 3 期 49-57 頁

25. 中國大學生課外閱讀興趣之調查研究，1970 年，師大教育學報創刊號 1-25 頁，與王振鵠

26. 負學習遷移之「自發性恢復假說」的實驗研究，1970 年，師大心理與教育學報 4 期 1-11 頁

27. 當前美國大學教育上的問題，1971 年 11 月，師大青年輔導研究會輔導與研究 10-13 頁

28. 兒童語文學習環境對其聯對學習與遺忘之影響，The Effects of Social Environment on Paired-Associate Learning and Retention in Normal Elementary School Children，1971 年，師大心理與教育學報 5 期 11-23 頁

29. 近百年來常用字彙研究評述，1972 年，教育論叢 267-310 頁，文景書局

30. 國小中高年級兒童作文常用字彙研究，1972 年，師大教育研究所集刊 14 輯 51-79 頁，與邱維城

31. 教育的實驗研究與輔導，1973 年，13-20 頁，刊載處未詳，有手稿

32. 兒童語文習慣的複雜度與其聯對學習及學後保留關係之實驗研究，1973 年，師大教育心理學報 6 期 1-14 頁，與郭生玉

33. 教師的心理健康，1974 年，教育與文化 415 期 6-8 頁

34. 教育心理學的誕生與發展，1974 年，師大學報 19 期 1-24 頁

35. 小學自然科啟發式教學對兒童推理思考發展的影響，1975 年，師大教育心理學報 8 期 11-24 頁，有手稿

36. 不像問題，但是問題，1975 年，中國論壇 1 卷 5 期，

37. 小學男女教師人數懸殊對兒童行為發展的影響，1976 年，教育論叢 2 輯 541-560 頁，文景書局

38. 師大不宜單獨招生，1976 年，中國論壇 1 卷 7 期 7-8 頁

39. 從心理學的觀點談職業婦女產後留職停薪兩年的新構想，1976 年 3 月 3 日，中視新聞，另刊未詳，有手稿

40. 視而不見？視而不見，1976 年，中國論壇 1 卷 11 期，有手稿

41. 不宜禁止國小代辦勞作材料，1976 年，中國論壇 2 卷 3 期 4-5 頁，有手稿

42. 國小男女生兒童學習行為的差異與其教師性別的關係：性別角色的認同楷模對兒童學習行為影響的分析研究，1976 年，師大教育心理學報 9 期 1-20 頁

43. 從現實環境的感受談青年的生活適應，1976 年，中國論壇 2 卷 5 期 30-34 頁

44. 專校評鑑切莫虎頭蛇尾，1976 年，中國論壇 2 卷 7 期，有手稿

45. 淺談工業心理學：影響工業績效之人因素的科學研究，1976 年 9 月 27 日，臺灣新生報，有手稿

46. 抽樣方法，1976 年 10 月 31 日，刊載處未詳，有手稿

47. 假如我再是大學生：對大學生求學態度的建議，1976 年 10 月 21 日師大教育學會講稿，中國論壇 3 卷 3 期 37-41 頁，另刊 1977 年，師鐸 6 期 10-17 頁，有手稿

48. 家庭與學校教育的配合，1976 年 12 月，幼獅月刊 183-195 頁，另刊青少年輔導叢書：家庭與青年：親職教育的探討，有手稿

49. 論大學教授的升等與退休，1977 年，中國論壇 3 卷 8 期 34-36 頁，有手稿

50. 大學評鑑之後，1977 年，中國論壇 3 卷 9 期，有手稿

51. 小學短缺男教師的隱憂，1977 年 3 月 14 日，新生報，有手稿

52. 心理學的發展，1977 年，新時代 17 卷 4 期 12-16 頁，有手稿

53. 國中「後半段」學生的苦境，1977 年，中國論壇 4 卷 1 期 7-11 頁，有手稿

54. 國小男女生學業成績的性別差異與其教師性別差異的關係，1977 年，師大教育心理學報 10 期 21-34 頁，與陳李綢，有手稿

55. 國民中學輔導工作實施狀況之調查研究，1977 年，師大教育心理學報 10 期 83-90 頁

56. 校園暴行誰之過，1977 年，中國論壇 4 卷 5 期 20-23 頁，有手稿

57. 組織革新與排拒革新心理，1977 年，中央月刊 9 卷 10 期 32-37 頁，1977 年 6 月 27 日，實踐堂講稿，有手稿

58. 迎接未來的挑戰：現代化過程中人性的開發，1977 年，中國論壇 4 卷 9 期 32-35 頁，1977 年 7 月 28 日，國父紀念館文化經濟專題講座講稿，有手稿

59. 青少年的心路歷程：自我的追尋（上、下），1977 年 10 月 12-13 日，大華晚報，1977 年 6 月 30 日，中華心理學會心理與人生講稿

60. 美國大學教育的過剩、貶值、與變質，1977 年，中國論壇 5 卷 4 期 32-35 頁，有手稿

61. 「惡」性補習惡在哪裡，1977 年，中國論壇 4 卷 8 期，有手稿

62. 工業化社會中人與工作的關係：組織心理學的基本理論與有關研究，1978 年，師大學報 23 期 41-68 頁

63. 心理學小型理論的發展在教學上的意義，約 1978 年，刊載處未詳，有手稿

64. 從心理學的觀點談愛情、婚姻、性關係中幾個似是而非的觀念，1978 年，中國論壇 7 卷 2 期 24-29 頁，有手稿，1978 年 10 月 18 日，師大樂群堂講稿，另刊 1978 年，衛生教育半月刊 450 期

65. 議員出國與小學生書包，1978 年，中國論壇 7 卷 4 期

66. 青年的煩惱與出路：升學就業問題的心理分析，1979 年 2 月 9 日，國父紀念館文化講座講稿，有手稿

67. 新潮流沖激下看婚姻與家庭的前途，1979年，中國論壇7卷10期19-24頁，1978年12月5日，教育部社教司與師大合辦健康教育講座講稿，有手稿

68. 今日青年的升學與就業問題：解除自我心理的煩惱‧追求實際可行的出路，1979年3月29日，聯合報，另刊中國論壇7卷12期

69. 性教育的困惑（上、下），1979年4月19-20日，民生報，1979年4月9日，政大教育學會和心理學會性教育講座講稿，有手稿

70. 「我」的煩惱，1979年，中國論壇8卷2期29-34頁，1979年3月21日，師大青年輔導研究會教育學會講稿

71. 解決中文橫寫問題宜循科學研究途徑，1979年5月16日，民生報，有手稿

72. 學習困難訊息的回饋對國中生數學科成就的影響之實驗研究，1979年，師大教育心理學報12期15-34頁，與林清山、范德鑫、陳李綢

73. 學習困難訊息的回饋對國中生英語科成就的影響之實驗研究，1979年，師大教育心理學報12期69-88頁，與吳武典、洪有義

74. 國中學生英語科學習困難問題的分析，1979年，師大中等教育雙月刊30卷3期19-24頁，與吳武典、洪有義

75. 國中數學科學習困難原因之調查與分析，1979年，師大中等教育雙月刊30卷3期25-29頁，與林清山、范德鑫、陳李綢

76. 聯考前談志願，1979年，刊載處未詳，有手稿

77. 教育問題不容忽視，1979年8月25日，臺灣時報

78. 從一個回頭浪子說起，1979年，中國論壇8卷10期，有手稿

79. 青年的認同與迷失，1979年，中國論壇8卷11期28-35頁，1979年7月23日，政大暑期輔導研習講稿，有手稿

80. 重視教師們的呼聲，1979年9月21日，聯合報，有手稿

81. 「學人」五解，1979年，中國論壇8卷12期，有手稿

82. 風雨中的自我導航：與大學生談大學生活，1979年10月15日，中大校訊，1979年10月9日，中央大學專題講稿，林素份記錄，另刊中國論壇9卷4期32-39頁，有手稿

83. 談青少年的身心成熟，1979年11月5日，刊載處未詳，有手稿

84. 情緒與生活，1979年12月25日，中國論壇9卷6期27-33頁，1979年10月29日，政大教育系講稿，有手稿

85. 離譜的廣告，1979年，刊載處未詳，有手稿

86. 學生頭髮問題何須小題大作，1980年，中國論壇9卷7期

87. 讓充滿希望的一代健康地成長，1980年，中央月刊12卷3期66-70頁，有手稿

88. 友愛三部曲：人間感情關係的心路歷程，1980 年，中國論壇 9 卷 8 期 46-48 頁，1979 年 12 月 1 日，張老師月刊、心理衛生協會、輔導學會聯合舉辦青年人關心的事講稿，有手稿

89. 洋和尚念經，1980 年，中國論壇 9 卷 11 期，有手稿

90. 剪不斷理還亂：青年人的感情困擾，1980 年，時報雜誌 19 期 6-8 頁

91. 揭開「代溝」之謎，1980 年，中國論壇 10 卷 2 期 37-44 頁，1980 年 2 月 10 日，國父紀念館文化專題講稿，有手稿

92. 聯考之前談備考與應考，1980 年 6 月 1 日，臺灣時報

93. 有待提高素質的高等教育，1980 年，中國論壇 10 卷 6 期 33-36 頁，另刊中論教育叢書：當前的高等教育問題代序，有手稿

94. 從重要事項的價值取向分析我國現社會中的代間差距問題，1980 年，師大教育心理學報 13 期 1-12 頁

95. 聯考的代價，1980 年，中國論壇 10 卷 7 期，有手稿

96. 就業前的心理準備，1980 年，師大校刊 192 期，又名踏出校門第一步：與大專畢業生談就業前的心理準備，另刊 1980 年，中國論壇 10 卷 8 期 43-49 頁，1980 年 5 月 28 日，臺灣省教育會、師大學輔中心講稿，金樹人記錄，有手稿

97. 怎樣革除讀書的不良習慣，1980 年，中國論壇 10 卷 9 期 41-46 頁，有手稿

98. 國家建設中有待加強的教育事業，1980 年，中國論壇 10 卷 10 期 25-29 頁，另刊中論教育叢書：國家建設與教育代序，有手稿

99. 要媽媽，不要婆婆，1980 年，中國論壇 10 卷 12 期

100. 「教書」不「教人」：教師角色認同的危機，1980 年 9 月 28 日，聯合報，有手稿

101. 青年人的迷惘與教育問題，1980 年 11 月 1 日，聯合週刊 4-5 頁，高雄師範學院教育系創系十週年講稿，沈一鳴記錄

102. 體罰．光說禁不是辦法，1980 年 11 月 10 日，聯合報，有手稿

103. 「體罰」與「五育並重」，1980 年，中國論壇 11 卷 4 期，有手稿

104. 從青少年問題的社會成因看學校教育功能的危機，1980 年，中國論壇 11 卷 6 期 43-46 頁，原載中論五週年文集挑戰的時代，有手稿

105. 升學路終點的徬徨：與臺大同學談大學生的自我追尋與自我肯定，1981 年，中國論壇 11 卷 8 期 29-35 頁，1980 年 10 月 20 日，臺大心理衛生中心與心理學會心理健康講座講稿，有手稿

106. 請注意教育的反效果，1981 年 1 月 27 日，聯合報，有手稿

107. 「第六倫」的觀念與名稱：道德貴乎實踐，形式並不重要，1981 年，中國論壇 11 卷 12 期，有手稿

108. 怎樣突破讀書的心理困境：從知易行難談讀書的動機與興趣（上、下），1981 年，中國論壇 12 卷 2、3 期，1980 年 12 月 23 日，師大青輔會與教心學會學術講稿，有手稿

109. 高中生的自我知覺與對父母期待知覺間的差距與其學業成績的關係，1981 年，師大教育心理學報 14 期 31-40 頁

110. 怎樣突破聯招困結的建議，1981 年 6 月 20 日，聯合報，又名怎樣突破大學入學考試制度的困結，有手稿

111. 第三勢力：人本心理學的探索，1981 年，中國論壇 12 卷 8 期，有手稿

112. 願教育事業更上層樓，1981 年 9 月 20 日，國是獻言，有手稿

113. 教育的代價：從教育歷程看青少年問題，1981 年，中國論壇 12 卷 12 期 9-14 頁，有手稿

114. 大學聯招與偏倚學風，1981 年 9 月 28 日，聯合報，另刊 1982 年 6 月 5 日，師大昆崙 29 卷 2 期 20-23 頁

115. 改革教育的必要行動，1981 年，中國論壇 13 卷 1 期 35-37 頁

116. 大學聯招改進方式的評議，約 1981 年，中國論壇，有手稿

117. 青年人最關心的感情問題，約 1981 年，刊載處未詳，1979 年 12 月 12 日臺北醫學院講稿，1980 年 1 月 3 日工技學院講稿，有手稿

118. 祝孩子們健康快樂，1982 年 1 月 1 日，臺灣時報，有手稿

119. 教育的代價：談教育與學生身心發展配合的問題，1982 年，中國論壇 144、151 期

120. 頭髮事小，教育事大，1982 年 1 月 13 日，聯合報，有手稿

121. 從青年心理看髮禁爭議，1982 年，中國論壇 13 卷 9 期

122. 配額保送辦法的商榷，1982 年 2 月 28 日，聯合報

123. 萬物之靈莫知自解：人類追求自知的心路歷程（上、下），1982 年，中國論壇 13 卷 11 期 22-25 頁、13 卷 12 期 52-56 頁，1981 年 10 月 30 日，師大教育心理學會學術講稿，有手稿

124. 從社會變遷談如何促進師生關係，1982 年，張老師月刊 9 卷 3 期 17-20 頁

125. 今日大學生與大學教育，1982 年，張老師月刊 52 期 30-35 頁，1981 年 11 月 23 日清華大學講稿，有手稿

126. 心聲愛意傳親情：從一項嘗試性研究談國中輔導工作，1982 年 4 月 7 日，臺灣時報，有手稿

127. 現代親情，約 1982 年，刊載處未詳，有手稿

128. 杏壇濫竽何其多，1982 年，中國論壇 14 卷 2 期

129. 大學教育環境與青年期自我統整形成關係的初步研究，1982 年，師大教育心理學報 15 期 31-46 頁，與黃淑芬，有手稿

130. 教育豈是社會敗壞的原因，1982 年，中國論壇 14 卷 5 期 27-29 頁，有手稿

131. 天才教育震撼過後，1982 年，中國論壇 14 卷 8 期，有手稿

132. 手段與目的脫節：從心理學觀點探討教育問題究竟出在哪裡，1982 年，中國論壇 14 卷 9 期 34-38 頁，政大 55 週年校慶講稿，有手稿

133. 從教育歷程看青少年問題，1982 年，中國論壇 14 卷 12 期 9-14 頁，

134. 失去了傳統・加重了使命：教師自身應解的惑，1982 年 9 月 28 日，聯合報，有手稿

135. 家庭教育觀念的再改變，1982 年，中國論壇 15 卷 3 期，有手稿

136. 從心理發展看國中生行為問題的成因，1982 年，張老師月刊 10 卷 4 期 34-41 頁，1982 年 7 月 3 日，張老師月刊社講稿，有手稿

137. 親子關係的新觀念：家庭教育的新觀念及親子感情的心路歷程，1982 年，青少年生活教育 9 期 27-29 頁，師大學輔中心講稿

138. 參考書問題的聯想，1982 年，中國論壇 15 卷 6 期，有手稿

139. 大學生讀書的態度與方法，1982 年，刊載處未詳，有手稿

140. 研究論文撰寫法，約 1982 年，刊載處未詳，有手稿

141. 工作・休閒・娛樂：提升生活品質的心理探索（上、下），1983 年，中國論壇 15 卷 9 期 47-51 頁、10 期 53-56 頁，1982 年 9 月 11 日中國心理學會、中國時報、桂冠圖書心理與生活講座講稿，有手稿

142. 面對教育問題・救救下一代─總評三十年來的教育政策和教育制度，1983 年，聯合月刊第 20 期 46-50 頁，有手稿

143. 名重而實輕的師範教育：師範教育法消極限制的影響，1983 年，師大校友月刊 208 期

144. 「求學」五解，1983 年，中國論壇 16 卷 1 期

145. 走出自我的「迷惘」：從自我認識談自我開拓與提升（上、下），1983 年，中國論壇 16 卷 2 期 47-51 頁、3 期 61-64 頁，1983 年 1 月 26 日，臺灣基層金融研究中心講稿，有手稿

146. 從師大學生的求學心態看師範教育的隱憂，1983 年 4 月 26 日，聯合報，有手稿

147. 驪歌唱斷師生情，1983 年，中國論壇 186 期，有手稿

148. 愛的教育，1983 年，中國論壇 189 期，有手稿

149. 教育・莫作脫班的列車：「建立人文化的科技社會」系列專題之五，1983 年 8 月 23 日，中國時報，有手稿

150. 自由・機會・選擇・負責：從臺大學生張祖復的輕生談大學生應有的求學態度，1983 年 9 月 15 日，聯合報，有手稿

151. 請再為師範生前途想一想，1983 年 12 月 18 日，聯合報，有手稿

152. 辦教育莫打小算盤，1983 年，中國論壇 189 期，有手稿

153. 與聞青少年心聲有感：兼談日新國小學童告狀風波，1983 年 12 月 30 日，中國時報，有手稿

154. 從師大學生的求學心態檢討師教法「加強師範生專業精神」構想的成效，1983 年，師大教育心理學報 16 期 1-28 頁
   註：本篇引起查調事件及輿論激烈討論爭議，參看「座談及受訪表列」，第 33 篇及「文章表列」第 216 篇

155. 社會變遷與教育失調，1983 年，思潮的脈動 241-274 頁，韋政通、李鴻禧主編，中國論壇社出版

156. 大學生翹課問題的心理探討，1983 年，中國論壇 185 期，原刊於 1983 年 6 月中國論壇符芝瑛採訪撰寫，後經張春興改寫為此文，有手稿

157. 人本教育的現代意義，1984 年，中國論壇 17 卷 9 期，有手稿

158. 百年大計談學制改革，1984 年，中國論壇 203 期

159. 要怎樣的社會，先怎樣辦教育，1984 年 3 月 30 日，聯合報，有手稿

160. 防止精神病害的治本之道：從病態暴行事件談人性教育，1984 年 4 月 20 日，中華日報，有手稿

161. 增加青年對傳統的了解，1984 年，自由青年 658 期

162. 略談教育新聞的五弊，1984 年，報學 7 卷 2 期

163. 國中編班教學問題之調查研究（一）國中教師、行政人員及學生家長對現行編班教學方式的看法，1984 年，師大教育心理學報 17 期 15-50 頁，與郭生玉

164. 淺談行為科學，1984 年，中國論壇 18 卷 7 期 61-64 頁，有手稿

165. 現代人生活的心理困境：快樂就是健康，1984 年，自由青年 661 期 39-44 頁

166. 青年文化的涉歷與超越：要領導青年，先了解他們（上、下），1984 年，中國論壇 215 期 34-39 頁、216 期 38-41 頁，有手稿

167. 面對未來的轉變：青年人應如何選擇前途，1984 年，中國論壇 217 期 28-30 頁，有手稿

168. 教師節的省思：從多元標準檢討師範教育功能，1984 年 9 月 30 日，中國時報，有手稿

169. 希望的追尋與挫折，1984 年，中國論壇 217 期，有手稿

170. 高中及大學生社會責任感之分析研究，1984 年 11 月 18 日，臺灣地區社會變遷與文化發展研討會論文

171. 我們的一點心願，約 1984 年，民生報，有手稿

172. 無深根怎能長大樹：談大學教育發展的困結，1985 年 1 月 9 日，聯合報，「新年新挑戰」專欄系列之八

173. 開拓教育的新境界，1985 年 1 月 10 日，聯合報「瞻望民國 70 年代」專文之九，有手稿

174. 祛除婆婆心態，提升校園文化，1985 年，教育資料文摘 84 期，另刊校園之聲：1986 臺灣教育批判

175. 提升校園文化的境界，1985 年 1 月，教育資料文摘 37-40 頁

176. 從「師大人」的角色認同談建立師大人新形象，1985 年，今日教育 45 期 68-72 頁，有手稿

177. 有教育而無教養：青年節談重建青年的好形象，1985 年，中國論壇 228 期，有手稿

178. 親職教育：今日父母必修的課題，1985 年 4 月，中國論壇，另刊 1985 年 7 月 2 日，中央日報，有手稿

179. 從當前大專青年心態談校園倫理—重振校園倫理提升校園文化，1985 年 5 月 15 至 16 日，中國時報，另刊 1985 年 6 月，師大學生輔導中心校園倫理專輯 27-38 頁，有手稿

180. 我國推行親職教育成效之檢討與展望，1985 年 5 月 21 日，美南（休士頓）國建會宣讀論文，與曹中瑋，有手稿

181. 校園倫理重振乎？新建乎？，1985 年，中國論壇 234 期，有手稿

182. 為健全的成人生活作準備，1985 年，中國論壇 234 期 46-49 頁，1985 年 5 月 12 日國際社會福利協會亞太地區會議討論引言稿，有手稿

183. 極待商榷的「師範教育法」，1985 年，自由青年 671 期

184. 應否改革與願否改革：教師節談師範教育的爭議，1985 年 9 月，刊載處未詳，有手稿

185. 應否改革與如何改革：談師範教育觀念上的爭議，1985 年 10 月 1 日，中國時報，有手稿

186. 民國 39 年以來學校教育的發展與檢討，1985 年 10 月，臺灣地區社會變遷與文化發展，387-429 頁，中國論壇編委會出版，聯合報文教基金會臺灣地區社會變遷與文化發展研討會，宣讀論文，有手稿

187. 樂觀師專改制，1985 年 11 月，刊載處未詳，有手稿

188. 善探眾人智慧，少用行政權威：從兩件事評教育部的決策，1985 年，中國論壇 21 卷 5 期，有手稿

189. 如何發揮師範校院的教育功能，1985 年，中國論壇 245 期 26-30 頁，1985 年 9 月 22 日，臺大臺灣社會的變遷與發展研討會宣讀論文，有手稿

190. 國中高低成就學生心目中之「父母教育態度」研究，1985 年 12 月，金華女中輔導室編印

191. 國中編班教學問題之調查研究（二）國中生對現行編班教學方式的看法，1985 年，師大教育心理學報 18 期 17-38 頁

192. 從學校教育談家庭心理衛生，約 1985 年，刊載處未詳，有手稿

193. 從國教整體看特教得失，1986 年，中國論壇 249 期，有手稿

194. 大學生讀書‧苦少而惑多，1986 年 3 月 29 日，中國時報，有手稿

195. 教子成材勝於望子成龍：有什麼樣的父母，就有什麼樣的子女，1986 年 4 月 18 日，聯合報，有手稿

196. 價值定向追尋幸福的人生，1986 年，新師國教世紀 21 卷 10 期 1-5 頁，曾文志記錄

197. 國中階段品學優劣與觀護中少年親子關係的研究，1986 年 4 月，行政院委託研究專案

198. 三途并進發展學前教育，1986 年 4 月，現代教育 1 卷 2 期 12-16 頁，有手稿

199. 放開學校背後無形的手：為下一代的教育留一片乾淨土地，1986 年，中國論壇 256 期 48-51 頁，有手稿

200. 師範教育公費制度的檢討與建議，1986 年 5 月 31 至 6 月 1 日，臺師大 40 週年校慶師範教育學術研討會宣讀論文，1986 年 7 月，現代教育 1 卷 3 期 94-109 頁，有手稿

201. 「同考異榜」模式：突破新制師院招生困境的建議，1986 年 6 月 26 日，中國時報，有手稿

202. 過個充實的暑假，1986 年，中國論壇 260 期，有手稿

203. 這一代青年的順境與困境，1986 年 8 月 1 日，天下雜誌，有手稿

204. 價值學習四部曲：價值感、價值觀、價值標準、價值判斷（上、下），1986 年 9 月 3 至 4 日，聯合報，有兩份手稿

205. 社會變遷與角色改變，1986 年，中國論壇 264 期，有手稿

206. 人師難求，經師亦不易得，1986 年 9 月 29 日，聯合報，有手稿

207. 高級中等教育的發展與檢討，1986 年 10 月，現代教育 1 卷 4 期 3-13 頁，1984 年 12 月聯合報文教基金會與中國論壇「臺灣地區社會變遷與，文化發展」研討會論文改寫，有手稿

208. 國中品學優劣兩極端學生親子關係之比較研究，1986 年，師大教育心理學報 19 期 1-20 頁

209. 大學教師聘任制度之檢討與建議，1987 年，現代教育 2 卷 1 期 3-12 頁，中國人權協會宣讀論文，有手稿

210. 說良心話，做良心事，1987 年，校園之聲：1986 臺灣教育批判序文，敦理出版社，有手稿

211. 語文教育的關懷，1987 年，中國論壇 275 期，有手稿

212. 語言性質的教育心理觀，約 1987 年，刊載處未詳，有手稿

213. 誰之過：談學校教育的反效果，1987 年 4 月 21 日，聯合報，有手稿

214. 救救我們的下一代：談教育正常化的途徑，1987 年 4 月 27 日，聯合報，有手稿

215. 新制師範學院師資與教學之展望，1987 年 5 月 22 日，政大 60 週年校慶學術論文集 105-109 頁，政大 60 週年校慶暨教育研究所 33 週年所慶，新制師範學院之展望研討會論文，有手稿

216. 言其所信‧行其所言，1987 年，中國論壇 271 期 46-49 頁，有手稿。註：參看「文章表列」第 154 篇及「座談及受訪表列」第 33 篇，為「師範教育法」風波及查調事件始末之完整過程

217. 大學教師形象的失落（上、下），1987 年，中國論壇 281 期 59-64 頁、282 期 56-62 頁

218. 如何建立大學教師形象，約 1987 年，刊載處未詳，有手稿

219. 聯考後的省思，1987 年，中國論壇 283 期，有手稿

220. 知之歷程與教之歷程：認知心理學的發展及其在教育上的應用，1987 年 10 月 16 至 17 日，行政院國家科學委員會認知與學習基礎研究，第二次研討會專題論文，另刊 1988 年，師大教育心理學報 21 期 17-38 頁，有手稿

221. 智商不代表智力，1987 年，中國論壇 290 期，有手稿

222. 屬於大學的，歸還給大學：大學法的爭議與共識，1987 年 11 月 1 日，聯合報，有手稿

223. 大學教育改革第一步：從部修大學法到校訂組織規程，1987 年 12 月 3 日，中國時報，有手稿

224. 評「四十年來臺灣教育之面貌及變遷」，1987 年，刊載處未詳，有手稿

225. 從情緒發展理論的演變論情意教育，1988 年，臺灣區省立師範學院，兒童發展與輔導學術研討會論文集 107-125 頁，有手稿

226. 生活規範由師生拍板定案：建立民主法治的校園文化，生活教育應是學生需要的、知道的、做得到的，1987 年，聯合報

227. 開放高中畢業生留學利少弊多，1987 年，中國論壇 23 卷 7 期，有手稿

228. 提昇大學教育水準須先辦好私立大學，1988 年，中國論壇 297 期，有手稿

229. 莫再爭教育學分，應改革師範教育，1988 年 2 月 1 日，中國時報，有手稿

230. 實踐民主理念・辦好教育事業，1988 年 3 月 25 日，中國論壇 25 卷 12 期 34-35 頁，有手稿

231. 思想觀念，見與言，1988 年，中國論壇 302 期，有手稿

232. 文化分裂危機與融合教育策略，1988 年 7 月 27 日，聯合報，1988 年，國建會教育建設組論文 5-10 頁，有手稿

233. 大學生心態與導師角色，1988 年，中國論壇 26 卷 10 期，有手稿

234. 師大心輔系（所）廿年發展之回顧與反省，1988 年 9 月，刊載處未詳，有手稿

235. 中小學師資培育制度改革芻議，1988 年 10 月 12 日，聯合報，有手稿

236. 談現代青年的迷失與定向，1988 年 10 月 31 日，回覆專訪的手稿，刊載處未詳，有手稿

237. 從整體看國民教育問題，1988 年，中國論壇，有手稿

238. 七十八年元月廿五日校務會議發言稿，1989 年 1 月 25 日，刊載處未詳，有手稿

239. 學官異途，豈能兩棲，1989 年 2 月 27 日，自由論壇，有手稿

240. 中小學師資培育制度改革意見之調查研究，1989 年，教育部修訂師範教育法研究專案之二，師大教育心理學報 22 期 22-48 頁，與張芬芬、張景媛、湯維玲

241. The Growing Generation in a Changing Chinese Society: Youth Problems and Strategies，社會轉型期中成長的新生代：青少年問題與防治策略，1989 年，p.243-254, Bulletin of Educational Psychology, Taiwan, Normal University, Taipei, Taiwan, R.O.C.，1989 年 5 月 31 日至 6 月 1 日，亞太地區學者會議發表論文，有手稿

242. 能者不為不能者不能為：沉困心理學辭典十年甘苦談，1989 年 6 月，張氏心理學辭典初版序，有手稿

243. 挽救師道危機，1989 年 9 月 21 日，聯合報

244. 談教師專業，1989 年 11 月 26 日，中國論壇，有手稿

245. 溫馨滿門親子樂：談親子之愛，1990 年 3 月 30 日，衛生教育，慶祝張老師成立 20 週年，臺北青年諮商服務中心舉辦人生之愛系列講座講稿

246. 延長國教問題的爭議與共識，1990 年 4 月 16 日，聯合報，原稿再改寫，共兩篇手稿，初稿原名：循民主與科學原則追求教育理想：論延長國教方案之決策與執行

247. 今日父母應如何管教子女，1990 年 8 月 25 日，中國論壇，有手稿

248. 他山之石：從美國教學心理學發展趨勢看國內中小學教學正常化問題，1992 年 4 月 20 至 25 日，AERA 論文報告

249. 「三不」與「四要」，1992 年，中國論壇，有手稿

250. 你懂得工作與休閒嗎，時報週刊 239 期 51-55 頁，心理與生活講座，尚德敏記錄

251. 社會變遷與青少年問題：臺灣地區事實的觀察與分析，1992 年，師大教育心理學報 25 期 1-12 頁，1991 年 10 月 15 至 18 日，南京師範大學中國心理學會教育心理專業委員會，全國學術年會專題論文

252. 教育心理學研究的新取向：目的教育化·對象全人化·方法本土化，1993 年，師大教育心理學報 26 期 1-21 頁，1992 年 10 月 6 日，北京師大校慶面向 21 世紀的教育科學與心理科學，研討會專題講稿

253. 採三化研究取向建立教育心理學的獨立體系，1994 年 4 月，教育心理學三化取向的理論與實踐初版序

254. 「不當體罰學生，老師判決賠償」體罰問題的根源還是在家庭，1995 年 1 月 6 日，聯合報，另刊師說 77 期 22 頁

255. 建立民主法治的校園文化，1995 年 2 月 22 日，為吳英璋教授教育政見說明會發表建言，有手稿

256. 在應用科學基礎上建立教育心理學的獨立體系，1995 年，師大教育心理學報 28 期 1-14 頁，另刊 1995 年教育研究與實驗 2 期 37-46 頁

257. 從教師法整體看教師宜否罷教問題，1995 年，教師法相關研討會論文

258. 願爲兩岸心理科學發展盡點心力，1996 年 5 月，世紀心理學叢書總序，另刊教育家的話心理與教育四記 95-98 頁

259. 教育心理學能爲教師做些什麼，1996 年 5 月，教育心理學三化取向的理論與實踐重修版序

260. 從臺灣師資培育制度的改革看新世紀的教師發展，1999 年 2 月 22 至 24 日，香港教師教育國際學術會議新世紀的教學效能與教師發展宣讀論文

261. 弘揚中華傳統文化與教育現代化：改革學校生活教育培育具有中華文化素養的下一代，1999 年 10 月 12 至 19 日，中國社科院海峽兩岸弘揚中華民族文化，學術研討會宣讀論文，有手稿

262. 教育心理學的困境與出路：全人教育取向教育心理學的構想，1999 年 12 月，香港教育學會學報，有手稿

263. 論心理學發展的困境與出路，2002 年，心理科學 25 卷 5 期 591-596 頁，中國心理學會出版，2002 年 9 月北京師範大學百週年校慶講稿，另刊 2006 年應用心理研究 31 期 55-66 頁、教育家的話 97-108 頁，2003 年獲香港世界文化藝術研究中心國際優秀論文獎，初稿原名：論心理學的教學與研究取向，後改爲：論心理學的困擾與出路，有手稿

264. 教育的理想與現實：十年教改成效不彰問題之檢討，2003 年，教育家的話，邀稿但未發表，有手稿。註：本文校對完成印刷前，突然變卦上層指示本文與主題不合拒絕刊登，作者收回稿件

265. 人的教育是教改忽略的主題，2003 年，刊載未詳，本篇爲第 264 篇教育的理想與現實：十年教改成效不彰問題之檢討之補充說明續篇，有手稿

266. 心理學的教與學：知難行亦難，2003 年 2 月，心理學原理自序，有手稿

267. 心理學研究本土文化取向的理論與實踐，2004 年，心理科學 27 卷 2 期 420-422 頁，中國心理學會出版，另刊 2006 年，應用心理研究 31 期 67-73 頁，有手稿

268. 知難而不退不亦愚乎：獨編張氏心理學辭典 17 年心路歷程，2004 年，教育家的話心理與教育四記 99-103 頁，有手稿。註：本文爲 2004 年預計出版之張氏心理學辭典重訂版序文，但因校對修改又耗時兩年。雖已發表，但未收錄在辭典中，延至 2006 年重訂版才校對完成，又重新寫一篇序文出版，見第 271 篇

269. 外行人談體育，2004 年 3 月 2 日，國立體育大學演講稿，有手稿

270. 從思想演變看教育心理學發展宜採的取向，2005 年，北京大學教育評論 3 卷 1 期 87-93 頁，2004 年 4 月 21 日，北京大學教育學院講稿

271. 心理學辭典路上一人獨行十九年：知難不退不亦愚乎，2006 年 2 月，張氏心理學辭典重訂版序。註：本文爲 2006 年重寫一篇序文，內容與 2004 不相同，標題也由十七年改爲十九年。

272. 教育心理學思想隨相關科學之發展而改變，2007 年 7 月，教育心理學三化取向的理論與實踐重修二版序

座談及受訪表列

1. 聯考後談高中學生的出路問題，1978 年，出版與研究半月刊 26 期（1978 年 7 月 5 日座談會）

2. 大學教授談大學教授，1979 年，中國論壇 8 卷 6 期 10-20 頁（1979 年 5 月 25 日專題座談會主持），有手稿

3. 張春興為我國青年寫專書，1979 年 7 月 22 日，大華晚報，程榕寧報導

4. 從青年的心理特徵談現階段生活及行為輔導新觀念的重要，1979 年 8 月，臺灣時報，（1979 年 8 月 17 日臺灣時報 8 週年臺灣地區現代化的回顧與前瞻座談會稿），有手稿

5. 三十年來臺灣教育座談會，1979 年 8 月 25 日，臺灣時報，有手稿

6. 青年人談青年問題，1980 年，中國論壇 9 卷 12 期 10-23 頁，（1980 年 2 月 10 日座談會主持）

7. 認識自己的性向和興趣，1981 年 3 月 29 日，新生報，（1981 年 3 月 18 日，青輔會、中視、新生報聯合舉辦性向興趣、學業成就與升學就業座談），有手稿

8. 能不能會不會願不願：以此作升學就業依據，1981 年 3 月 29 日，新生報青年節特刊報導

9. 請聽聽兒女的心聲，1981 年 4 月 25 日，中央日報，潘大芸報導

10. 代溝與溝通，1981 年，中國論壇 12 卷 5 期 9-19 頁，（1981 年 4 月 25 日座談會主持），張慧英、王美玉、林淑蓉記錄

11. 上大學何妨慢幾年，1981 年，健康世界 67 期 48-50 頁，李如箏報導

12. 如何使大學教育更富彈性，1981 年，大學雜誌 150 期 4-19 頁，（1981 年 9 月 15 日座談會）

13. 國中輔導問題之評析：基層工作者的心聲，1982 年，中國論壇 13 卷 12 期 63-72 頁，（1982 年 2 月 21 日座談會主持）

14. 當前學術審查制度之探討，1982 年，中國論壇 14 卷 4 期 9-35 頁，（1982 年 3 月 5 日座談會）

15. 門裡門外的徬徨：訪張春興教授，1982 年 5 月 30 日，銘傳會統系刊 2 期 41-45 頁，鄭琦瑭報導

16. 徘徊在進退兩難間的資優教育，1982 年，中國論壇 14 卷 5 期 58-61 頁，符芝瑛報導

17. 怎樣寫好讀書報告，1982 年，中國論壇 14 卷 6 期 49-60 頁，（1982 年座談會策劃主持）林端記錄

18. 學人對經濟問題的看法，1982 年，中國論壇 14 卷 9 期 9-29 頁，（1982 年 7 月 25 日座談會），有手稿

19. 教師節談師道，1982 年，中國論壇 14 卷 12 期 8-25 頁，（1982 年 8 月 27 日座談會主持）

20. 怎樣突破大學入學考試制度的困結，1982 年，中國論壇 15 卷 2 期 9-24 頁，（1982 年 7 月 30 日座談會主持）

21. 談防範犯罪因應之道，1983 年，今日生活 198 期 7-9 頁，梁景芳報導

22. 教育環境與青年的感情生活，1983 年，中國論壇 15 卷 12 期 12-15 頁，符芝瑛報導

23. 當前國中教育總檢討，1983 年，中國論壇 192 期 7-23 頁，（1983 年 8 月 12 日座談會主持）

24. 大學新生的心理背景，1983 年，中國論壇 192 期座談會

25. 成長中自我的探索：國內大學生的求學心態，1983 年，自由青年 650 期 42-46 頁，鄭正忠報導

26. 百年大計談學制改革：從現行學制缺點談學制改革，1984 年，中國論壇 203 期 8-26 頁，座談會主持

27. 把學生教成快樂有用的人，使之成材成器對社會貢獻，1984 年 3 月 30 日，民眾日報

28. 跟孩子一起成長，1984 年，張老師月刊 81 期 55-63 頁，專題策劃主持，參與：萬家春、沈寶琴、馮聞、董麗真，有手稿

29. 師範教育的展望：從教師專業教育的必要談師範教育改進的途徑，1984 年，中國論壇 220 期 7-20 頁，（1984 年 11 月 2 日座談會主持）

30. 現代青年特質的分析與反省：社會期許與自我追尋的矛盾，1984 年 12 月 23 日，聯合報，聯合報生產力社會面系列座談會，有手稿

31. 有形教育的最後一站：「大學教育的理想與實際」討論會，1986 年，幼獅月刊 398 期 6-20 頁，（1986 年 1 月 13 日座談會），林金靜記錄

32. 教育部李煥部長邀請座談講稿，1986 年 7 月 8 日，座談會

33. 大學自主與學術獨立座談會，1986 年，中國論壇 267 期 10-24，（1986 年 9 月 30 日座談會）。註：參看「文章表列」第 154 篇及第 217 篇，有手稿

34. 教師困境的因應之道，1986 年，婦女雜誌 9 月號，林芝報導

35. 大學生可否參與教學評鑑，1986 年，中國論壇 268 期 10-18 頁，座談會主持

36. 訪張春興老師談現代人師—現代教師的應為與難為，1987 年，師大人文學刊 6 期 6-10 頁，吳敏玲報導

37. 功利社會中人本教育的反省，1988 年，中國論壇 1988 年 3 月 18 日論壇講座（韋政通主持）

38. 從定向到迷失？從迷失到定向—談大學生的自我追尋，1988 年 12 月 10 日，經濟天地 49 期（輔大經濟學會），林憲羣、李文心報導

39. 大學聯考公平合理嗎，1989 年 3 月 16 日，中國論壇座談會，有手稿

春風化雨

40. 春蠶到死絲何盡：訪金鼎獎得主張春興，1989 年，出版情報雜誌 20 期 6-7 頁，徐薇謹報導

41. 談張氏心理學辭典，1989 年，出版情報雜誌 20 期 8 頁，游乾桂報導

42. 認識休閒娛樂，約 1990 年代，休閒世界 8-9 頁（刊載處及時間未詳），李萬千報導

43. 教師管教學生矯正不良行為應負法律責任嗎？制定適度體罰辦法，促使教學訓導正常化，1991 年，師說 38 期 6-22 頁（1991 年 9 月 26 日座談會）

44. 國中教育漸喪失倫理秩序：面對當前亂象，應由下而上建立管教共識，1991 年 11 月 26 日，中時晚報，韓國棟報導

45. 用愛與智慧建立親子倫理的基礎教育，1998 年，行天宮通訊 27 期 25-27 頁

46. 體罰由親師團體執行：吳英璋教局長遴選政見會表示採張春興教授建議方向，1995 年 2 月 23 日，聯合報，牛慶福報導

47. 教師懲罰準則草案遭教局擱置，吳英璋局長請張春興教授重新研擬，1995 年 3 月 16 日，中國時報，江昭青報導

48. 校園民主才便於實施管教權：教局委請張春興教授研擬教師懲戒法案，1995 年 6 月 14 日，中國時報，江昭青報導

49. 串連兩岸心理學家催生大部頭世紀心理學叢書，2003 年 10 月 12 日，中國時報，丁文玲報導

張春興手稿
——人的教育是教改忽略的主題

　　本篇爲張春興教授 2003 年論文〈教育的理想與現實——十年教改成效不彰問題之檢討〉之補充，也是他思考歷程的軌跡，並未發表。

　　文中分析臺灣教改嚴重忽略了「人本」價值，錯誤的施政方向導致青少年問題頻仍。他根據多年教育心理學研究經驗，對教改提出建議，希望能提升國內教師專業、增進全人教育思維、成就每一個學生，實際爲社會帶來進步的力量。

　　經由學者留下的親筆手稿字跡，更能體察他的起心動念，書寫的溫度彷彿仍然鮮活炙熱而永恆。

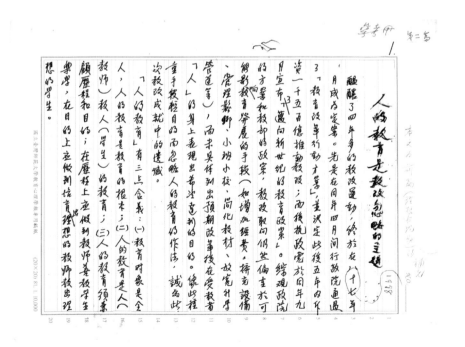

1.

2.

如何加強人的教育？宗者提供兩点建議：

一、將煉經師兼人師原則培育理想教師

於前述人的教育是人師人的理念，理想的教師是經師教人讀書，也須教學生作人的教師。經師兼人師的培育有賴於教師伴是：第一，使教師具有三面一体的素養；

二、像其他專業（如醫師律師等）一樣，須經嚴格訓練建立教師資訊制度－三面一体專業素養是：(1)專科專長，是有善於這科科的專門知識；(2)教育素養，具有於這科科的心理層面的理學生生習的成長；(3)專業精神，懷有誨人不倦的精神和熱愛學生。這三種都是素養是

師為以例。不是修過教學課程後補修教育學可擔任教學課程。大學生在教學教學分就到中小學教學生學數學，是兩回事。理想的做她是，大學習好數學的學生在己學習數學時，就有將來教中小學習數學的心理準備，這像醫師的學生，打從入學起修讀的相關學科，都會和他將來從醫濟世的志願連在一起，此次

教政，從醞釀到政策，始終書桐師資培到發的改革到為主題，縱無評直強化屬有師範校院，使之符合上需儲，也無評迴改進師範為統的教育學程，使之學程更佳教用；不強調實踐，不重視檢定，美其名日多元開放，實則放棄許人為師。如此下一代愛教養益於不顧，實作法，實為此次教改的一大敗筆。

三、改進知識教學以實現全人教育理想

於前述教育對事是全人的理念，理想的學生是友理想教師教學下養成全人發展的學生。惟從學校教育的差本和知能看，其他各育都是在一般，教學校教育上必須先求知識教學成功，然後全人教育的理想始能實現。如果學生樣不能獨過為，學校一向獨重智育是失敗的原因，此說似是而非。才與才現友學校知能教學所獨重者，不是"智育"，而是"知育"。知育與是養本和誠的記憶和背誦，智育乃是將學生從生活體驗中轉化為智慧。智慧之上再引學生在那誠的上有，轉化為智慧人生。

3.

4

由此可見學校知識教學是必要的。惟知識教
學不能視為目的，只視為歷程；歷程之後學
生全人發展才是目的。如何經由歷程達到目的
？等皆提供兩點建議：

一、教學歷程中知、行、情、意四者並重

知識學以教材為主。學生能否學會教材，端視
教師能否讓學生在心理上產生知、行、情、意的
變化而定。如學生學會知識且表現行動（俗說
家喻），他就會因知和覺行的成就感和自尊心
而喜歡知識。唯有喜歡知識者才會主
動求知的意志。不過，知和行的標準不是絕對
的，是以學生的智識水平的評量依樣的。
甲等生對教材之全部領和解釋算是成功，乙等
生對教材之部分要点領和解釋也非算是成功。此
外，知和行的順序也非道行而後知。有的學生道
於知而後行，有列知覺教學等
必須兼顧，否則知覺教學多徒於知。

二、教學目的在於知識之上的智慧和人生

學生全人發展的理想境界，除了閱良好生活習
慣的身心健康和享閱教材學習的基本知識之外

國立臺灣師大學校心理學術典藏專用稿紙　(20×20) 81.1.10,000

，更重要的教師們在知識教學中啟蒙學生智慧
，並在生活輔學中引導學生領悟人生。智慧用
於是非判斷和解決問題，人生用於價值衡量和
人生方向。兩者都不是直接教出來的，但在既
能教書也能智能人的教師門下，的確會出現這
類。學生。基於此義，本文所指的知識教學可以
純非唯知主義。上述理念也可推前到學校的生活
教育。

學校忽視人的教育，已使社會付出巨大代價
。此上可由青少年的事率行為表現看出。除數
量多的中輟生厭惡學校教育之外，青少年犯罪
現象更是惡質化：不但由校外進入校內，由學
業失敗的中學生秧子學業成功的大學生和研
究生，而違犯罪手法殘忍，搶劫施暴殺人放火
，這些人都受過相當教育，他們之所以如此，
業失敗的中學生而言，對學校教學來使
他們產生知行憎喜，對學業成功的人生而
致、是他們只學到知識書本知識和人生方向所
致、回到本文主題，這些學生只不過是以往學
校教育忽視「人的教育」後果的犧牲品而已！

國立臺灣師大學校心理學術典藏專用稿紙　(20×20) 81.1.10,000

春風化雨

1-5 張春興手稿〈人的教育是教改忽略的主題〉，完稿約於 2005 年。

重要出版作品

《心理學》
與楊國樞，三民書局，1960 年代

《心理學》
與楊國樞，三民書局，1969

《心理學》
與楊國樞，三民書局，1969

《心理學》上冊
東華書局，1975

《心理學》修正版
東華書局，1976

《心理學》修正版下冊
東華書局，1976

《心理學》修訂十三版
東華書局，1985

《張氏心理學辭典》
東華書局，1989

《張氏心理學辭典》
東華書局，1989

《張氏心理學辭典》
東華書局，1989

《張氏心理學辭典》
上海辭書出版社，1992

《張氏心理學辭典》
上海辭書出版社，1992

《張氏心理學辭典》重訂版
東華書局，2006

《張氏心理學辭典》簡明版
東華書局，2011

《張氏心理學辭典》重訂版
浙江教育出版社，2019

《張氏心理學辭典》各式版本

《教育心理學》
與黃堅厚、路君約、邱維城，
臺灣省教育廳，1969

《教育心理學》
與黃堅厚、路君約、邱維城，
臺灣省教育廳，1972

《教育心理學》
與林清山，文景書局，1973

《教育心理學》修訂版
與林清山，文景書局，1974

《教育心理學》重訂版
與林清山，東華書局，1981

《教育心理學》修訂版
與林清山，東華書局，1988

《教育心理學：三化取向的理論與
實踐》
東華書局，1994

《教育心理學：三化取向的理論與
實踐》
東華書局，1994

《教育心理學：三化取向的理論與
實踐重訂版》
東華書局，1996

《教育心理學：三化取向的理論與
實踐》
浙江教育出版社，1998

《教育心理學：三化取向的理論與
實踐》重修二版
東華書局，2007

《現代心理學》上冊
東華書局，1990

《現代心理學》下冊
東華書局，1991

《現代心理學》
東華書局，1991

《現代心理學》重修版
東華書局，2009

《現代心理學》
上海人民出版社，1994

《現代心理學》
上海人民出版社，1994

《現代心理學》
上海人民出版社，2005

《現代心理學》
上海人民出版社，2016

《現代心理學》
上海人民出版社，2021

《青年的煩惱與出路》
東華書局，1979

《怎樣突破讀書的困境》
東華書局，1982

《成長中自我的探索》
東華書局，1983

《教育的應為與難為》
東華書局，1987

《青年的認同與迷失》
東華書局，1983

《希望的追尋與挫折》
東華書局，1985

《教育的應為與難為》
東華書局，1987

《青年的認同與迷失》修正再版
學海出版社，1981

《教育的心理基礎》
臺灣省教育廳，1974

《青年的煩惱與出路》
世界圖書，1993

《怎樣突破讀書的困境》
世界圖書，1993

《成長中自我的探索》
世界圖書，1994

《教育的應為與難為》
世界圖書，1993

《希望的追尋與挫折》
世界圖書，1993

《青年的認同與迷失》
世界圖書，1993

《近百年來常用字彙研究評述》
文景書局，1972

《中國兒童行為的發展》
與楊國樞，環宇出版社，1974

《洛氏教育心理學》
與汪榮才合譯，原著 M.R.Loree，
國立編譯館出版、
大聖書局印行，1976

《心理學概要》
東華書局，1977

《當前高等教育的問題》
中國論壇社聯經出版，1980

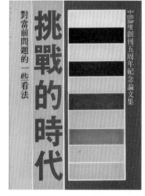

《挑戰的時代：對當前問題的一些
看法》
中國論壇社聯經出版，1980

《國家建設與教育》
中國論壇社聯經出版，1980

《心聲愛意傳親情》
桂冠圖書，1982

《年輕人的感情世界》
桂冠圖書，1982

《年輕人的感情世界》
桂冠圖書，1982

《姻緣路上情理多》
桂冠圖書，1984

《跟孩子一起成長》
臺北市立社會教育館，1984

《姻緣路上情理多》
桂冠圖書，1985

《面對未來的沉思》
中國論壇社聯經出版，1985

《感情婚姻家庭》
桂冠圖書，1986

《感情婚姻家庭》
桂冠圖書，1981

《國中編班教學問題之調查研究》
教育部教育研究委員會，1985

《大學生與校園文化》
嵩山出版社，1985

《姻緣路上情理多》
黑龍江人民出版社，1987

春風化雨

《一九八六台灣教育批判》
敦理，1987

《心理學思想的流變：心理學名人
傳》
東華書局，2000

《心理學思想的流變：心理學名人
傳》
上海教育出版社，2002

《心理學原理》
東華書局，2003

《心理學概要》重修版
東華書局，2004

《現代心理學》
上海人民出版社，2009

兩岸圖書及出版主編
主編世紀風波
心理學辭典主編
論文主編
社會時論
推動學校輔導工作
建構

【張春興大事記要】

● 學術研究論文《加強師範生專業精神》發表，「師範教育法」第十七條引起軒然大波，與校長調查事件干擾學術獨立之論戰，研討開放師資問題促開教改爭辯序幕。

● 深入國中、安教育廳委託推展九年國教輔導工作及師資問題，及推展家庭教育之二教合一理念。

● 1990年代教育部重要法令如「國民教育法」、「中等教育法」、「師資培育法」、「教師法」等修法工作，均由張春興擔任重要起草人。

● 推展校園民主校長遴選，安教育部委託擔任起草研議「大學法」。

● 1977至1987年獨力完成《張氏心理學辭典》，1988至1989年排版校對修正歷時一年，撰寫歷時十年，校對修正歷時一年，1989年《張氏心理學辭典》初版付印發行。

● 獲兩項金鼎獎（《現代心理學》，東華書局）。

● 獲兩項金鼎獎（《張氏心理學辭典》，東華書局）。

● 開始邀遊至大陸名名大學講學。

● 獲大陸學術榮銜，體認大陸學術困境，思考以現代化之開解困境的途徑。

● 決定以教育講座方式以以叢書推屬方式展開，張春興開始主編《世紀心理學叢書》由兩岸二十五位心理學專家教授執筆，見證臺灣民主過程，局與浙江教育出版社聯合出版。

【時事環境記要】

※ 美麗島事件。

※ 正式公布「師範教育法」。

※ 臺灣解嚴，開放兩岸探親。

※《中國論壇》與《張老師月刊》持續關懷社會及教育議題探討。

※ 兩岸展開學術交流。

※ 六四天安門事件。

※ 野百合學運。

※ 正式公布「師資培育法」。

※ 正式公布「教師法」。

※ 兩岸關係。

※ 波斯灣戰爭。

※ 辜汪會談。

※《中國論壇》停刊，完成階段性任務，創刊到停刊歷時十七年，見證臺灣民主過程。

【著作／編著】

● 青年的煩惱與出路／東華書局、北京世界圖書公司

● 當前高等教育的問題（編著）／中國論壇

● 國家建設與教育（編著）／中國論壇叢書聯經出版

● 桂冠心理學叢書（張春興）／桂冠圖書公司、文崇一等）中國論壇叢書聯經出版

● 桂冠心理學叢書（50本）（張春興）／桂冠圖書公司

● 教育心理學（重寫）（張春興、林清山）／東華書局

● 挑戰的時代（張春興、黃光國等）／東華書局

● 年輕人的感情世界（編）／桂冠圖書公司

● 感情・婚姻・家庭（編著）／桂冠圖書公司

● 怎樣突破讀書的困境／東華書局、北京世界圖書公司

● 成長中的自我探索／東華書局、北京世界圖書公司

● 青年的認同與迷失／東華書局、北京世界圖書公司

● 心聲愛意傳親情（編）／桂冠圖書公司

● 迎向未來掌握自己的方向盤（張春興、李咏吟）／正中書局

● 姻緣路上情理多（編）／桂冠圖書公司、北京世界圖書公司

● 希望的追尋與挫折／東華書局、北京世界圖書公司

● 面對未來的沉思（張春興、李鴻禧、尉天驄、黃光國等）／中國論壇叢書聯經出版

張春興年表

階段

1927-1949
出生~22歲
民國16~38年

童年戰亂·艱困成長·隨校渡臺

[張春興大事記要]

● 1927年11月18日出生於山東省濰坊昌樂縣阿陀鄉大宅科村，父親張華雲，母親張高氏，妹妹張淑慧。

● 幼時家鄉常遭日軍轟炸襲擊騷擾，黃河經常氾濫，旱澇蟲災，兵亂盜劫，生活艱苦，10歲時抗戰開始，環境更形艱難。本想學習水利工程效法於大禹治水，後因親人相繼死於天花便立志學醫，欲效法孫中山先生救人濟世。

● 畢業於昌樂中學，入齊魯大學醫學院，因胃病休學調養，並在母校代課貼補生活。

● 內戰陰影下，年輕人離鄉求生存發展，決定赴北平考大學，內戰爆發擴大，昌樂陷入戰火阻斷家鄉經援，生活遇困，錄取國防醫學院。

● 局勢混亂幸得同學任可毅父親任洋蘭將軍協助，隨傷兵船「海張輪」赴上海報到入學。

● 上海江灣國防醫學院開始入伍反求求學生活，不久後停課，學校準備南遷。

● 隨校乘「安達輪」渡海到臺灣基隆，國民政府敗退遷臺。

[時事環境記要]

※ 七七事變，抗日戰爭開始。

※ 對日抗戰勝利，短暫和平後，內戰不止，戰區擴大，通貨膨脹使得民生經濟秩序混亂不止。

※ 抗戰到內戰，北方往南方逃難潮，社會失序，危亂恐慌，軍人百姓搶票搭車南下。

※ 臺灣二二八事件爆發，國民政府遷臺。

醫學院退學・重考大學・助教・結婚成家・碩士・副教授・哥

【張春興大事記要】

● 1949 年 3 月 16 日抵基隆，居住於臺北羅斯福路為水源地。

● 國防醫學院沒有校舍，教授不足，教材缺乏，一直未能復校上課。

● 學生整日閒置無事，被送往新店重新入伍軍事訓練。

● 1949 年 9 月學生遷回水源地校本部，開始密集填鴨式授課趕進度，對此教育方式不能認同。

● 深感國難艱危，受蔣夢麟《西湖》影響，認為唯有提升教育方能救國圖強，毅然決定改學教育，終身不變此志。

● 1950 年 7 月私自參加大學考試錄取臺灣省立師範學院（臺師大）教育系，國防醫學院院長法外開恩，特准允許退學。

● 9 月大一新生入學。

● 大二通過公務員普考教育行政人員。

● 大三通過公務員高考教育行政人員。

● 大四通過公務員高考經濟行政人員。

● 大學畢業，入伍鳳山預官役一年。

● 退伍，任臺師大教育系助教。

● 由劉真校長證婚、田培林院長主婚，與臺師大教育系 42 級周慧強女士結婚，建立家庭。

● 臺師大教育研究所碩士畢業。

● 成為講師，開始任教。

【時事環境記要】

※ 冷戰開始。

※ 臺灣戒嚴。

※ 中華人民共和國建國。

※ 韓戰爆發。

※ 美援開始。

※ 臺灣一時人口遽增，百廢待興，積極建設。

※ 因國防醫學院未能復課，學生不滿，少數人偷返回內地。

※ 臺灣首辦大學聯招（臺灣大學、臺灣省立師範學院、臺灣省立農學院、臺灣省立工學院四所學校）。

※ 越南戰爭。

※ 八二三炮戰。

※ 大陸文化大革命。

※ 三七五減租。

※ 實行公地放領。

※ 實施耕者有其田田政策。

【著作／編著】

● 心理學通論／未出版，整本手稿列入當代名人手稿典藏，收錄於臺北國家圖書館善本書室。

階段
5
1994-2006
67歲~79歲
民國83~95年
進重區

● 這希新學術獎（《現代心理學》，東華書局）。
● 東華書局《張氏心理學辭典》授權由上海辭書出版社發行簡體字版。

【張春興大事記要】

● 主編之《世紀心理學叢書》陸續出版。
● 1994年秋季港哲成立教育改革委員會擔任委員，張春興不能認同具「鬆綁」理念，婉拒加入。
● 1994年決定重寫《張氏心理學辭典》，總兩年準備資料，於1996年動筆重寫，至2000年完稿。
● 《張氏心理學辭典重訂版》費時兩年排版、校對修改。

【時事環境記要】

※ 實施教改以「同心圓史觀」果化過程。
※ 首次總統直選。
※ 臺海飛彈危機。
※ 千禧年初期中國崛起。
※ 亞洲金融危機。
※ 教育部通過「教育改革行動方案」。
※ 九一一大地震。

【著作／編著】

● 大學生與校園文化（編著）/嵩山出版社
● 跟孩子一起成長（張春興、萬家春等）/臺北市立教館、行政院研考會
● 加強親職教育為以減少青少年犯罪之研究（張春興、郭生玉）/教育部
● 國中編班問題之調查研究（張春興）/教育部
● 教育的應為與難為/東華書局、北京世界圖書公司
● 校園之聲：當代批判文存・1986臺灣教育批判（張春興、孫震、瞿海源、張忠棟、楊國樞等）/敦理出版社
● 張氏心理學辭典/東華書局、上海辭書出版社
● 現代心理學/東華書局、上海人民出版社
● 教育心理學：三化取向的理論與實踐/東華書局、浙江教育出版社
● 世紀心理學叢書（22本）（主編）/東華書局、浙江教育出版社
● 心理學思想的流變/東華書局、上海教育出版社

【著作/編著】

- 心理學（張春興、楊國樞）/三民書局
- 教育心理學（黃堅厚、路君約、邱維城）/臺灣省教育廳
- 教育的心理基礎/臺灣省教育廳
- 近百年來常用字彙研究評述/文景書局
- 教育心理學（張春興、林清山）/文景書局
- 中國兒童行為的發展（張春興、楊國樞）/環宇出版社
- 東華社會科學叢書（張春興、楊國樞、文崇一聯合主編，張春興、楊國樞、文崇一、黃光國、胡佛、李亦園、林玉體、林清山等著）/東華書局

【時事環境記要】

- ※ 停止美援。
- ※ 九年國教開始。
- ※ 中華民國退出聯合國。
- ※ 中華民國與日本斷交。
- ※ 中華民國與美國斷交。
- ※ 大陸改革開放。
- ※ 臺灣十大建設。
- ※ 保釣運動。
- ※ 石油危機。
- ※ 人類登月成功。
- ※ 解嚴前社會劇烈變動，參與聯合報主筆楊選堂創辦之半月刊《中華民國》，全程四年幾乎每篇言

【張春興大事記要】

- 三民書局邀請寫書合作。
- 指導青少年輔導中心「張老師」，培訓義工及刊物。
- 國科會派赴奧勒岡大學進修博士。
- 一年後辦理休學，依規定返臺服務任教。
- 返臺期間與指導教授信函遠距討論博士論文。
- 第二度赴奧勒岡大學進修博士一年。
- 次年再度辦理休學，依規定返臺服務任教。
- 第三度赴奧勒岡大學完成博士論文及口試（此次采主任欲阻撓學位完成，以留

- 考取公費留學，赴夏威夷。
- 在美與內地家鄉取得間接聯繫以支援持續照顧。
- 夏威夷大學教育碩士。
- 返臺升副教授。
- 次女出生。
- 陳雪屏教授召集心理學辭典編纂，團隊工作曾三次合作均未成功，陳雪屏教授請託張春興完成此心願任務。
- 赴哥倫比亞大學研究。
- 返臺升教授。

哥倫比亞大學研究

階段 **3**

1968-1978
民國 57-67 年
41歲-51歲

寫書・著述・博士

人世辭典重訂版
社會科學典範思潮
辭典名著重比選
人錄
列入教改版行
獲名譽教授榮退
獲獎

階段
6
2007-2014
80歲-87歲
民國96-103年

學病而中重規
洛環末宗成代
安養・

【張春興大事記要】

● 2005年《張氏心理學辭典與重訂版》付印發行，所投入時間歷時九年，初版和重訂版前後共費時十九年。

● 持續赴大陸講學。

● 獲兩岸學術交流員鑫樓。

● 獲美國名人學院新世紀學術名人獎。

● 獲美國名人學院心理學成就獎。

● 獲美國名人學院心理學矩光獎。

● 獲香港世界文化藝術研究中心國際優秀論文獎。

● 體能漸衰，2006年最後一次前往大陸。

※ 首次政黨輪替

※ 教改「制度論戰」過程

※ 美國九一一事件

※ 正式實施九一一貫課程

※ SARS疫情爆發。

● 張氏心理學辭典與重訂版／東華書局

【張春興大事記要】

● 病中仍力圖重寫《現代心理學》及計劃編纂整套張春興學思論文全集十三編，終因體力不濟而未完成工作。

● 晚年受糖尿病和帕金森氏症困擾，感謝仁愛醫院的醫師團隊悉心照顧。

● 於家中安養，師母周慧強教授及家人悉心侍奉床前，學生關懷問安，2014年11月24日安祥壽終享年87歲。

【時事環境記要】

※ 金融海嘯。

※ 莫拉克風災。

※ 簽署兩岸經濟合作架構協議ECFA。

※ 大陽花事件及其後續影響。

※ 實施十二年國教與108課綱。

※ 新課綱論戰。

【著作／編著】

● 現代心理學（重修版）：現代人研究自身問題的科學／東華書局、上海人民出版社

・系主任・辭系主任・普渡大學客座・獲獎

- 費時五年完成奧勒岡大學哲學博士學位。
- 返臺擔任教育心理學系系主任（後改制為心輔系）。
- 艾景書局邀請寫書合作。
- 東華書局卓鑫淼先生開始邀請寫書展開合作關係。
- 獲教育部教育貢獻〈心藝獎〉。
- 主編《東華社會科學叢書》，東華書局出版。
- 深思陳雪屏教授請託獨力承擔編寫心理學辭典之事，決定投入之力完成任務。
- 請辭心輔系主任，僅任專任教授。
- 赴普渡大學客座一年（蒐集資料、準備編辭典）。
- 返臺，開始著手編寫《張氏心理學辭典》，東華書局。
- 獲金鼎獎（《心理學》，東華書局）。

灣社會現象。

※ 投入各大報紙媒體提出建言教改及家庭、青年、親子、社會等議題。

※ 臺灣開始景氣繁榮，經濟起飛。

- 洛氏教育心理學（張春興、汪榮才合譯）／大聖書局
- 心理學／東華書局、北京新華書局
- 心理學概要／東華書局

階段

7

2015-迄今
民國104-迄今

辭典叢書重訂版之簡體國字版
源念影響
文集
終身成就獎發行
名人手稿典藏至永
籌備
論文編寫
進典藏張春
全集

【張春興大事記要】

● 2015年家屬繼續完成《張氏心理學辭典重訂版》簡體字版和浙江教育出版社之合約。

● 2019年《張氏心理學辭典重訂版》簡體字版編輯完成出版。

● 列入國家圖書館當代名人手稿典藏計劃，文章著作手稿受邀進入善本書室永久典藏，並電子化提供未來使用。

● 家屬委請吳青基教授任總召集人，由臺師大宋曜廷副校長及大陸教授學者共同發起，邀請臺灣及心輔系總召主任共同編寫紀念文集，並以影片拍攝聯合呈現。

● 2020年獲中華本土社會科學會頒思源學者終身成就獎。

● 2021年舉辦紀念文集暨紀錄片發表會。

● 成立張春興教授紀念獎學金。

● 預計2027年以前出版張春興教授學思論文全集。

【時事環境記要】

※ 南向政策及去中國化持續執行。

※ 中美開啟貿易戰。

※ 轉型正義爭議執行。

※ 軍公教年金改革爭議執行。

※ 新冠疫情嚴重影響國際社會環境及教學方式。

※ 美軍撤離阿富汗，影響國際局勢。

【著作／編著】

● 張氏心理學辭典重訂版（簡體字版）／浙江教育出版社

● 春風永化雨·張春興：當代教育心理學巨擘（永·藝荃動企劃執行）／果華書

● 時雨化春風：張春興（影片）／凹焦影像工作室、北京琯樂堂、永·藝荃動企劃執行